行为的原理

宇 中 著

同济大学出版社

上海 · 2019

目录

导言　从行为到重复

我们会成为什么样的人，全看我们重复做什么样的事。

——亚里士多德

个人在时间上重复，群体在空间上重复。人生中重复最多的是什么？

吃饭、喝水、睡觉、上厕所——也许是，这其中只要有一样不能正常地重复，那么，我们马上就不是一个正常的人了。

当然，看、听、闻、尝、触、想，重复的次数也很多，同样重要，否则就是有残障。

再有，就是呼吸和心跳。

……

对我们的人生来说，最有意义的重复是什么？

一个人一生中有很多重复与他人没有太大不同，但有一些是特别的：如果你一生中做得最多的是给病人开刀，那么，你是一名医生；如果你一生中做得最多的是种田，那么，你是一名农民；如果你一生中做得最多的是给人上课，那么，你是一名教师；如果你的青春做得最多的是挥动球拍，你应是一名运动员；如果养花种草是你业余时间的主题，那么，你是一名园艺爱好者；如果太极拳占据了你的主要锻炼时间，那么，你是一名太极迷。

不管这是事业还是工作，或者只是爱好，是否可以说，是重复赋予这一切以意义？

也许可以这样说，我们的人生因不同的重复而有异于他人。

重复的意义何在？

都在开刀，有人是妙手回春的良医，有人却是等同于谋财害命的庸医；都在种地，有人在大农场操纵着各种机具，有人只用锄头掘着一亩三分田；都在教书，有人成为良师益友，有人却误人子弟；都在挥动球拍，有人蝉联冠军，有人还在混参赛资格；都在种养，有人园子里已百花争艳，有人却种得只剩下了花盆；都在打太极拳，多年以后，有人深得太极精髓，有人却仍旧有形无实。

绝大多数的成就源自日复一日，而绝大多数的日复一日并不产生成就。每天我们都知道也很在意自己在做什么；但是，很多很多的每天之后，我们又日积月累了什么？

做一件事时，我们会关注自己在做什么，也会关注自己做得怎么样；而重复呢？也许我们知道自己在重复什么，但重复得怎样——重复的不同，有否得到我们的关注？

熟视无睹，习以为常。

有生以来，呼吸每时每刻都在关注着我们，而我们一生中又有多少时间在关注着我们的呼吸？同样的，还有我们的重复。

在绝大多数的时间里，我们不会意识到它，但它始终存在和运转，而且它的地位是如此之重要，以至于它几乎就是生命本身。

第 1 章

行为的原理

重复的基本单位是行为。

我们常常迷惑于意识和潜意识对行为的作用，很少怀疑我们的行为是神经兴奋的结果。但是，我们的神经系统是控制系统，并不产生能量。

油门和发动机的性质是不同的，油门可以调节动力，但是，不论怎样踩油门，都不可能把169马力的发动机踩成286马力。

懦弱的人偶尔也可以勇敢一次，如同一辆破旧轿车疯狂起来超越了小油门的超跑一样。

你觉得其内在原理有什么异同吗？

第1节　中西医

为什么中医可以通过手腕上一根血管的跳动，
诊断全身的病情？

疑惑

我们知道，关于行为，东西方的观念有着很大的差别。

西方观念认为，无论身体行为、语言行为、思想行为还是感觉行为，都是以脑为中心的神经系统的作用。而传统东方观念则认为，无论看东西（心明眼亮）、想问题（心想事成）还是做事情（心灵手巧），是心主宰了一切。

由于解剖学、生物医学、心理学等知识的普及，现代的东方人绝大多数持有西方的观念，“用心脏思考”这个观念在现在的人看来是件很可笑的事。但是，如果东方观念错得如此离谱，为什么还能经过几千年得以流传，在过去一个又一个时代很容易地被绝大多数人认同？难道仅仅是愚昧和落后的表现，而没有其他原因吗？

你能够回答吗？

为什么中医可以通过手腕上一根血管的跳动，诊断全身的病情？

其实，西方的观念也存在令人困惑和矛盾的地方。

我们知道，西方有一部经典电影《勇敢的心》（Brave heart），创作者并没有将名字起为《勇敢的脑》。

西方还有人做这样的研究，研究灵魂所在：

美国底特律西奈医院的神经心理学家保罗·皮斯奥（Paul Pearsall）调查了140名接受心脏移植的病人，根据结果写成了《心脏密码》一书。

皮斯奥得出的结论是：心脏是人的性格特点存在的地方；是心脏控制人脑，而不是人脑控制心脏。感情、害怕、梦、思想都来自心脏。而“灵魂”的记忆又在心脏移植后，转移到了另一个人身上。

书中给出很多这方面的例证。譬如：一名41岁的男子在移植了一名19岁死于车祸女孩的心脏后，他原来冷静和严肃的性格，一下子变为情绪化和粗心大意了。

另一个有趣的例子是，一名纽约的舞蹈教师西尔维亚·克莱尔在50岁那年接受心脏移植手术，手术后想喝的第一种饮料竟然是啤酒。晚上，她又开始做一些奇怪的梦，梦到一个名叫T—L的人。她调查后，发现她的心脏是从一个18岁名叫T—L的男人那儿移植过来的，而他的亲属说他最喜欢喝的就是啤酒。

西方也有人希望通过研究心脏移植手术后病人的变化，寻找心脏里的神经：

美国科学家通过研究发现，人类的心脏也许有某种“思考和记忆功能”！这正是许多接受心脏移植的患者突然性格大变、继承了心脏捐赠者性格的原因。据统计，每10例接受换心手术的病人中，就有1人会出现性格改变现象。

据美国《侨报》报道，40岁的退休货车司机杰姆·克拉克从来都不是一个多愁善感的人，他从不曾给妻子玛吉写过一封情书，因为他15岁就离开了学校，文法差得要命。所以当去年的一天，杰姆突然坐到桌子前，开始给妻子写下一行行的情诗、表达细腻的情绪时，连他自己都感到了震惊。

原来，杰姆在半年前刚刚接受过心脏移植手术，他确信自己写诗的“怪癖”来自那颗移植的心脏，因为捐赠者一家都爱写诗。

美国加州心脏数学协会的专家也深信心脏并非一个“泵”那么简单，他们最近发现一种能够具有长期记忆和短期记忆的神经细胞的确在心脏中工作，并且组成了一个微小但复杂的神经系统。

“心脏具有记忆”的观点目前仍未获得主流医学界的认可，但许多接受心脏移植的病人都深信，没有任何其他理论可以解释发生在他们身上的一连串怪事。

当然，也有人认为这只是性情的变化，而这一变化甚至不是移植带来的，只是加了个助力：

据美国媒体 8 月 31 日报道，英国伯明翰市 68 岁男子彼得·霍顿 2000 年遭遇了严重的心脏病，医生为了拯救他的生命，在他的心脏中安装了一个钛金属设备，帮助他的心脏泵输血液。尽管装上“金属心脏”的彼得幸运地活了下来，但他却抱怨说，这颗“金属心脏”让他失去了爱的能力，变成了一个“冷血人”。

我们还知道，从小就人工饲养的老虎和野外的老虎性情相差很大，野外的老虎更凶残。不知道人工饲养的老虎和野外的老虎脑部有什么区别，但是，有这方面知识的人都知道它们心脏的大小相差大约三分之一多。

西方古生物学家研究某种恐龙的习性，判断它是像鳄鱼一样缓慢悠闲、守候伏击，还是像鸵鸟一样快速活跃、四处觅食，并不是通过研究它的脑结构，而是研究它的心脏结构。这个原理等同于狮子和鬣狗的对比，据说鬣狗的耐力远强于狮子是因为它的心脏比狮子相对大。

最后，想问这样一个问题：

当我们遇到不顺的事时，是心里难受的可能性比较大，还是头痛的可能性更多些？

以上这些例子并不能证明东方的观念比西方的观念更正确，但是，也表明了东方的观念并非完全没有道理。那么，这个道理是什么呢？

为了揭示东方的观念有道理的地方，我们先要对心有一定的了解。东西方观念都有着坚实的基础——医学，让我们来比较和剖析一下两者在心方面的不同见解，也许能发现些什么。

西医循环系统的疑问

首先来看一个实验，该实验是神经科学发展史上的一个里程碑：

蛙心交叉灌流实验：1929 年，奥地利人奥托·勒维（Otto Loewi，1873—1961）通过连续几晚梦中的灵感实现了这个实验。他第一步是去重复已知的东西：如果刺激抑制心脏的神经(迷走神经)，那么心跳就会减缓。重要的是，要知道勒维做实验的心脏和相伴的神经并非在体内，而是被分离后置于一个特殊的通氧的槽中，并浸浴于一种与正常体液相似的溶液里保持存活。这个实验绝妙的一着是，勒维将浸浴原来那个心脏的溶液，转而浸浴第二个未受刺激的心脏。他发现，尽管第二个心脏并未受到刺激，其跳动也会减慢。对这个发现唯一的解释似乎是，一定有某种化学物质在第一个心脏受刺激后释放到溶液中去。这样，由于同样化学物质的存在，当用该溶液去浸浴第二个心脏时，其效果与对第一个心脏的效果相同。我们现在知道，这种化学物质是乙酰胆碱，乙酰胆碱是脑中不同类神经和神经元释放出来的许多化学物质的原型，在脑信号传导中充当重要的使者，专业术语称为递质（图 1.1）。[1]

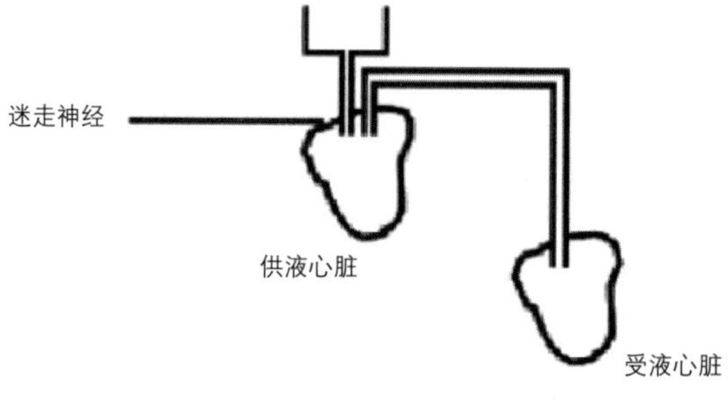

图 1.1 灌流装置示意图

1 ［英］苏珊·格林菲尔德《人脑之谜》，上海科学技术出版社，1998 年。

这个实验当然证明了神经递质的存在，但从另一个角度看，**第二个心脏在没有神经直接连接的情况下跳动也改变了**。

现代西方生物医学，特别是其基础科目解剖学，为我们提供了非常明晰的人体物质结构，这就是我们熟知的人体八大系统——神经系统、循环系统、呼吸系统、消化系统、泌尿系统、生殖系统、运动系统和内分泌系统。心脏是循环系统的一部分。

1. 心脏的作用是什么？
2. 为什么说心脏又是一个内分泌器官？
3. 为什么心脏是自主跳动的？
4. 心脏活动受哪些神经调节？

这四个问题的答案都是基础的生理知识：心脏的功能是推动血液；分泌“心房利钠因子（ANF）”；由窦房结（脉冲发生器）不断地发出信号依次激动心房肌、房室交界、房室束、心室内传导组织和心室肌，引起整个心脏兴奋和收缩；心交感神经兴奋可导致心率加快，迷走神经兴奋可导致心率减慢。

但是，有这样一个普遍的观念，非常容易引起误解：

心脏具有自动节律性，并不是说心脏就不受大脑和神经的支配了。

我们需要注意的是：

心跳并不依赖神经而是依赖自律细胞，神经的作用是变化。

这是因为负责心脏起搏传导系统的自律细胞和神经细胞的工作方式有着很大的差异，自律细胞不断地自动除极、复极，循环往复，而神经元则是应条件激发。

心跳的改变，受影响的因素有很多。我们不能直接控制心跳，普遍观点认为心跳是由自主神经所决定，那么，在我们太累、太困、情绪异常、生理异常的时候，同等强度的神经调节会不会产生同样的反应？

力不从心。

饱、饿、病、睡的时候，神经状态肯定是不一样的，心跳也是不一样的，这其中的关联只是单向的吗？只能神经控制心，心不能影响神经吗？

就目前西医的理论是，神经能控制心跳，而心跳对思维没什么影响，除非它不跳了。

医圣盖伦

有这样一个问题：为什么相对于东方传统观念，西医能够坚决地站在脑是思想的主体、与心无关这一观念上呢？这里要讲到一个关键人物。

盖伦（Galen，生于129年，卒于210—216年之间），希腊人，古罗马时期最著名的医生、动物解剖学家和哲学家。他一生专心致力于医疗实践解剖研究、写作和各类学术活动，撰写了超过500部医书，被尊为“医圣”。

首先是这样的故事（此处盖伦译作加伦）：

加伦对心理学的主要影响，是以希波克拉底的四体液说为基础的人格理论，这是一种负面的贡献，因为在许多世纪里，这种理论误导了医生和其他人，认为这是人格模式和心理疾病的成因。可是，他的确注意到并正确地描述了由情绪引起的一种生理症状，有一天，他注意到一名女病人的脉搏在某人碰巧提到一名男舞者的名字时突然加快。加伦安排某人在她下次来这里时进入房间，并谈论另一名男舞者的表演，并在另外一天进行同样的实验，只是再换一名舞者的名字。在这两种情况之下，这位女病人的脉搏都没有加快。然而在第四天，当某人又提到第一名舞者的名字时，她的脉搏又突然加快。于是，加伦很有信心地给她下了诊断，说她得的是相思病，又说，一些医生好像认识不到肉体的健康会受心灵磨难的影响。

不幸的是，加伦在这个思想上再也没有发展下去。这一问题的再次提及，则是我们这个世纪的身心医学的事。[2]

当然，自现代西方心理学之始，不管是德国的威廉·冯特(Wilhelm Wundt，1832—1920)，还是与他对立的美国的威廉·詹姆斯(William James，1842—1910)，再次提及的也不是心脏的方向。

盖伦本人对心脏与行为的关系，有着深刻的认识，但是，西方学界认为行为与心脏无关，也是因为他。

西方最早也是有两种意见的。古希腊的先哲们可以分成两派，多数派是“心控论”，如亚里士多德就认为智力、运动和感知都是心脏负责的，大脑只不过是散热器；少数派是“脑控论”，如原子论哲学家德谟克利特、西方医学之父希波克拉底。

然而，盖伦做了一个动物实验，网传有两种说法。一种是：

盖伦用钳子夹挤动物的大脑时，动物就会立刻失去全部感觉与随意运动；但用钳子夹挤动物的心脏时，动物除了出现急促的喘息和吼叫外，并看不出有明显的感觉和运动障碍。于是得出了结论：人的感觉和运动都产生于脑，而不是心。[3]

另一种是：盖伦在做活猪解剖研究血管的时候，无意中切断了喉返神经，猪还会挣扎，但不会叫了。于是得出结论，大脑发出的神经才是控制人体活动的中心。

当时的人们认为语言能力就是智力，所以，如果一根神经切断之后，一个动物顿时失去“语言能力”，那么这就足够说明神经是跟心智相关的。

2 ［美］墨顿·亨特《心理学的故事》，海南出版社，2006年。
3 陈定学《一场持续千年的大争论》，http://www.aisixiang.com/data/63627.html。

……

对于当时的希腊，“脑控论”和“心控论”的争论，意义相当于地心说和日心说的争论。所以这事得到了元老院的重视，盖伦的赞助人，一个长老议员，安排了一次公开课，邀请雅典当时的知名政要和各界学者来观摩。

从那以后，在古罗马文明圈里，基本上就不再有人对大脑是心智中心这个观点有疑问了。

补充一点喉返神经的知识：

喉返神经是大脑控制咽喉运动的神经，我们说话和吞咽都离不开它。这喉返神经行走不易：它从脑干伸出来，放着直达咽喉的近路不走，偏要往下延至心脏，绕过主动脉再折返回来。

哺乳动物的颅内第四迷走神经分支，也就是喉返神经，依然像鱼类时期那样，位于第六动脉弓后面。鉴于第六动脉弓已退移至胸部，哺乳动物的喉返神经就绕了一大圈。

长颈鹿足足绕了4.56米，蜥脚类恐龙更是绕了28米。[4]

这就产生了一个问题：在进化过程中，为什么不是血管跟随神经，而是神经跟随了血管？

盖伦还有这样的观点：

盖伦的最重要成就是他建立了血液的运动理论和对三种灵魂学说的发展。大约在公元前5世纪后期毕达哥拉斯学派的非罗劳斯认为人体具有三种灵魂，即（1）生长灵魂，这是人、动物和植物所共有的，在人体它位于脐部；(2) 动物灵魂，这是人和动物所共有的，它位于心脏，主管感觉和运动；(3) 理性灵性灵魂，这只有人才具备，位于脑部，主管智慧。亚里士多德则分别称这三种灵魂为生殖灵魂、

4　杰里·柯尼《喉返神经：进化走的弯路》，http://www.guokr.com/article/38500/。

感觉灵魂及理性灵魂。植物只有生殖灵魂，动物有前两种灵魂，只有人才具备三种灵魂。盖伦则把这三种灵魂的说法与人体的解剖学、生理学知识创造性地结合起来，提出了所谓“自然灵气”“生命灵气”“动物灵气”的理论。他认为这三种灵气，在人体分别位于消化系统、呼吸系统和神经系统。它们都发源于一个被称之为“纽玛”的中心灵气。这种“纽玛”存在于空气中，人体通过呼吸，吸进“纽玛”从而获得活动。

盖伦认为肝是有机体生命的源泉，是血液活动的中心。已被消化的营养物质由肠道被送入肝脏，乳糜状的营养物在肝脏转变成深色的静脉血并带有自然灵气。带有自然灵气的血液从肝脏出发，沿着静脉系统分布到全身。它将营养物质送至身体各部分，并随之被吸收。肝脏不停地制造血液，血也不停地被送至身体各部分并大部分吸收，而不作循环的运动。

这又类似于柏拉图的观点：理性位于头部、意气（感情）位于胸部、欲望位于肝部，与柏拉图的“理想国”等级对应，犹如哲学家用武士控制平民一样。

盖伦在后世受到新理论的挑战和超越，过程相当曲折：

主要有三个人，从三个方向着力，锋尖直指盖伦学说的心脏——人体解剖和生理、病理学说。一个是瑞士人帕拉塞尔苏斯（Paracelsus, Philippus Aureolus, 1493—1541），他认为盖伦的体液理论错了，盖伦把疾病视为内部体液不平衡的认识应该被抛弃，代之以身体内部局部机体失调的观点。这个医学“疯子”喊道：“我的鞋扣比你们的盖伦和阿维森纳更有学问。”另一个是比利时人安德烈·维萨里（Andreas Vesalius, 1514—1564），这位著名的帕多瓦医学院的教授，在他 28 岁时出版了著名的《人体构造》，他说：“在一门简单的解剖学课程中，我能指出他（盖伦）不下 200 处的错。不过，我仍是尊重他的。”第三个人是英国人威廉·哈维（William Harvey, 1578—1657），这个剑桥大学和帕多瓦大学的医学博士，凭着“一个有教养的人士应有的对真理的热爱和率直”，著书《心血运动论》。他用无懈可击的血循环理论，取代了盖伦的“生命精神——元气论”。而这座理论大厦的倒塌，正是盖伦时代结束的标志。《人体构造》和《心血运动论》则作为人类文明的里程碑而载入史册，被称为“其意义超过发现美洲”。然而，革命的代价是巨大而痛苦的。为了冲破盖伦的堡垒，潦倒不堪的帕拉塞尔苏斯48岁就客死他乡；安德烈·维萨里被教会判处死刑，后被迫朝圣，途中死于海难；米凯尔·塞尔维特（Miguel Serveto，1511—1553）因反对盖伦的“目的论”，被教会处以火刑。只有威廉·哈维是幸运的……[5]

这个过程的曲折并不是因为盖伦本人，而是后世对他的神化。挑战权威和打倒权威是不同的，挑战是不同观念的比较和交流，而打倒通常用的是拳头。权威的绝对和相对决定了人们对权威的态度，与绝对权威保持不同的声音是不容易的，特别在传统文化中。

对中医的认知误区

首先，我们要对中医的“用心脏思考”这一观念有一个正确的认知。先看两句话，传统的儒道文化对“心”做出的解释。

《孟子·告子上》：“心之官则思。”

这句话通常被这样理解：“心：古人以为心是思维器官，所以把思想的器官、感情等都说做心，现指脑筋；官：官能，作用。脑筋的官能就是思维。”这第一句话，代表了儒家“以心为脑”的观点。

《黄帝内经·素问·灵兰秘典论篇第八》：“心者，君主之官

5 刘剑《盖伦与张仲景》，http://www.100md.com/html/DirDu/2007/03/23/39/82/46.html。

也，神明出焉。”[6]

这句话通常被这样理解：“心，主宰全身，是君主之官，人的精神意识思维活动都由此而出。”这第二句话，源自道家典籍《黄帝内经》，也是中医四大经典之首，是中医理论之根本。

中国古代名医大多是和道家颇有渊源的人：

张仲景从小嗜好医学，“博通群书，潜乐道术”。

东晋道教领袖葛洪尤喜“神仙导养之法”。自称：少好方术，负步请问，不惮险远。每以异闻，则以为喜。虽见毁笑，不以为戚。著有《抱朴子》《肘后备急方》等医书。

《后汉书 · 华佗传》云华佗“兼通数经，晓养性之术”。

南朝陶弘景在医药、炼丹、天文历算、地理、兵学、铸剑、经学、文学艺术、道教仪典等方面都有深入的研究，而以对于药物学的贡献为最大，这道家又与炼丹有关。

药王孙思邈，又名孙真人，乃隐居太白山（在今陕西郿县）学道，炼气、养形，究养生长寿之术。其医著《千金要方》《千金翼方》。

唐代王冰以注《黄帝内经 · 素问》而闻名，对辨证论治理论也有所创新。他少时笃好易老即道家之学，讲求摄生，号启玄子。

刘河间又名刘守真，守真是道家的术语，可见他受道家影响之深。

张锡纯是清末民国初年的中医名家，张锡纯推崇《丹经》，必然对道家典籍熟稔或有涉猎。

首先，道家的“君主”和儒家的“君主”是不同的，儒家的“君主”是思想，道家则不同。

我们来看《黄帝内经》中的一段文字。

《黄帝内经 · 灵枢 · 本脏第四十七》：“黄帝问于岐伯曰：……

6　本书所引《黄帝内经》原文，均出自人民卫生出版社 1982 年版本。

五脏者，所以藏精神血气魂魄者也。六腑者，所以化水谷而行津液者也。此人之所以具受于天也，无愚智贤不肖，无以相倚也。

“岐伯对曰：窘乎哉问也。五脏者，所以参天地，付阴阳，而连四时，化五节者也。五脏者，固有小大、高下，坚脆、端正、偏倾；六腑亦有小大、长短、厚薄、结直、缓急。凡此二十五者，各不同，或善或恶，或吉或凶，请言其方。

“心小则安，邪弗能伤，易伤以忧；心大则忧不能伤，易伤于邪。心高则满于肺中，悗而善忘，难开以言；心下则脏外，易伤于寒，易恐以言。心坚则脏安守固；心脆则善病消瘅热中。心端正，则和利难伤；心偏倾则操持不一，无守司也。”

五脏是心、肝、肺、脾、肾，六腑是胃、大肠、小肠、三焦、膀胱、胆。《黄帝内经》的核心理论是“五脏说”或者“名藏象说”，而上段文字非常明确地指出，愚智贤不肖与心、肝、肺、脾、肾、胃、大肠、小肠、三焦、膀胱、胆一点关系也没有，甚至与精神血气魂魄、水谷津液也没有关系。

五脏六腑相关的是天，性能取决于天（先天或者后天）。愚就是笨、愚蠢，智就是聪明、智慧，贤就是有道德、有才能，不肖就是不才、不孝。这些都是思维、思想、意识的范畴，但《黄帝内经》说这些与五脏六腑无关，当然与心也无关了。

既然心与智力品德无关，那么，心的这个“君主”意味着什么？

“心者，君主之官”，在儒家看来思想是最重要的，是“君主”；但在道家看来有比思想更重要的东西，那就是“精、气、神”。

道家的“君主”是精、气、神。

什么是精、气、神？

如同本章开篇所言，汽车的动力系统和方向系统是分开的，人体也是。再看一段文字。

《黄帝内经·素问·脉要精微论篇第十七》：“夫五脏者，身之强也。头者精明之府，头倾视深，精神将夺矣。背者胸中之府，背曲肩随，府将坏矣。腰者肾之府，转摇不能，肾将惫矣。膝者筋之府，屈伸不能，行则偻附，筋将惫矣。骨者髓之府，不能久立，行则振掉，骨将惫矣。得强则生，失强则死。”

《黄帝内经》中很少像这样提及与头相关的内容。“精明”指的是眼睛还是眼神，意义上并不一样，不过，应该是与方向、判别相关。《黄帝内经》中绝大多数的内容是关于动力、能量。精、气、神就是人体的能量活动给我们的三种感觉。

感觉是真实的，解释是玄虚的，一定有问题。对此有真正了解的专业人士，站在现代医学巨人肩膀上的突破和超越都是存在的。墨守陈规不是道家喜欢做的事情（愚智贤不肖其实相关内脏，本藏意指先天，而这愚智贤不肖会影响后天的五脏六腑。当然，在此不能用人类意识的标尺，而是要用能量运化的标尺）。

由于古时用字用词的习惯，同样的“精神”二字可以有不同的含义。

《黄帝内经·灵枢·邪客第七十一》：“黄帝曰：手太阴之脉独无腧，何也？岐伯曰：少阴，心脉也。心者，五脏六腑之大主也，精神之所舍也，其脏坚固，邪弗能容也，容之则伤心，心伤则神去，神去则死矣。故诸邪之在于心者，皆在于心之包络。包络者，心主之脉也，故独无腧焉。”

这里的“精神之所舍”，可以解释成神经系统活动的场所，也可以解释成精、气、神的家，这要取决于各人的视角。

《黄帝内经·素问·灵兰秘典论篇第八》：“黄帝问曰：愿闻十二脏之相使，贵贱何如？岐伯对曰：悉乎哉问也！请遂言之。心者，君主之官也，神明出焉。肺者，相傅之官，治节出焉。肝者，将军之官，谋虑出焉。胆者，中正之官，决断出焉。膻中者，臣使之官，喜乐出焉。脾胃者，仓廪之官，五味出焉。大肠者，传道之官，变化出焉。

小肠者，受盛之官，化物出焉。肾者，作强之官，伎巧出焉。三焦者，决渎之官，水道出焉。膀胱者，州都之官，津液藏焉，气化则能出矣。凡此十二官者，不得相失也。故主明则下安，以此养生则寿，殁世不殆，以为天下则大昌。主不明则十二官危，使道闭塞而不通，形乃大伤，以此养生则殃，以为天下者，其宗大危，戒之戒之。”

可见，十二官都是官，君主再重要也只是十二官中的一员。把神明当作神经功能非常牵强附会，既与《黄帝内经》中“无愚智贤不肖”的内容有冲突，也与中医没有神经认知的常识相矛盾。

然而，当把“心者，君主之官”指向**“心——人体的能量中心”**而非思维中心时，就有一种豁然贯通的感觉，合理而实际，这也许正是中医理论之根。

心脉相连，手腕上的一根血管，是人体能量中心的延伸，能够体现人体能量活动的状况，所以，可用以诊断全身病情。

而我也将这个能量称为心脉能量，而相关的系统称之为心脉系统。

西医的方法是解剖和仪器，主体是自己的脑，客体是别人或者其他动物的脑和心。别人的心跳，我们可以去测量，但不会有感觉，以至于西医确定神经系统对心脏的影响，却忽略了心脏对神经的作用。

与此不同，中医的方法是中国式的内省——道家的静坐（类似佛家的禅定），主体是自己的脑，客体是自己的心，在侦知心脉的作用时，却无法反观神经本身。

没有道家的修炼，感觉不深。有了道家的修炼，有时也会误入歧途。感觉在这里为什么显得这么重要？因为，感觉和能量系统的活动相联，**感觉随着能量系统的改变而变化，而感觉变化了说明能量系统变化了**。所以，五种味的感觉“苦、酸、甜、辛、咸”对中医药理很重要，而阴阳、表里、寒热、燥湿、虚实这些拟外的内感就变得非常有价值了。

虽然中医对内在感觉有非常深刻的认识，但只有对心的认识，却少有对脑的表述。也可以这样说，中医没有以心代脑，只是对脑无视，并将脑定义为藏而不泻的奇恒之腑。

《黄帝内经·素问·五脏别论篇第十一》："岐伯对曰：脑、髓、骨、脉、胆、女子胞，此六者，地气之所生也，皆藏于阴而象于地，故藏而不泻，名曰奇恒之腑。"

《黄帝内经·灵枢·海论第三十三》："岐伯曰：……脑为髓之海，其输上在于其盖，下在风府。

"黄帝曰：凡此四海者，何利何害？何生何败？岐伯曰：得顺者生，得逆者败，知调者利，不知调者害。

"黄帝曰：四海之逆顺奈何？岐伯曰：气海有余，则气满胸中悗，急息面赤；气海不足，则气少不足以言。血海有余，则常想其身大，怫然不知其所病；血海不足，则常想其身小，狭然不知其所病。水谷之海有余，则腹满；水谷之海不足，则饥不受谷食。髓海有余，则轻劲多力，自过其度；髓海不足，则脑转耳鸣，胫痠眩冒，目无所见，懈怠安卧。"

因为主体相同、客体不同，中西医有了不同的见解；也因为主体看不见自己，中西医又以不同的方式迷失于自己最核心的地方——心脑之间。

西医的观点非常客观，科学而真理，但这个观点却可能掩盖真相；中医的观点非常主观，看上去不合理，其实只是认知不足。所以，中西医的观念可以说是一样的正确和一样的错误。

西医观念有点类似于开车人的感受：汽车的速度是由油门决定的，也就是说我们用脚踩油门可以改变速度，而用脚踩发动机不会有任何改变，由此，油门的表象掩盖了发动机——能量中心本身的属性和状态。

中医观念则像是我们选购汽车时的感受：只关心发动机的参数。但是，没有油门，速度也不会产生。

汽车的两个基本要素——**动力和方向，也正是我们行为的基本要素。**

与西医神经系统和循环系统的物质分类不同，动力系统包括油门和发动机，而方向系统，要知道汽车在不同的速度下方向感是不同的。

离开动力谈方向是空谈，同样，离开方向谈动力也是虚言。在高速行驶的时候，如大把大把地打方向，搞不好就要翻车；而在倒车进库的时候，如像高速行驶一样一点点地轻推方向，也很难把车倒入库。

要注意，以脑为中心的神经系统的功能是控制，不仅是方向盘，也是油门，却分属两个系统。同一方向下可以有不同的油门，同样的油门也可以踩在不同的方向上。而以心为中心的心脉系统的功能是能量输出，如同速度对方向所起的作用，却在我们的意识之外。

当然，汽车的油门和发动机是绝对的线性相关，而人体的油门和发动机是相对的。

这里有一个问题：汽车要到达目的地，是方向重要呢，还是动力重要？

一般来说答案可能会是：方向重要。如果方向不正确，永远到不了；而动力，不过是快点慢点而已。

但是，如果我们要行驶很长很长的路，需要一年、两年、十年、二十年……呢？

方向有问题，可以调整，动力不足呢？

再一个类似的问题：人体内，是脑中心重要，还是心中心重要？

其实，我们的每一个行为，其感觉都取决于脑中心，无关心中心（这要感谢人类心中心的稳定，不需要像鳄鱼在行为之前要晒晒太阳，甚至变温动物、异温动物天冷就不能活动），但当我们回顾自己的童年、少年、青年、中年甚至老年时，我们看见的却是能量供给的深深印迹——也许，我们会称之为气质、状态、性格、情绪、活力以及态度等。

脉象与循环

对于一个现代人，也就是一个具有现代医学知识的人来说，心脏不过是一个泵，加上几根正负控制电线（高位截瘫者的交感神经与脑还是分离的，迷走神经还在），非常简单。其他关联最多的是高血压和冠状动脉粥样硬化等，这好像与行为并无直接相关，或者说无法关联。

中医所认识的心跳就复杂得多。不同人的心跳不一样，同一个人在不同时候的心跳不一样，不仅次数不同，还有各种力的特征。

西医在治疗发热感冒或者其他一些病的时候，也会数一下心跳的次数，看的是心率（每分钟心脏跳动的次数）；而中医是几乎所有的病都要把脉。

心脉——如果你把过脉的话，主要是看位置、强弱。位置相关的是持续和长短，强弱相关的是力度，这些背后通常都是能量的表现。三部九候遍诊法[7]现在已经罕见。但是，由古至今把脉从来没有把在心上的。实际把在心上，反而把不出什么。

传统中医四诊——望、闻、问、切中的“切”，是通过诊脉来看病的。

《黄帝内经·素问·五脏生成篇第十》：“夫脉之小、大、滑、涩、浮、沉，可以指别；五脏之象，可以类推；五脏相音，可以意识；五色微诊，可以目察。能合脉色，可以万全。”

《黄帝内经·素问·平人气象论篇第十八》：“欲知寸口太过与不及，寸口之脉中手短者，曰头痛。寸口脉中手长者，曰足胫痛。寸口脉中手促上击者，曰肩背痛。寸口脉沉而坚者，曰病在中。寸口脉浮而盛者，曰病在外。寸口脉沉而弱，曰寒热及疝瘕少腹痛。寸口脉沉而横，曰胁下有积，腹中有横积痛。寸口脉沉而喘，曰寒热。脉盛滑坚者，曰病在外。脉小实而坚者，曰病在内。脉小弱以涩，谓之久病。脉滑浮而疾者，谓之新病。脉急者，曰疝瘕少腹痛。脉滑曰风。脉涩曰痹。缓而滑曰热中。盛而紧曰胀。

7 语出《黄帝内经·素问·三部九候论篇第二十》，“三部九候”是古时一种全身遍诊法，把人体头部、上肢、下肢分成三部，每部各有上、中、下三处的动脉，在这些部位诊脉。哪部的脉出现独大、独小、独迟、独数，即表示该经的脏气有寒热虚实的变化。

“脉从阴阳，病易已；脉逆阴阳，病难已。脉得四时之顺，曰病无他；脉反四时及不间脏，曰难已。”

《黄帝内经》记载的脉象远比后世复杂得多。典型的脉名有浮、沉、大、小、滑、涩、细、疾、迟、代、钩、盛、躁、喘、数、弦、濡、软、弱、轻、虚、长、实、强、微、衰、急、散、毛、坚、营、石、搏、静、紧、结、动、短、缓、绝、横、瘦、徐、少、平、揣、鼓、革、促、劲、洪、满、疏、格、关、溢、覆等，再加上非典型的、复合的以及一些难以索解的脉名、脉形，总数近百种。

尽管脉象非常复杂，作为中国人，我们对气血运行对身体的影响多少都有一定程度的了解和感知。那么，身体的状态会不会影响到行为？中医因对神经系统没有认知，在对即刻行为的描述上总是似是而非，然而，中医从另一个角度也将气血运行与行为联系起来，即相关行为习惯的论述——脾气秉性。但由于恒温动物心血系统的稳定性，长期属性总在被日常变化所掩盖。

中医以感觉为主，感觉的延伸有八纲——表、里、寒、热、虚、实、阴、阳。针灸和草药都会改变感觉，同时也会改变症状。虽然何谓感觉很难说清楚，但是，感觉到的到底是什么？仍然很难说清。

而西医非常清楚，特别是高科技测量，可以清楚知道血压以及血管中各种物质的各种作用。不过，不知是否因为感觉变化的主观性，目前还没有测量精、气、神的方法。

心理学曾从各个角度对感觉的主观性做过大量测量，但可能是由于对精、气、神的无认知，并且在方向和大小之间偏爱方向，忽视了原因的存在。

心脏虽然不生产能量，但是全身的血液都要通过心脏，也就是说，全身的能量都是由心脉来运作的。**心率和心脉是不同的，心率是即时的水平，而心脉是效率的水平**；心率波动以神经影响为主，而心脉变化以自身性能为主。但是生病也会影响心率，而神经对脉象的影响则是难以检测的。

《脉经》："肝心出左，脾肺出右，肾与命门俱出尺部。"（血左气右）

俄罗斯生理学家巴甫洛夫（Ivan Petrovich Pavlov，1849—1936）发现温血动物的心脏有一种特殊的营养性神经，这种神经只能控制心跳的强弱，而不影响心跳的快慢。科学界人士由此把这种神经称为"巴甫洛夫神经"。

西方生理学一般认为，右侧心交感神经兴奋以引起心率加快的效应为主，而左侧心交感神经兴奋则以加强心肌收缩能力的效应为主。

西医有心电图可以检测心脏的活动情况，也会量血压，但对心脉的输出却无视。一个人在有心脏没有大脑的情况下可能会变成植物人，而有大脑没有心脏的情况呢？

血循环和心脉能量是一体的两个概念，运输代谢物与能量调整是有差别的。看得见的是流动，看不见的是作用。

相对西医，道家的中医在能量运行方面有着很大的优势。

相对中医，西医在物质作用上不仅有优势，还极大地发展了，特别是在局部微观上。这里尤其要提到冠脉循环和脑循环：

人体内每一器官的血流量取决于主动脉压和中心静脉压之间的压力差，又取决于该器官阻力血管的舒缩状态。由于各器官的结构和功能各不相同，器官内部的血管分布又各有特征，因此其血流量的调节除服从一般规律外，有其本身的特点。

冠脉循环：冠脉循环是指供应心脏本身的血液循环。冠脉系统的动脉为左右冠状动脉及其分支，它们运送血液营养心肌细胞。血液流过毛细血管和静脉以后返回右心房。冠状动脉是主动脉的第一对分支，它的血压较高，血流速度较快，循环路径短，所以冠脉的血液供应相当充分。冠脉循环的正常运转，保证了心脏能不停地进行泵血。

心肌因连续不断地进行舒缩，耗氧量较大，即使在人体处于安静状态时，动脉血流经心脏后，其中 65% ~ 75% 的氧会被心肌摄取。

冠状动脉受迷走神经和交感神经支配。迷走神经兴奋对冠状动脉的直接作用是引起舒张。但迷走神经兴奋又使心率减慢，心肌代谢率降低，这些因素可抵消迷走神经对冠状动脉的直接舒张作用。

冠脉血流量主要是由心肌本身的代谢水平来调节的。神经因素对冠脉血流的影响在很短时间内就被心肌代谢改变所引起的血流变化所掩盖。

肾上腺素和去甲肾上腺素可通过增强心肌的代谢活动和耗氧量使冠脉血流量增加；也可直接作用于冠脉血管 α 或 β 肾上腺素能受体，引起冠脉血管收缩或舒张。

脑循环：脑循环是大脑、小脑、脑干和脊髓血液循环的统称。又因脑循环主要在颅腔内进行，故又叫颅内循环。

脑循环是特殊区域循环的最重要组成部分。例如人脑的耗氧量约为全身耗氧量的 1/5，人脑血流量约占全部心输出量的 13% ~ 15%。充足的脑血流量是保证脑部正常活动的首要条件。脑血流供应不足很快会严重影响脑的功能。大脑皮层对脑循环缺血和血中缺氧非常敏感，脑循环血中缺氧半分钟或完全阻断脑血流 10 秒钟即会导致昏迷，缺氧 3 分钟可能造成脑神经细胞的不能恢复的损伤，缺氧 6 分钟可以致死。由此可见，脑循环关系到动物的生死存亡。脑循环供给中枢神经系统营养并排除其有害的代谢产物，从而维持其正常功能。

脑的各部分的血流量与该部分脑组织的代谢活动程度有关。实验证明，在同一时间内脑的不同部分的血流量是不同的，当脑的某一部分活动加强时，该部分的血流量就增多。例如在握拳时，对侧大脑皮层运动区的血流量就增加；阅读时，脑的许多区域血流量增加，特别是皮层枕叶和颞叶与语言功能有关的部分，血流量增加更为明显。代谢活动加强引起的局部脑血流量增加的机制，可能是通过代谢产物如 H^+ 离子、K^+ 离子、腺苷以及氧分子降低，引起脑血管舒张的。

神经对脑血管活动的调节作用不很明显。刺激或切除支配脑血管的交感或副交感神经，脑血流量没有明显变化。在多种心血管反射中，脑血流量一般变化都很小。[8]

脑动脉的管壁结构与人体其他部位的血管不同。它的动脉壁内膜层厚，有较发达的弹力膜，中层和外层壁较薄，没有弹力膜，因此，脑动脉几乎没有搏动，这样可避免因血管搏动影响脑功能。

脑动脉不像其他部位的血管那样有静脉同行。脑静脉与颈静脉之间有静脉窦形成，它是颅内所特有的结构，这就构成了脑血管病症状表现比较复杂多样。

我们的脑是能量消耗的大户。四肢消耗能量很明显，五脏消耗能量也是可以推理的，而作为脑工作的产物——思维意识如何消耗能量却是件让人匪夷所思的事情。反过来，能量供应如何影响思维意识更加令人难以推断。

《菜根谭》："色欲火炽，而一念及病时便兴似寒灰。"

色欲像烈火一样旺盛，想到生病的时候就会变成冷灰。真病了的时候呢？

这句话有两层意思：一、你的一个想法就改变了你的欲望，而这个想法与状态有关；二、状态也会改变欲望，而欲望可以是一种想法，也可以不是。

8 李云霞、姚泰《生理学》（第3版），人民卫生出版社，1989年。

第 2 节　双系统工作原理

人的行为不一定会有意义，但一定会有感觉。

用把脉来测试人的性格准确吗？

基本不准，比瞎猜只好了一点点。（没用了吗？没价值了吗？）

但是用把脉来排除人的性格特征则会很准。

李逵的脉象不可能产生林黛玉的性格，反过来也一样。但是，与李逵脉象相同的人却可能因为环境的因素产生与李逵不同的性格。能量系统的属性是基础，怎么用是中枢神经的功能，但使用习惯一定建立在基础之上。

能量系统对行为有没有作用？

踢猫效应

一父亲在公司受到老板的批评，回到家就把沙发上跳来跳去的孩子臭骂了一顿。孩子心里窝火，狠狠去踢了在身边打滚的猫。

踢猫不是因为对猫的看法和认知改变了，而是情绪和心情的变化引起了孩子行为的改变。

不仅是长期作用，是不是时常会发生？

“神”这个字对谁来说都是一样的，在有神论者的大脑里意味着大量的能量积累和即时的强能量调用，而在无神论者的大脑里只不过是“装神弄鬼”四个字中的一个。比如：A 说神是假的，B 说神是真的，A 和 B 的观点方向相反大小相等；A 说神是假的，C 反对并马上把这个人杀了，A 和 C 的观点方向相反大小不等；那么，B 和 C 之间呢？方向相同大小不等。

我们的意识因能量大小而意义不同。

概念的能量有即时性，用不到的时候不会出现。现在列举一组概念感觉一下：牛排、土鸡煲、柠檬、山楂、水煮鱼、老干妈、热感冒冲剂、黄连、蟹糊、黄泥螺、巧克力、冰激淋、眼镜蛇、蟑螂、排长、师长、力比多、腺嘌呤核苷三磷酸（简称三磷酸腺苷）。最后两个词只有专业人士才会有感觉，所以，也与以往的积累有关。

动物们的反应总是很直接的，饿了看见食物立即行动，饱了看见食物懒得动。神经信号的传递是差不多的，与饿饱区别相关的是能量状态和激活水平（饿饱脉象是有变化的），对神经系统是有反作用的。人是高级动物，所以，能量作用不仅反映在即刻的行为驱动上，还体现在高情绪等同于深刻记忆，以后行为的控制和驱动。

能量对行为的作用，有没有远超于我们的认识？

汽车的双系统是动力系统和方向系统，**人的双系统是负责动力的能量系统和负责方向的调控系统**。人的能量系统比较复杂，有很多不直接参与影响行为，故用**心脉系统**来特指主能量系统。而人有些组织器官和隐性功能是介于双系统之间的，也可以说同时属于双系统。

双系统工作原理推论 1

1. 汽车的方向是由方向盘决定的，汽车的速度是由油门还是由发动机决定？这是一个简单却很难回答的问题。油门属性和发动机属性可以分开说，但它们的作用却是拆不开的，而我们的神经与心脉就类同于油门与发动机，关键问题就是油门本身不产生能量。

2. 熊孩子总是特别活泼，这件事不闹，一定会换另一件。神经系统不成熟只是一个方面，另一方面就是能量充沛，也就是说怎么闹是大脑的事，而就是要闹是能量中心的事。其实，能量中心是独立的，其原始的驱动力往往被隐藏在神经反射之下。
3. 心脉系统是以心为中心的能量系统，而神经系统是以脑为中心的调控系统。人们能够意识到方向盘对方向和油门对动力的显性决定权，但很难意识到发动机对动力（特别是长效作用）和速度对方向的隐性决定权（显而易见的是过速和过度情绪的失控，其实在平常状态下的意识决择也是相对能量的大小——性价比和绝对能量的大小——兴趣之比较）。
4. 有这样一种分类：意识的和自主的，随意的以大脑皮层为中心，而非随意的由植物神经和循环系统相加，这一部分是以**能量运化**为主宰的。
5. 心脉系统对脑的影响非常隐性，状态和心情是人们常常称谓的，心理学的很多词其实都是两者共同的作用：气质是比较偏心脉系统而距神经调控较远，而情绪则是相对靠近中间的词，习性在另一边，是偏神经控制而距心脉系统较远的。
6. 某人今天请你看电影你去了，明天请你看电影你不去，后天请你看电影你又去了。今、明、后天你对电影和请你的人的看法不会有太大的变化，但是行为却大不相同。通常，我们把这种对行为的影响归咎于心情和状态。再比如，更快的改变会出现在老板找谈话前后，而老板谈话的内容与电影这件事在意识方面没有一点相关，也就是用神经系统的认知很难推理，但是，能量却一定是延续的，而心情和状态是非常能量的，也是非常即时的。这种意识之外的行为决定因素以不同的比例存在于每一个行为。我们通常意识到我们调整状态，而无意识被状态调整；我们总想保持一个好心情，而不想被坏心情左右。因为，我们的调控系统非常发达，所以，在重要的事情上或者在意识集中的时候，调控占上风，也因此，我们对我们的调控认知清晰。而遇到大多数日常不太重要的事或者随意时，心情和状态占上风，而这正是由于我们的不在意。所以，我们对自己心情和状态作用的认知游出了意识范围，心情和状态对所有的事件都起作用，在重要的事件上影响效率，而在不重要的事件上成为决定因素。能量系统状态在神经的反馈是我们可意识的，但无论我们是否意识到，它的作用都是绝对的，而这种调整日常正是能量系统的**短效**。

7. 因为能量可以储备，而调控系统存在固定电位限制，所以，双系统之间的对应关系可能会被延时和隐藏，这是高级动物的表现。**也就是说能量似乎不影响你即时的想法，一旦即时的想法（包括感官在内的所有意动）启动，能量就会增强跟随、保持跟随或减弱跟随，以至于每下一步或者下一个想法（意动）都受影响。**
8. 大的能量跟随通常反映出来的是情绪，而小的能量跟随则会反映在神经兴奋的增减和转向。
9. 人的方向表像上是由脑决定的，而人的动力也很难区分油门和发动机的作用，客观的能量系统的属性和作用与神经的调控密不可分，因为只有神经有觉知，也总是站在自己的角度说话。神经调控能量，能量推动神经，这个能量跟随和反作用的关键是多少？一、其多少不仅取决于神经信号也取决于能量系统的属性，神经信号既取决于即时的外部刺激也取决于大脑长期的结构建设，能量系统的属性同样包括了即时的心情、情绪、状态和长期的体质特性（李逵或林黛玉）；二、其多少决定了想想而已还是马上行动，能量的增强和减弱决定了这一方向上的行为，也就是行为的驱力。
10. 因为能量的流动性，前面的一个高兴会影响后面一个无关的事件——广告常常利用这一点。而与不同的人吃饭，或者在不同的环境下吃饭，味觉之外的感觉会影响到对饭菜好坏的感知。

11. 神经系统的稳定性在于对好坏的认定、变化都是需要理由的，而能量系统的稳定在于其物理属性，这两种稳定并不统一。结果就是好坏的多少变得不那么稳定。
12. 调控系统的工作是需要对象的，而能量系统是独立运行的。当然，关系到高级动物少了谁都不行，而低级动物则不怎么需要调控。通常人的很多原始的欲望来自能量系统，比如食欲，一桌美味对失去食欲的人来说并不会产生吸引力。神经系统在生物学上的意义很大程度上就是以调控能量系统为目的的。
13. 以中枢神经为中心的调控系统应对了外界的能量变化，而以心脉为中心的能量系统则对应了身体内部的能量变化，也因此产生了两者协作而又错位的关系。
14. 能量系统决定了你做还是不做，即是否足以支持做以及支持多少；调控系统能增强或抑制这一态势，并且主导方向和方法。由于人类的调控系统过于发达，能量系统的作用被掩盖。两个学识和智力相近的人，做十件难度相近的事，第一个人做到第三件就累了，坚持到第五件时注意力想集中也集中不起来了，反应也迟顿了；第二个人做完十件，还要去运动或者娱乐。是什么在第三件事时通知第一个人累了，是什么在主导这两个人的表现？精力是什么？一件大家都能做到的事，有人轻松做到，有人艰难完成，这就是调控的作用。能量系统的作用日常看不出来，而很多同等难度的事堆积起来，能通过多少的百分率，就是由能量系统主导了。而且能量系统的这一属性长期日积月累，会塑造出不同的神经系统的特性，这是能量系统的**长效**作用。
15. 简单地说，决定做和拒绝做都是做，都需要能量的跟进；不需要能量跟进的不是不做，而是没做。从另一个角度说，做喜欢的事能量随动会有**意外的增加**，而被迫做事能量随动**大打折扣**。以上这些现象，都是意引动了能量，能量增强意味着情绪增长，局部的或者全局的能量减弱会令人感到无趣、无聊、犯困；但意引动了多少能量，和这些能量的反作用，并不像神经传递那么精确，两者之间是各自独立又互相影响的非线性关系，成为导致人性复杂的原因之一。而能量储备又是另一种情况，我们通常的感觉是积极或者消极，这是人性复杂的另一个原因。通常我们能体会到不同情绪下所产生的感觉差异和不同的行为处理，只是并不太在意其细微的变化，只有当变化强烈时才会注意到。

16. 动物在神经系统和循环系统的进化分别意味着活动的复杂性和活动能量的质量。搏动的动物和扩散摆动交换的动物，大小、结构以及活动的范围和能力都差得很远。
17. 威廉·詹姆斯所描述的**实验**（见后）。
18. **规则和模型**：一规律、二随动、三规则、四因素、五基础能级、六量性转化。

神经系统调节能量系统，能量系统反作用于神经系统。目前生理学、医学很少提到这种反作用。而对这种理论存在的可能的推理，不能脱离基本的解剖、生理知识。

独立工作的程度

我们借“猫中枢神经分段切除研究”来了解中枢神经系统各部分的机能及其与心跳的关联：

中枢神经系统不同部分的机能各有不同。在不同水平上切断脑干检查机能的变化，可以看到中枢神经系统各部分机能的差异（图1.2；表1.1）。

去大脑两半球的丘脑动物最主要的机能缺损是条件反射活动消失，其他活动基本正常。但极微弱的无害的刺激可引起丘脑动物强烈的防御性反应，毛发竖起，瞳孔放大，血压升高，甚至对它吹口

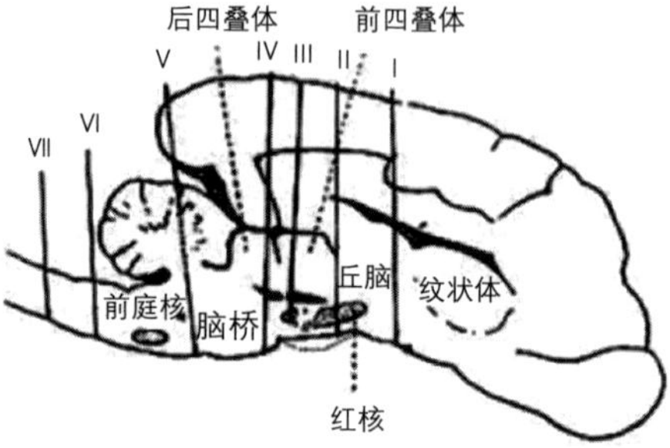

切断 I，丘脑动物；切断 II，中脑动物；切断 III，脑桥动物，去大脑僵直；切断 IV，去大脑僵直；切断 V，在前庭核之前，去大脑僵直；切断 VI，在前庭核之后，去大脑僵直消失；切断 VII，脊髓动物

图 1.2 在不同水平切断猫脑干示意图

表 1.1 在不同水平切断脑干后，猫某些机能的改变

	完整动物	丘脑动物	中脑动物	脑桥动物	脊髓动物
条件反射	+	−	−	−	−
体温调节	+	+	−	−	−
行走	+	+	−	−	−
翻正	+	+	+	−	−
站立	+	+	+	+	−
呼吸	+	+	+	+	−
心搏	+	+	+	+	+
脊髓反射	+	+	+	+	+
其他特征	正常	低能、假怒	昏睡	去大脑僵直	脊髓休克

气也引起这类反应。在切除大脑皮层的狗或猫身上，这种由无害刺激所引起的强烈防御反射的情况叫做“假怒”。

中脑动物不能调节体温，也不能行走，反射性的躯体活动和内脏机能也有障碍。

脑桥动物（又叫做去大脑动物）是在红核之后切断脑干，除上述机能障碍外，卧倒后不能翻正，把它的四肢摆好后也能站立，但处于僵直状态，甚至可以站立几天，这种状态叫做“去大脑僵直”。

如在前庭核之后切断脑干，则去大脑僵直消失。脊髓动物除上述的机能障碍外，连呼吸机能也丧失了。

不同进化水平的动物，神经系统的机能也不同。因此切除中枢神经系统某些部分引起的反应可以有很大的差异。涡虫被断头后可以再生一个头。蛙、蟾蜍切除大脑两半球后仍然可以建立条件反射。切除鸽的大脑后，虽然它仍能走、能飞，但大部分时间处于昏睡状态，只有本能性的非条件反射活动，没有条件反射活动，没有学习、记忆一类的表现。完全切除大脑皮层的狗或猫，条件反射消失，成为低能的动物。对于猿猴和人，只是额叶运动皮层的重大损伤就会引起严重的运动障碍。

由此可见，由低等动物进化到高等动物，大脑两半球越来越发达，大脑两半球的机能也越来越重要。在低等动物中本来属于中枢神经系统低级部位的机能，在高等动物中则逐渐向大脑转移，这叫做机能皮层化。

我们再了解一下“脊髓休克”的影响及恢复：

脊髓休克也称脊休克。当脊髓与高位中枢断离时，脊髓暂时丧失反射活动的能力而进入无反应状态的现象称为脊髓休克。

脊髓休克时，横断面以下节段脊髓支配的骨骼肌紧张性降低或消失、外周血管扩张、血压下降、发汗反射消失、膀胱内尿充盈、直肠内粪积聚，表明脊动物躯体及内脏反射减退或消失。脊髓休克为一种暂时现象，以后各种反射可逐渐恢复。恢复的时间快慢与动物种类进化程度有密切关系。低等动物如蛙类在脊髓离断后数分钟内反射即可恢复，犬则需数天，猴需数周，而人类由于外伤等原因所出现的脊髓休克的恢复则需要数周以至数月。各种反射的恢复时间也不相同，如屈肌反射、腱反射等较简单的反射恢复最早，然后才是对侧伸肌反射、搔爬反射等较复杂的反射恢复，以及排尿、排粪反射部分恢复。

脊髓休克的产生并不是由于横切刺激本身引起的，因为第二次切断脊髓并不能使脊髓休克重新出现。反射消失是由于失去了高位中枢对脊髓的调节作用（主要是易化作用），而不是由损伤刺激而引起。

类似实验还有，家兔颈部双侧迷走神经切断同样能保持心搏。

迷走神经支配呼吸、消化两个系统的绝大部分器官以及心脏等器官的感觉、运动以及腺体的分泌。因此，迷走神经损伤可引起循环、消化和呼吸系统功能失调。

若切断兔的双侧迷走神经，则出现吸气过深、呼吸频率变慢现象。

最后，谈一谈心脏移植中的神经问题。

1. 心脏跳动主要依靠自身的传导系统，可以自主地、规律地搏动。同时也有交感和副交感神经纤维分布于心脏各部，它们只能影响心率的快慢，不能代替传导系统。
2. 交感神经由颈胸交感神经节发出心上、心中、心下神经，副交感神经为迷走神经。
3. 迷走神经的另一分支为喉返神经，左喉返神经正处于动脉导管韧带下缘，在施行动脉导管未闭之手术时最易伤此神经，并引起声带麻痹。
4. 心脏移植后，神经切断，心脏无神经支配。

这里还有三则与心脏移植去神经有关的信息。

由于进行心脏移植，手术时迷走神经被切断，供体心脏去神经支配后一般每分钟跳动100次左右；由于心脏的去神经化，静息心率会有所升高，之后多数会随时间逐步降低至正常心脏的心率。（心脉一直在起作用，而神经控制是恢复正常还是替代旁路起效？）

有个症状与高位截瘫类似：心脏移植后，开始总有段睡眠障碍时期。

与去神经相反，现代医学甚至能暂停心脏的功能，使用人工心肺机（血泵、氧合器）实施体外循环以维持基本的能量活动。只是，大手术中的人都处于麻醉状态。

心脉正常，神经正常；神经不正常，心脉会受什么影响？

神经影响的是心率，那么，心脉由什么决定？是因为冠脉循环在自身传导系统的反馈吗？

能量系统始终在运行，能量储备也能应对短时的变化，能量系统是缺什么补什么的被动，还是能通过主动的变化影响人体？能量运行和运输有什么区别？

关于人体能量系统的运行和调整，我们既缺乏现代科学的知识也缺少实验。

调控系统的工作需要对象

人们一直在寻找边缘系统和大脑皮层之间形成的回路，并认为那可能是我们行为的主要原因。它们看上去像是一个圈（帕帕兹环Papez），但实际上只是一棵大树（树冠）上的部件。**虽然它们是不同种类的神经兴奋，但都属于神经兴奋，只是调整的方式不同。**

大脑皮层在意识和潜意识之间调整，边缘系统在半意识范围调整，下面还有无意识范围调整。越往下越是基础，越往上则越是精细的深加工，如同中枢神经的**树状结构**。

人类的脑刚发育时只是一根两端开口的管子。后来，开口闭合，经历3脑泡时期（前脑泡；中脑泡、菱脑泡），再到5脑泡时期［前脑泡——端脑、间脑；中脑泡——中脑；菱脑泡——后脑（小脑、脑桥）、末脑（延髓、脊髓）］（图1.3）。

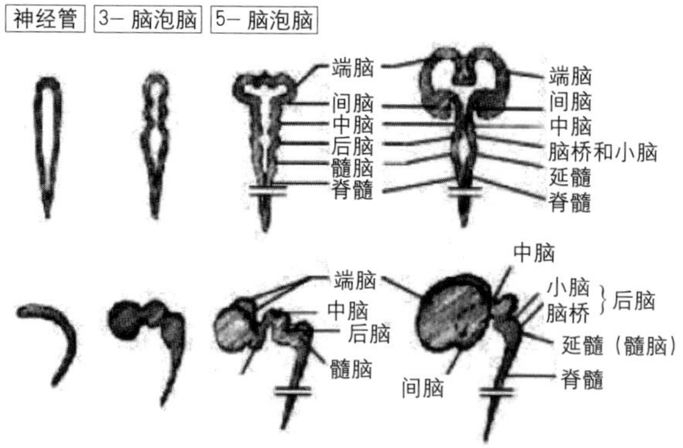

图 1.3　人脑发育构成图

我们通常认为自己的大脑皮层是最强大的。实际上，皮层是发达，强大处则在皮层之下。

从下往上说，菱脑最终发展成为延髓，是我们的：

1. 心血管中枢
2. 加压中枢
3. 心加速中枢
4. 减压中枢
5. 心抑制中枢
6. 呼吸中枢
7. 参与觉醒和睡眠活动
8. 对自主性和内脏活动的影响
9. 对唾液分泌的调节
10. 对消化道运动及分泌的调节

心血管调整中枢不仅在延髓内，也分布在中枢神经系统各个部分，大脑皮层、边缘系统、下丘脑、中脑、脑桥的中轴网状结构内，都有调节心血管活动的神经元。它们在解剖上并不处于严格的局限区域，功能上也不是孤立的。延髓因集中了一些心血管反应的神经核群，而且调节心血管活动的神经传出冲动多由延髓集中下传，故被视为心血管调节的基本中枢。

后脑形成脑桥和小脑。小脑的功能是调节躯体平衡、调节肌紧张、协调随意运动。脑桥的功能尚不完全清楚，已发现的主要结论归纳如下。

1. 调整呼吸；
2. 调节肌肉运动。

中脑介于间脑与脑桥之间。

在低等哺乳动物，中脑是个整合复杂姿势反射（翻正反射）的中枢。但在高等动物，许多重要功能都逐渐向大脑皮层集中（这现象叫做功能的皮层化），中脑就只成了发生视、听反射和运动、姿势等反射的皮层下的中枢。

其他功能刺激中脑某些部位可使动物“发怒”，故有人认为中脑与情绪活动有关。此外，中脑顶盖接受多方面的神经纤维，所以它不仅是视、听反射的中枢，还可能是触觉、温度觉、痛觉的整合中枢。

间脑以及边缘系统。

间脑一般被分为背侧丘脑、后丘脑、上丘脑、底丘脑和下丘脑五个部分。

边缘系统是高等脊椎动物中枢神经系统中由古皮层、旧皮层演化成的大脑组织以及与这些组织有密切联系的神经结构和核团的总称。边缘系统所包括的大脑部位相当广泛，如梨状皮层、内嗅区、眶回、扣带回、胼胝体下回、海马回、脑岛、颞极、杏仁核群、隔区、视前区、下丘脑、海马以及乳头体都属于边缘系统。边缘系统的主要部分环绕大脑两半球内侧形成一个闭合的环，故此得名。边缘系统内部互相连接，与神经系统其他部分也有广泛的联系。它参与感觉、内脏活动的调节并与情绪、行为、学习和记忆等心理活动密切相关。

在整个边缘系统中，下丘脑有些部位的活动与情绪反应关系较为密切。在情绪发生的过程中，下丘脑的活动具有重要意义，但必须有大脑皮层参与。

端脑最后形成大脑皮层。

人与脊椎动物最前端都为嗅球，人在发育过程中端脑中部膨大向前后覆盖。脑干网状结构包括延髓的中央部分、脑桥的被盖和中脑部分。

网状结构按功能可分成上行系统和下行系统两部分。

上行网状结构也叫做上行激活系统，它控制着机体的觉醒或意识状态，对保持大脑皮层的兴奋性、维持注意状态有密切的关系。如果上行网状系统受到破坏，动物将陷入持续的昏迷状态，不能对刺激作出反应（图 1.4）。

下行网状结构也叫下行激活系统，它对肌肉紧张有易化和抑制两种作用，即加强或者减弱肌肉的活动状态。[9]

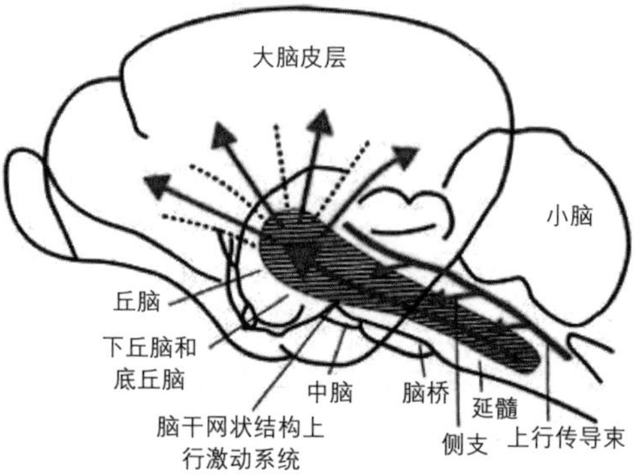

图 1.4　脑干网状结构上行激活系统

9　蒋正尧、谢俊霞《人体生理学》（第 2 版），科学出版社，2010 年。

发达倾向于精细加工，而强大倾向于有力，这是一个整体的协作，其中，网状结构及附件并不是简单的过道。

神经兴奋的原因主要是变化，结果也是变化，只是有些变化并不是神经兴奋的本身，而是其工作的结果。

我们要区别两者，需对神经元的工作方式有一定的了解。

静息电位（Resting Potential，RP）是指细胞未受刺激时，存在于细胞膜内外两侧的外正内负的电位差。它是一切生物电产生和变化的基础。当一对测量微电极都处于膜外时，电极间没有电位差。在一个微电极尖端刺入膜内的一瞬间，示波器上会显示出突然的电位改变，这表明两个电极间存在电位差，即细胞膜两侧存在电位差，膜内的电位较膜外低。该电位在安静状态始终保持不变，因此称为静息电位。几乎所有的动植物细胞的静息电位膜内均较膜外低，若规定膜外电位为零，则膜内电位即为负值。大多数细胞的静息电位在 −10 ～ −100 毫伏之间。

动作电位是指可兴奋细胞受到刺激时在静息电位的基础上产生的可扩布的电位变化过程。动作电位由峰电位（迅速去极化上升支和迅速复极化下降支的总称）和后电位（缓慢的电位变化，包括负后电位和正后电位）组成。峰电位是动作电位的主要组成成分，因此通常意义的动作电位主要指峰电位。动作电位的幅度约为 90 至 130 毫伏，动作电位超过零电位水平约 35 毫伏，这一段称为超射。神经纤维的动作电位一般历时约 0.5 ～ 2.0 毫秒，可沿膜传播，又称神经冲动，即兴奋和神经冲动是动作电位意义相同。[10]

需要注意的是，预状态和后状态相对常态的正负差异对意识的次级作用。

在中枢神经系统中，突触传递最重要的方式是神经化学传递。神经递质由突触前膜释放后立即与相应的突触后膜受体结合，产生

10　许玉东、王建红《人体解剖生理学》，人民卫生出版社，2007 年。

突触去极化电位或超极化电位，导致突触后神经兴奋性升高或降低。

脑内神经递质分为四类，即生物原胺类、氨基酸类、肽类、其他类：

生物原胺类神经递质是最先发现的一类，包括：多巴胺、去甲肾上腺素、肾上腺素、5－羟色胺也称（血清素）。氨基酸类神经递质包括：γ－氨基丁酸、甘氨酸、谷氨酸、组胺、乙酰胆碱。肽类神经递质包括：内源性阿片肽、P 物质、神经加压素、胆囊收缩素、生长抑素、血管加压素和缩宫素、神经肽 y。其他类神经递质包括：核苷酸类、花生酸碱、阿南德酰胺、sigma 受体。

有一种递质不起传递信号的作用，而是作为信号通道的开关，称为神经调制：

有时，一种递质在神经元通讯中能发挥更精细的作用。尽管不能传送信息，但它能左右靶细胞对一个输入信息最终作出的反应。这种左右神经元信号的作用称为神经调制。与现在熟知的突触传递事件相比，神经调制的概念相对比较新，它给化学性信号传递增添了更多的能力。在经典的突触传递中，我们考察的是在某个抽象时刻的单个事件。左右靶细胞反应的概念为特定时间框架增添了另一特性：首先一个事件发生，即调制作用；然后另一个，即实际信号，它将被加强或减弱。神经调制是对经典突触传递的补充，就像录象片与快照一样。想要通过细胞间简单的被动电流扩散来使调制作用在某一特定时期介入，几乎是不可能的。[11]

静息电位、动作电位、神经递质、神经调质（制）主要是感应、传导、加工、触发，**只是一些信号**。这些信号的目标是状态水平的变化，反过来调控状态水平变化又会触发新的信号。

---

11 苏珊·格林菲尔德《人脑之谜》，上海科学技术出版社，1998 年。

把你的注意力放在手上，这本身是个能量运作，或者说能量支持。如果你困得眼皮都抬不起，或者被麻醉，这个动作就做不到，这是能量不足或者信号传递中断导致不能使用能量的结果。

正常情况下，能量支持可以产生两个结果：一是感觉增强，二是可以正反活动相对的肌肉群组。这都是能量在变化。

如果你将注意力放在别的地方，原理是一样的。比如脑部，功能性核磁共振成像技术可以显示大脑各个区域内静脉毛细血管中血液氧合状态所起的磁共振信号的微小变化。神经活跃引起血动，反过来说，血动借势走向。

调控需要有对象。在 BBC 的科普视频《探秘人类自我意识》和《人脑漫游 6：最终的谜团》中，用不同的设备可以比实验对象本人提前几秒（6 秒和 2 秒）预知控制左右手的意识走向。这是预意识，还是能量变化的过程？

正常人身上都会存在这些神经物质，问题不是这些物质带给我们的特定作用，而是这些物质给我们不同的作用以及多少作用的机制，比如不同的汽车，给我们不同的感觉，同样的汽车不同的时间，不同的感觉，及不同强度的感觉。

神经系统的细胞，主要包括神经元和神经胶质细胞。神经元触而发，但为何会不同，为何会变化？结构、数量？

威廉·詹姆斯所描述的实验

美国心理学之父、机能主义心理学之父威廉·詹姆斯，早在其 1890 年撰写的《心理学原理》中描述过心理与脑供血的相关：

皮层的所有部分，当受到电刺激时，都会引起呼吸和循环的变化。不管将皮层刺激施加于什么地方，全身血压通常都会升高。虽然观察结果表明运动区是最敏感的区域，在其他地方，电流必须足够强才会引起癫痫病的发作。人们还观察到了心跳的减慢或者加快，而且它们是独立于血管收缩现象的。莫索（Mosso）（用他那具有独创性的“体积描记器”作为指示器）发现，在智力活动过程中，胳膊供血减少了，并且进一步发现动脉压（正如脉搏描记器所显示的那样）在这些肢体中升高了。像由路德维希教授走进实验室这么一件事所引起的那么微弱的情绪，随后也会立即引起胳膊供血的减少。大脑自身是一个血管过多的器官，事实上是一块充满血液的海绵；莫索的另一项创造表明，当胳膊中的血流减少时，更多的血就流向头部。作为观察对象的被试躺在一张非常平稳的台子上，如果头部或者脚部的重量有所增加，这张台子就会在那一边向下倾斜。被试的情绪或者智力活动在开始的那一刻，由于他体内的血液重新分布，头部那一端就向下倾斜。对心理活动时血液立即流入大脑的最好证明，是由莫索对三个由于头骨损伤而使大脑暴露出来的病人的观察提供的。借助于他在书中所描述的那些设备［《论人脑中的血液循环》（1881 年）第 2 章］，这位生理学家得以让脑脉冲直接由一种图录记录下自己，只要有人对被试说话，或者被试开始活跃地思考（如解心算题），颅内血压就会立即升高。莫索在其著作中提供了大量图录的复制品，这些复制品表明，只要心理活动由于不管什么原因（智力的或者情绪的）而加快，供血都会发生瞬时性变化。他谈到他的女性被试说，有一天在对她的脑脉冲进行图录时，他观察到了一种没有明显的外部或者内部原因的突然升高。然而，她事后向他承认，在那一刻她忽然看见房间里一件家具顶部的一个头骨，这使她发生了轻微的情绪变化。

大脑供血的波动独立于呼吸的变化，并且几乎立即跟随在心理活动的加快之后发生，我们必须设想一种使血液循环服从大脑活动需要的非常精巧的调节。对于每一个大脑皮层区域而言，血液很可能会在它最为活跃的时候涌向那里，但是对此我们一无所知。我几乎无需说，神经物质的活动是初级现象，而血液的流入是其次级结果。许多广为人知的作者在谈论这个问题时持有相反的说法，似乎心理活动应归因于血液的流入，但是，正如 H · N · 马丁教授所说：“那种信念没有任何生理学基础；它甚至与我们所有关于细胞生命的知识直接对立。”确实，慢性病理充血会引起次级结果，但我们一直在讨论的初级充血，通过一种适应性反射血管舒缩机制而跟随着脑细胞活动发生，这种血管舒缩机制无疑与任何肌肉或者腺体中负责使供血和细胞运动相协调的机制一样精细。[12]

但詹姆斯却否定了心理活动应归因于血液的流入，并且引用H·N·马丁教授（1848—1896，英国生理学家，英国皇家学会会员）所说："那种信念没有任何生理学基础；它甚至与我们所有关于细胞生命的知识直接对立。"但是，**如果血液不跟随智力或者情绪活动，会发生什么现象？**

从生物学角度说，血液一定会跟随，不一定的是跟随的多少。

心脉对行为的作用在感觉上是十分令人费解的，我们这样那样想、这样那样做好像都与心脉无关。而其实人的每一个想、每一个做，大脑都会通知心脉，不会等到需要时才通知，也不会大的通知、小的就不通知。因为，这本就不在意识控制之中，而是一定会与意识联动。

接着，心脉都会有一个能量跟随，这个跟随的能量反过来会对大脑起作用。小的跟随，心跳变化是极微小的，只大脑皮层区域的血流量有明显的区别；大的跟随，突然的惊喜和抗拒、心跳变化，通常我们都会有感觉。增强兴趣或抗拒、无趣或抗拒减弱，四个维度已经比较复杂了。实际上，小方向还不只是这些，而且，不同的时间、不同的状态，能量跟随还有自己的特性，比如生物钟以及中医称谓的金木水火土等，所以，能量跟随方向确定，大小却不一定，**但这个定性不定量的量，在与其他能量较量以后，却能起到定性的作用。**

同样的事，我们有时做，有时却不做。在资源（钱、时间、精力）限定的情况下，买件衣服还是看场电影？两个不相干的事件，我们要怎么选择？当然，与虔诚的信徒说什么都没用，因为，他那个方向的能量太高了。

神经丛的优势兴奋传导或者转移包含两个因素：能量支持和能量变化，等于意动。问题是我们能意识到意念——信号，却意识不

12 威廉·詹姆斯《心理学原理》，中国城市出版社，2003年。

到能量的运作。事实上两者不可缺其一，没有能量支持和没有能量变化都达不成意念。这其中还隐藏了一个**秘密**，在高等动物的脑部能量活动和全局能量活动之间。

能量的全局随动和局部随动（被动的随和主动的动），这是一个目前空白且被“循环概念”掩盖而致被忽视的问题。

规则和模型

能量规则是，神经系统不为兴奋而兴奋，总是有因有果，也就是其工作对象内外界的变化。神经元的激发和传导的工作基础是分子化学能和电能，所以，能量的变化是核心因素。自然界的普遍规律在人体也适用。动能和势能规律，最接近于描述行为的规则，当然，不是物理力学。用一个词形容就是差异，势能体现在空间轴上的差异，而动能则体现在时间轴上的差异。

我们的感觉系统是感觉差异的，我们的运动系统是制造差异的，我们的调控系统是运作差异的。

因差而动，因动而差。反过来说，无差没动，没动无差。这本来就是最基本的自然能量规律。

反差强烈、对比人、变化大能够引起我们较强的感觉兴奋，除外界的绝对差以外，外界和我们体内动态基准之间还存在相对差异，虽然不如绝对差明了，但也是我们感觉的基础。小差异会被忽视，极大差会越过感觉极限，当然，这是一种动态差异，存在优势理论——就是一种最优的差异对其他差异有抑制作用（能量规则）并且触发变化，其他**能级候选**。

如果，我们看见等长的两段线，一条无箭头，一条有箭头，有时我们会有随箭头向前的感觉，这个就是能量的流动。我们的神经并不能运作体外的能量，而是在颅内做着近似的事。几种能量差，最后，终有个流向。

即时的心脉能量和以前积累在脑部的势能结构群，是我们的**两个能量中心**。一个是即时的动能，一个是长效的势能，其相互的作用，是我们双系统运作的原则。在我们的调控系统中，大脑皮层是最发达的，调控着主差异，然而，所有的大脑皮层调控，除了局部的能量运作外，都具备通过树状结构向下传递的趋向，或经边缘系统、网状结构加工，最终达到调控心脉的目的。这其实是个环路，因为，随动的心脉能量正是皮层工作的因。

外界变化引发内界变化——心脉动能变化和皮层势能调控（能差流动），最终会产生一个行为，包含结构增强（以后的行为即新的势能）。这是输出系统的工作原理。

局部（特别是颅内）微能量活动产生的三个规则，分别是能差流动、优势兴奋、能级候选。

任何刺激引起的神经兴奋，都会引起能量变化，而这个兴奋是局部的，会产生与不兴奋区域之间的能量差别，不管什么样的能量都有从高到低活动的属性（就像热到冷），虽然，人体的调质液体流和电流要复杂一些，同时还是多重网络相互影响，但也不会违反这一属性。因为神经元工作有个阀值，能量要超过一定量才会引发工作，所以，要有足够的差才能流，也一定流。

我们看书注意力集中的时侯，耳机里的音乐会听而不闻，我们注意看时听要差点，注意听时看就差点，有时为了更好地欣赏音乐而闭目。这其实是被动的和主动的能量分配，在脑磁共振里可以看见不同区域的高亮轮动，也就是高能活动。神经兴奋一方面会调整能量的跟随，同时，高区的大能量分配和消耗就意味着其他区域的减少，这在细微部也一样，细微部也是多重网络。所以，不会有多个不相干的信息同时暴发，也不能同时进行几个不同的高强度脑活动（少数低级别的活动，如打字可以附在主活动后面而对主活动影响较小）。

当主兴奋触发释放完能量后，我们的思维会转向最相关的地方，而最相关、最重要、最感兴趣，相比次相关、次重要、次兴趣，以及再低一等相关、重要、兴趣，都是能量逐级降低的排列，当然，这个重要和我们意识里的重要可能不是一回事，所以，鸡毛蒜皮经常获得优先权，两个原因，一个是鸡毛蒜皮因为经常发生而积累了高能量，另一个是区域转移，经常意味着比较大的神经网络，通道链接比较多。无论区域内的深度思考，还是区域转移，都是通过能量高低来排队候选的。能量高到低的走向是一定的，而神经元网是多连接、多向的，会有多个低位，水会流向最易的缺口（还有阀门值、通道阻值、捷径、助力泵等诸多因素），神经则激活最易激活的方向。

从另一种角度考虑，基础能量的强弱对应了不同的状态，既相关于即时的调整，也相关于长期的属性，是全局和局部随动的基础。

基础能量短时和长时的变化是全局的能级，而能级候选是局部能量的大小。

基础能级不仅影响到一个人是无精打采还是兴奋过度，还会影响到大脑的工作状态，是恍恍惚惚还是脑洞大开。

基础能量不仅有强弱的能级，还有诸多状态类别对应我们的情绪，也会以特定的方式影响我们大脑的工作。

因为，外部能量要影响到人体内部能量才能起作用，而人体内部能量系统也有自身的性能，所以，一定是两个方面的共同作用。而人发达的大脑会对外界带来的感受和信号进行各种处理，解决短期感受与长期目标冲突的矛盾，或者，有些刺激需要积累到一定量才会产生行为，所以，感受与行为的对应不会像动物那么直接。（越低等越直接。）

最终，决定行为的是**四个因素**：外界能差在生物结构上的影**射**、**以往**积累在神经系统的势能结构群对内部能差的正负向加工和重构、**即时**的内部能量状态、人体**长期**的能量系统的特性。

其中，势能结构群既可以受外界的影响，也可以在当前没有外部影响的前提下，因内部的调整而重构，通俗地说，思考。

这其中有一个误区：由于高等动物强大的神经系统，我们通常会将神经系统的调控能力掩盖在心脉独立工作的生理现象之上，也就是说神经系统不一定能够调动心脉系统，而且对心脉系统来说不仅神经系统会起作用，内外环境都会起作用。

西方的循环系统只顾及代谢物的运输而没能涉及代谢作用和强度，中医的心脉系统（也就是循环系统）在植物神经及其他相关输入输出系统的全局作用下主要强调的是作用和水平：一是长期的精力充沛和有气无力对行为的影响；二是即刻能量水平变化对行为的影响。关于后者的描述通常本末倒置，因为感觉是单向的，对于感觉方和被感觉方，两种作用只产生一种感觉。

我们所有的行为都是双系统运作的结果。我们的神经系统不同于动物界，而我们的能量系统与任何一种高等动物相比，虽然在持续性和稳定性上有一定的优势，但差别并不如神经系统那么大。这个不明显的差别却是基础。**人的行为不一定会有意义，但一定会有感觉，意义是人的大脑特有的发达，而感觉是动物的本能，也就是说高级功能必须建立在基本的基础之上。**人类最重要的行为取决于脑，它们是科技应用行为（包括自然的和社会的），但人的智力在这方面是富裕的，也就是说大家都学得会，所以在有别于他人的效用上，神经系统之差没有心脉系统之差来得大。

换种说法，智商差异的效益没有动力差异的效益大。结果，我们大多数的日常行为差异取决于心脉系统，我们大多数的生物行为和社会行为差异都取决于心脉系统。也就是说，在相同的社会背景下，能量系统作用大；而在不同的社会背景下，神经系统的作用大。从全局看，社会进步依赖于智力，而在社会上取胜多少要靠心力。

虽然我们进入了现代社会，但是，政治、经济、文化、社会、日常行为和科技应用行为在技巧和动力上需求的差别还是非常明显。比如运动员训练时是需要智力的，但是认为非棋牌类运动主要依赖智力获胜就不太靠谱了；而棋牌类运动员智力的局限在社会上并不一定如同棋上那么有优势。再比如演说词大家都会念，但同样的词能说得震撼人心的，没几个人能做到。震撼人心的背后是什么？

北方有民间谚语："蛇吃鼠半年，鼠吃蛇半年。"无毒蛇把老鼠吃了，牙尖力大只是表型，表型背后一定要有能量支持，所以说是循环系统比较强大。冬天，老鼠把蛇吃了，是因为循环系统比较高级。在这一过程中，智力不能说没起到作用，只是，并不重要。

心差、脑差。

我们要建立一个不同于我们感觉的模型（我们的感觉类似于中枢神经的结构，中心在脑），而是，两个中心，多在脑，一在心，虽各司其职，但作用是共同的结果。这其中的关键在于连接，我们较了解的是脑干对心系统各部的监察和调控，而不怎么了解的是心系统活动的变化是以怎样的途径和方法影响我们脑的工作。

生物结构中，大脑皮层的神经网络是**超级可塑的**、而心脉是**即时变化的**，中间边缘系统、网状结构相对来说结构功能都是固定的。

核心问题在于短效和长效

如果，昨天你看了一场动作电影，很兴奋，一觉睡过剩下的兴奋就不多了，再睡两觉就没有了（记忆存在，而兴奋没有了）；多数的成功学培训，内容可以存在很久，感觉只存在几个星期，甚至更短，这就是短效。

如果，你总是很积极，浑身好像有使不完的劲，闲下来就难受；反过来，你总感到无力，一直贪图清静，这些都是长效。

双系统工作原理推论列表 2

1. 人所有的行为都是需要能量驱动的，而我们的神经并不产生能量，也不能运输能量。所以，我们需要为油门配上发动机，为神经调控系统配上能量系统。
2. 不同人的神经系统是不一样的，不同人的动力系统也是不一样的，一个人在不同时间的动力还是不一样的，问题是如何区别调控系统和能量系统对行为不同的作用?
3. 心脉系统相对于神经系统是独立工作的。就是说神经只是调节，心脉在不调节的情况下有一个变化的基础状态，这个变化来自内外环境，比如肝功能或食物等，特别需要指出的是**中药和针灸**。
4. 能量调控不是神经系统，心脉系统自身、其他系统、外界环境都会影响到能量运作，只是神经系统是特别的。

5. 从物质角度说，消化系统、呼吸系统、神经系统、内分泌系统、泌尿系统、生殖系统、运动系统对循环系统各自起了怎样的作用？或者各种血液成分的变化对循环系统本身产生了怎样的影响？对西医来说似乎只要循环系统别堵着就行了。
6. 从能量角度说，能量提供方有消化系统，能量调整方有呼吸系统、神经系统（部分）、内分泌系统、泌尿系统、生殖系统（部分），能量输出方有运动系统、生殖系统（部分）、神经系统（部分），与循环系统的互动都是很大的。中医一直是这样说的，而分类方式完全不同，是跨界的、感觉的、感觉背后的。
7. 脑的显性作用——对于能量系统的调控相对简单，加速减速（油门）通常针对即时行为。脑的隐性作用还是调控，是一种更广泛意义上的整体平衡，在西医看来就是对心血管系统的调节，除了神经系统还需要呼吸、体液、局部组织器官（代谢影响）、肾—体液控制系统等的协同。
8. 人的行为不一定会有意义，但一定会有感觉，这里的**感觉**特指什么？能量系统改变了感觉也跟着改变，而感觉改变了说明能量系统也有变化，有道理之效在于转化成有感觉，或者说有道理本身就意味着有力的感觉，反之亦然。
9. 对不同的事我们有不同的反应，但是，对同样一件事，在不同的时候，我们的反应可能是非常高兴、高兴、一点高兴、茫然、不适，态度可后补，但第一反应不是我们自己可以左右的。
10. 发怒是由我们的身体造成的，但不是我们能够决定的。我们可以间接改变和影响情绪，但通常初始总是不知不觉地突然显现。神经系统并不会需要能量时通知能量系统、不需要时就不通知，大事通知、小事就不通知，这在结构和原理上都不合理。是所有事件都通知，只是通知的信号不一样，既有增减维稳又有级差。当然，联动是比通知更好的表述。这其中，当我们感到不兴奋的时候，也就是能量系统工作水平较低的时候，外界刺激所引发的信号也会小。在这一过程中还存在能量的全局跟随和局部跟随，局部跟随是指在能量水平大致不变的情况下，脑部位置的变化，然后就是跟随后的作用，并且会流向下一事件，所以，称之为**随动**。

11. 发怒的情绪经常延伸至下一个无关的行为，其实，情绪和次级情绪都有这样的情况，另一个情况是在无对象时回忆激活。

12. 我们的意识将我们的能量表象从不同的角度进行了分类，我们的能量自己未必认同这种分类，也就是说它们经常被混为一谈，因为，它们是同一种能量的不同表象。

13. 心脉系统对行为的影响在感觉上是件匪夷所思的事，通常我们意识不到。敏感的人前几分钟还兴致勃勃，一转眼就兴味索然；前几分钟还意气风发，一转念就黯然神伤。强悍的人则要大的能量波动才会有所察觉，通常我们把这种大的能量波动称为强烈情绪，但即便如此，小的能量波动一样起作用。能量正负向增强趋向还是能量正负向的减弱趋向？换种说法，**有兴趣、有意思、有意义都是能量支撑的结果**，如前文所提到的**盖伦的“相思女病人”**，听到有兴趣人的名字有一个能量的跟进，接下来这个跟进的能量让病人某一方向兴奋增强。而如果这个女病人真有其他比较大的病，能量无法跟进，对原本感兴趣的某舞者她也不会再感兴趣了。当然，感兴趣和反感都是能量增加，而无兴趣和反感减少才是能量减少，这是能量系统的一个特点，方向与大小分开。

14. 关于本章开始提到的B和C方向相同却因能量大小不同而产生的行为不同，正是能量隐性的决定权。“神”这个字，除了最始的学习之外，随后大大小小的体觉，总是在不断的改变其背后能量的大小，也就是说如果没有能量随动的积累，我们就不能在脑中构建复杂。除了本身生理结构属性所产生的大小不同外，信仰、职业、兴趣方面的概念，通常都会有较高的能量，与之相关的是强度和次数方面的积累，其实，我们脑中所有的概念都是这样，学习所得不仅存在诠释的差异，在含义相同的情况下也会因分量的不同而意义不同。所有的宗教仪式上几乎都没有几个字是听得清的或听得明的，但总会很带感。森海HD600和雪花牛排并不相关，但对发烧友和吃货来说并不难取舍，除非有人两种爱好都有。这些既相关于概念能量的即时触发，也相关于长期构建。能量系统总是一搏一搏的，神经系统总是那么神奇，中间存在着秘密。

15. 概念能量在西方心理学中似乎是不存在的。对理性来说概念都一样，但不但不同的概念附加的能量有大小，同一概念在不同的时候大小上还会有差异。换一个角度说，不管理性之顺建还是感性之强服，都会有大小，反过来在用的时候，理性之坚毅与感性之热切也是有大小的。理性只不过在结构效率上有点优势，在能构上反而居于劣势，且不足以形成绝对的全部。

16. 心脉系统对调控系统的影响不会像神经系统对心脉系统那样明确和细节，而是用状态、预备、支持、能级等方式，对即时的运作和积累的构建起到作用。心本身有大小和通道方向，心通过脑取得了大小和方向的变化；脑本身没有动能，脑通过心取得了动力和能量结构的积累。

17. 一方面，心脉和心率变化是心跳不同的属性，能量运化和运输相关而不同；另一方面，心跳变化却不同地反应在脑、消化系统或运动系统，而且脑部组织也是分开的，仅大脑皮层就分额叶、颞叶、顶叶、枕叶和岛叶，每个叶上的沟回和区域的能量活动也并不同步。当我们生气的时候，我们的主观意识可以对生气进行抑制、转移等调控，相当于势能阀值对动能的限制；当然，有时我们的主观意识也会增强生气，相当于势能和动能的叠加。能量局部运化是非常复杂的，心脉能量对中枢神经的作用和中枢神经兴奋对能量系统的作用，分别类同于动能和势能的作用，一体的结果往往让人只注意到一面。

18. 调控系统和控制系统的区别：有些人倾向于控制系统，这是一种人为的假性，实际上与精神病相差不远，属于强迫症；

当然，反向也是很麻烦的，完全由直觉来控制、不调控，严重时表现为智障，所以，需要调控。不同于汽车的发动机和油门，人的发动机和油门都是活的，即时性能是在不断变化的，而长期性能又近似稳定，没有油门发动机也会有基准工作。而油门的工作状态反是发动机推动的，最终油门效力是在发动机工作基础上的相对，各是各的属性的结合。

19. 脑干及大脑皮层方向的延伸都有油门的作用，只是性能不同，这一线与心脏的互动形成了我们完整的动力系统。

20. 双系统工作原理，不是脑系统工作原理，**更非**心系统工作原理。

21. **随动原理**：意动引发能量变化，能量变化反作用在下一步或下一个行为。

第 2 章

心理学之象

第 1 节　脑理学

巴甫洛夫的狗为什么没情绪?

心理学的主要流派有哪些

心理学的主要流派有哪些?

主要包括：内容心理学派、构造主义心理学派、机能主义心理学派、行为主义心理学派、格式塔心理学派、精神分析心理学派、日内瓦学派、生理心理学派、人本主义心理学派、认知心理学派等。

这其中，有些已经成为历史，有些还非常活跃。另外还有其他不同的分类方式。

稳定的行为方式和人际过程的产生根源是什么？这是人格理论家和研究者提出的基本问题。人格心理学家已经从不同角度对这个问题做出了回答，正如一位心理学者近期指出的那样，“人格心理学从来没有遭受过缺乏用来描述和解释人格现象理论的饥渴”。为了帮助理解过去一个世纪以来形成的形形色色的人格理论，本书介绍了解释人格的七个流派，它们是精神分析流派、特质流派、生物学流派、人本主义流派、行为主义流派、社会学习流派和认知流派。任何一种主要的人格理论都可以在这些流派中找到位置，尽管这种归类不完全恰当。

为什么人格理论如此之多？可以用打比方的方式来回答这个问题，盲人摸象的故事大概人人皆知。那五个盲人分别摸到了大象的不同部分，然后就争着向别人说大象是什么样子。摸到象腿的盲人说大象像个柱子，摸到象耳朵的盲人说大象是个又薄又平的扁片，摸到象鼻子的人说大象是个长长的东西，摸到象尾巴和身子的人，心目中也有关于大象的不同形象。这个故事说明，每个盲人所了解到的，只是大象的一部分。由于真正的大象比他们摸到的东西更多，所以每个盲人说的都对，但是都不完整。

从某种意义上说，人格的不同流派和这几个盲人差不多。也就是说，每个流派都查明并验证了人格的一个重要方面。例如，精神分析流派的心理学家称，人的无意识心理对他们行为方式的差异起着很大作用。特质流派的心理学家确信，人是处在各种各样的人格特征的连续体上的某个位置上的。生物学流派的心理学家用遗传素质和生理过程来解释人格的个别差异。人本主义心理学家认为，人的责任感和自我认同感是造成人格差异的主要原因。行为主义和社会学习流派的心理学家把稳定的行为方式说成是条件反射和心理预期的结果。最后，认知流派则用人们加工信息的方式来解释行为的差异。[1]

盲人摸象出处是佛经。

《大般涅槃经·第三十二》："象喻佛性。盲喻一切无明众生。"

什么是心理学？

心理学（Psychology）一词源于希腊文，意即"灵魂之科学"。灵魂在希腊文中也有"气体"或"呼吸"的意思，因为古代人认为生命依赖于呼吸，呼吸停止，生命就完结了。随着科学的发展，心理学的对象由灵魂改为心灵。

心理学是一门研究人类的心理现象、精神功能和行为的科学，既是一门理论学科，也是一门应用学科。包括基础心理学与应用心理学两大领域。

---

1 杰瑞·伯格《人格心理学》，中国轻工业出版社，2004 年。

心理学是研究行为及行为形成的学科。

心理是大脑对客观现实的主观反应，意识是心理发展的最高层次。心理现象又可分为两大类，即心理过程和人格。认知、情绪情感和意志是以过程的形式存在的，它们都要经历发生、发展和消失的不同阶段，所以属于心理过程。人格也称个性，是指一个人区别于他人的、在不同环境中一贯表现出来的、相对稳定的影响人的外象和行为模式的心理特征的总和，包括：需要、动机、能力、气质、性格等。在一定意义上，人格不是独立存在的，而是通过心理过程表现出来的。

东西式问答

以上两个问答非常有意思。其实，这是不同形式但指向一样的问题和答案，区别是一个是西式的问答，一个是东式的问答。

“心理学的主要流派有哪些？”这个问答结束以后，你能得到过程和多角度的现象描述。

而“什么是心理学？”这个问答结束以后，你会得到一个定义。

这两个问题都有助于了解和认识心理学。但是，实际得到的信息差别却很大。

美国成功学家安东尼·罗宾斯如是说：

英语是一种具有“动词导向”的语言，主宰了我们是“起而行”的民族；中国人——名词的重要性高过动词：名词代表始终如一；动词——清晨朝露，刹那便会消逝。

中文的名词，是由字组合而成的，组合意味着变化、非常复杂的语意语境，中国历史上文人墨客乐此不疲。但这不算是大优点，只能算一个小优点，过度了还是缺点。汉语最大的优点是扩展性和包容性，西方科技进入中国的时候，很快能被融入其中，几乎用不着太多的新字。语文上的易用性对于我们学习科技非常有帮助，如有机化学成分规则，非常容易记忆；从另一个侧面也说明了汉语的高效。

反过来，拼音文字在学习专业知识时，有时候会像是在学习一门新的外语。当然，这也不能算是缺点，因为入门比较难也可能导致基础扎实。这类语言也有自己的易用法则，而且有时简单规范的建材可以建造各式各样的超高大厦，而复杂的建材只能造点小桥流水。

不需要讨论哪种语言更加强大。中国的火药在西欧人的手中，变得非常强大，然后就是超越，比如后来的硝酸甘油、TNT、无烟火药、环三次甲基三硝胺等。然而，西方人发明了电脑，如果只是用来打游戏、闲聊的话（游戏和闲聊都是很好的心理调节工具），是不可能变得强大乃至超越的。

有意思的是，“黑火药”的名字说明这是一种药，是为药而生的，而硝酸甘油也是一种药。

医药上用作血管扩张药，制成0.3%硝酸甘油片剂，舌下给药，作用迅速而短暂，效果极强。用于治疗冠状动脉狭窄引起的急性心绞痛，如多次服用会降低药效。

健康危害：少量吸收即可引起剧烈的搏动性头痛，常有恶心、心悸，有时有呕吐和腹痛，面部发热、潮红；较大量产生低血压、抑郁、精神错乱，偶见谵妄、高铁血红蛋白血症和紫绀。饮酒后，上述症状加剧，并可发生躁狂。本品易经皮肤吸收，应防止皮肤接触。慢性影响：可有头痛、疲乏等不适。

高能物质对人体能量的影响，这也算是一斑。

进一步分析东西方心理论述的角度和方式。

先来看西方心理学对稳定行为方式的描述与解释。还是这六个心理学派，它们对稳定行为方式现象的描写都非常精确和细致，给出的理由看似很有道理，但彼此之间并不相容，也不能解释全部，有时候正确，有时候根本说不通，现以“攻击行为”为例。

对攻击性的经典的精神分析解释是：我们具有一种自我毁灭的无意识愿望。但是，一个具有健康人格的人是不会自我伤害的，所以这种自我毁灭的冲动就会转向外面，以攻击的方式向别人表达出来。另一些精神分析学家解释说，当人要达到自己目标的行为受阻时，就会产生攻击行为。一个处于巨大的挫折体验中的人，例如在实现自己目标时屡遭挫败的人，就可能出现比较持久的攻击行为。在大部分情况下，这个人没有意识到这种攻击行为的真正原因。

特质流派的人格理论看重攻击行为稳定的个体差异。有一个研究小组多年前曾经测量了8岁儿童的攻击性特性，他们在几所小学里问小学生这样的问题，比如“谁最爱推、撞别的孩子”。22年以后，研究者又和当年参加研究、现已30岁的人进行了面谈。他们发现，在小学时被认为攻击性较强的人，长大以后也容易表现出攻击性。那些喜欢推、撞同学的孩子，长大成人以后常出现虐待配偶和暴力犯罪行为。

生物学流派的人格心理学家相对来说也对稳定的攻击行为方式感兴趣。他们认为，遗传素质是攻击行为稳定性的原因之一。现在有证据证明，有些人比别人具有更强的攻击性遗传倾向。也就是说，有些人在出生时就可能具有攻击性的素质，加之其教养环境，后来成了攻击性的成人。另一些心理学家从进化论的角度解释攻击性，例如，男性的攻击性倾向化比女性强，可以这样解释，男性天生具有一种控制竞争的需要，以便保全自己并将他的基因传递下去。另外，还有一些研究者从睾丸激素的水平来解释攻击行为，虽然还缺乏这方面的确切证据。

人本主义流派的人格心理学家以另一种方式解释攻击行为，他们不承认有些人生来就具攻击性。许多人本主义心理学家认为，人的本性是善良的，如果能在富足和充满鼓励的环境中成长，所有人都能成长为乐观、和善的人。当某些因素妨碍了这种自然的成长过程时，就会出问题。爱打架的孩子往往来自基本需要得不到满足的家庭。如果，儿童形成不良的自我形象，他们就可能在遇到挫折时对别人大打出手。

行为主义和社会学习理论在很多地方与人本主义理论不同，他们认为，人们是像学习其他行为一样，学会攻击行为的。在游戏场所称王称霸的孩子发现，会打架能得到犒赏，他们先挥舞棍棒，想玩什么就玩什么，因为别的孩子怕他们，解释行为的关键在于，得到犒赏的行为就会重复出现。因此，在游戏场所称霸的孩子，攻击行为就会持续出现，而且还想在其他场合也这样做。如果这种攻击性得到的不是惩罚而是犒赏，这些孩子就会变成富于攻击性的成年人。

人们还能从观看榜样行为进行学习，儿童可能会看到伤害别人有时候是有用的，因而从富于攻击性的同学那里学会了攻击。当儿童看到别人用攻击行为得到他们想要的东西时，也能懂得攻击性被奖赏的道理。善打架的孩子给别的孩子起到一种强有力的角色的榜样作用，使他们明白，有时候打人是有用的。很多人认为，儿童日常看电视时看到的那些富于攻击性的人物可能导致了社会攻击行为的增多。

然而，认知心理学家是从另一个角度探索攻击行为问题的。他们探索的焦点是富于攻击性的人是怎样加工信息的……认知人格心理学家认为，人们怎样对这一情境作出反应，取决于人们怎样对它们做出解释。你是觉得受到了威胁、受到了骚扰还是平安无事，将决定你是逃跑、准备打架还是离开这条路。认知学派认为，有些人比别人更倾向于把这种模糊的情境解释成受到了威胁，同时也可能以攻击方式作出反应。认知理论可以帮助我们理解，为什么有些青少年期的男孩子比别的孩子更富攻击性。研究人员发现，爱打架的小学男生常把别人的一些无关痛痒的举动看成是对他们个人构成了威胁。在走廊里发生的偶然碰撞也可能被误解为对方想打架。不难理解，为什么一个认为别人总是对他构成威胁和挑战的男孩会经常作出攻击反应。[2]

---

2 杰瑞·伯格《人格心理学》，中国轻工业出版社，2004年。

其实，以上这些学派的观点加上能量的因素，就可以解释为什么有时候在理，有时候说不通；为什么这个相关得多一点，而那个关联得少一点。只是，能量观点是在中医里的，而非西医神经学的。

中医没有对攻击行为的描述，相近的行为描述是《黄帝内经》中的《论勇》。首先，《黄帝内经》把“忍痛”和“勇”分开：皮糙肉厚不怕痛，相当于西方说的神经比较麻木，不是勇。勇是内脏引起气多或者气少，这与西方理论无相关的地方。但最后，《黄帝内经》中提到了“酒悖暂时同勇”（酒壮胆），或者说酒可以带来暂时的气的变化和提升；而西方则是认为是中枢神经的变化和心率的变化，主要是麻醉剂的性质。那么，酒到底是气的作用，还仅是神经作用？所以，对同一件事的不同解释，对我们来说也是一种启示。

《黄帝内经·灵枢·论勇第五十》：“黄帝曰：夫人之忍痛与不忍痛者，非勇怯之分也。夫勇士之不忍痛者，见难则前，见痛则止；夫怯士之忍痛者，闻难则恐，遇痛不动。夫勇士之忍痛者，见难不恐，遇痛不动。夫怯士之不忍痛者，见难与痛，目转面盼，恐不能言，失气惊悸，颜色变化，乍死乍生。余见其然也，不知其何由，愿闻其故。少俞曰：夫忍痛与不忍痛者，皮肤之薄厚，肌肉之坚脆缓急之分也，非勇怯之谓也。

“黄帝曰：怯士之得酒，怒不避勇士者，何脏使然？少俞曰：酒者，水谷之精，熟谷之液也，其气慓悍，其入于胃中，则胃胀，气上逆，满于胸中，肝浮胆横。当是之时，固比于勇士，气衰则悔。与勇士同类，不知为之，名曰酒悖也。”

西方心理学有十几个学派，每一个学派都有一个最核心的理念，就是关于行为的原由，比如行为主义的条件反射、人本主义的需求层次、精神分析的力比多及人格结构（本我、自我、超我）、生物流派的基因、机能主义的意识流、认知学派的信息加工方式等。而它们的共同点就是基于单一的神经系统，神经因为兴奋而兴奋时，就像没有发动机的油门。

西方心理学确切的翻译应该为脑理学，和心一点关系都没有。脑理学的对面是中医的心脉学，和脑也没什么关系。心脑分离，不管是脑理学还是心脉学，面对和解释心理问题时，总少了点什么。

脑没有能量系统的概念，在同类神经（想法）驱动力大小的比较上会令人非常困惑；而心没有神经的作用，没有方向、没有调控也是很奇怪的。

心之脉（能）、脑之理——心理。

寂寞的脑

巴甫洛夫的狗为什么没情绪？

1911年巴甫洛夫这样写过："这是几只狗，其中一只狗在我们实验的条件下发生了瞌睡状态，这种状态控制了整个大脑皮层的活动。再看第二只狗的类型，它在实验台上没有睡觉。这表示抑制没有达到引起大脑半球全部不活动的高度。它的抑制表现在肌肉的静止上，它站着一动不动。但这种抑制不只限于肌肉系统，而且也达到了唾液反射。再看最后一只狗，它在地板上时是一只有着高度兴奋性的动物，它在实验台上没有睡觉，但是肌肉静止像木头似的站着，而且这种抑制仅限于肌肉系统，并不扩散到唾液反射，唾液反射表现得非常明显。在各种不同的狗，我们可以看到抑制的各种不同程度的扩散和某种抑制性活动的一定程度的集中现象。"狗在实验时打瞌睡，常常使巴甫洛夫对实验的进行感到困难。因为狗一打瞌睡，条件反射必然要暂时消失，实验不得不被迫停止。因此巴甫洛夫在挑选实验用狗时，不得不加以注意。最初他曾想到挑一只活泼爱动的狗来做实验，以免实验进行到中途狗再打瞌睡。可是结果却与巴甫洛夫的预期完全相反，这种狗更快也更容易入睡。这些关于睡眠的实验材料给巴甫洛夫的神经型学说以很大的帮助。在1922年他有一段很生动的描写："瞌睡和睡眠的发生显然是由狗的个性，由它的神经系统类型来决定的。说来很有趣，我们最初对动物的睡眠发生兴趣完全是由于要做好实验的缘故，我们认为睡眠是条件反射实验上的一个障碍，而我们陷于滑稽的错误中。因为希望在实验中避免因动物睡眠而妨碍我们的研究，于是我们挑选了对于一切都有兴趣、对于一切都发生反应、非常灵活并且在自由情况下非常活泼的动物，然而得到的结果却完全相反。恰恰是它们，在实验条件下，特别容易而且特别快地入睡。相反，我们认为死板的狗，灵活性很小，似乎是集中注意的狗，在实验台上特别顺利，很长时间绝不陷入睡眠，甚至于在最容易睡眠的条件下也很长时间不入睡。”[3]

有情绪的狗被排除了。

当情绪化的实验对象被排除后，实验结果就会仅指向脑。

3 丁瓒《巴甫洛夫关于神经型和神经症的学说》，中华全国科学技术普及协会，1955 年。

第 2 节　情绪和意念

情绪是机能的，条件开关，来无影去无踪，如果没有升级的话，过了就过了；情感是指向的，对象左右，记忆伴行。

情绪

情绪是人体内部能量运化的显现（运是一个概念，化是一个概念）。

情绪是人体内部能量在心脉系统和神经系统交错作用下活动的显现。

神经系统的活动会引起心跳的变化，心跳的变化等于循环系统的变化，等于能量系统的变化。能量系统的变化对神经系统的反作用并且被神经系统感知的认定就是情绪。

西方心理学在很多心理行为和心理特征的描述上都得心应手，但是对于常见而又非常重要的情绪，却比较混乱。

情绪有 20 种以上的定义，尽管它们各不相同，但都承认情绪是由以下三种成分组成的：

1. 情绪涉及身体的变化，这些变化是情绪的表达形式。
2. 情绪涉及有意识的体验。
3. 情绪包含了认知的成分，涉及对外界事物的评价。

相对来说，中医对情绪的描述倒是非常清晰，只是在西医看来更像是胡说八道。心、肝、肺、脾、肾五脏根本就没有思考能力，哪来的情绪？不过，这也说明，情绪是介于完全控制的思维意识和不完全控制的能量之间的心理活动。因此，不管是西方擅长的神经系统还是东方擅长的精、气、神，到了情绪这里都变得似是而非。

实际上，中医和西医并不矛盾。相对其他心理活动，情绪是中西结合得最好的地方：一个讲基础，一个讲调控；一个是长效的性能，一个是即时的变化。但是，中医的描述本身存在些问题，显得有点像是故弄玄虚，中国人自己看着都费劲。当然，只能说是由于历史久远，以及后人的迂腐，造成许多一知半解、生搬硬套，非常遗憾。

《黄帝内经·素问·举痛论篇第三十九》："帝曰：善。余知百病生于气也，怒则气上，喜则气缓，悲则气消，恐则气下，寒则气收，炅则气泄，惊则气乱，劳则气耗，思则气结……"

在这里，思、劳、炅、寒也类同于情绪，也就是说引起气变化的因素。炅、寒、劳、思与怒、喜、悲、恐、惊是同等的。

《黄帝内经》不但描述了情绪及机理，而且还将各种情绪相互之间的影响也作了详尽的描述。对于西方理论来说，一种情绪就是一种情绪；而对于中医来说，能量是活的。

《黄帝内经·素问·阴阳应象大论篇第五》："天有四时五行，以生长收藏，以生寒暑燥湿风，人有五脏化五气，以生喜怒悲忧恐。故喜怒伤气，寒暑伤形。暴怒伤阴，暴喜伤阳。厥气上行，满脉去形。喜怒不节，寒暑过度，生乃不固。故重阴必阳，重阳必阴……

"……在志为怒。怒伤肝，悲胜怒……在志为喜。喜伤心，恐胜喜……在志为思。思伤脾，怒胜思……在志为忧。忧伤肺，喜胜忧……在志为恐。恐伤肾，思胜恐……"

在这节中，悲胜怒、恐胜喜、怒胜思、喜胜忧、思胜恐，就是演化了情绪能量可能的变化。但是，不要生搬硬套。另外要注意的是"在志为……"的排列。而在《黄帝内经》另一篇中说"肾藏志"，彼此就有了不合的地方。

《黄帝内经·素问·宣明五气篇第二十三》："五邪所见：春得秋脉，夏得冬脉，长夏得春脉，秋得夏脉，冬得长夏脉，名曰阴出之阳，病善怒不治。是谓五邪，皆同命死，不治。

"五脏所藏：心藏神，肺藏魄，肝藏魂，脾藏意，肾藏志，是谓五脏所藏。

"五脏所主：心主脉，肺主皮，肝主筋，脾主肉，肾主骨，是为五脏所主。

"五劳所伤：久视伤血，久卧伤气，久坐伤肉，久立伤骨，久行伤筋，是谓五劳所伤。

"五脉应象：肝脉弦，心脉钩，脾脉代，肺脉毛，肾脉石，是谓五脏之脉。"

这个"志"的矛盾，又要取决于是儒家的观点，还是道家的观点。儒家的观点非常教条，一样是一样；而道家的观点是能量的，这里所表述的都是感觉，能量带来的感觉。发怒过了会肝痛，但是与肝并不线性相关。呼吸通畅，人稳定而平衡，问问走钢丝的，都知道，《黄帝内经》称为魄，但是，这与肺未必线性相关。最终，不能生搬硬套，也就是说，要么限于每个人都有的感觉，要么像西方人一样能测出来。

很多借《黄帝内经》之名写的文章会这样定义：

"怒气"器官——肝脏
"恐惧"器官——肾脏
"悲伤"器官——肺
"喜悦"器官——心脏
"忧郁"器官——脾脏

其实只是"伪"。说它不对，它是抄书的；说它对，又不可能。把情绪硬接驳在器官上，导致的结果正是被西医认为是胡说八道的事——除去脾就没有"忧郁"、除去肾就没有"恐惧"。"伪"借名传播能力还是非常强的，但对《黄帝内经》来说危害就大了。

《黄帝内经·灵枢·本神第八》："……肝气虚则恐……心气虚则悲……五脏不安。必审五脏之病形，以知其气之虚实，谨而调之也。"

就是在《黄帝内经》中，说的也是肝气虚则恐，心气虚则悲，没有一定要在肾、在肺。

要搞清西方心理学对情绪的认知非常不容易，因为理论很多而且各不相同，主要的论点就是神经兴奋为了兴奋而兴奋，情绪因为刺激边缘系统或者分泌激素而产生，所以，情绪就是边缘系统的产物，但是，大脑皮层也影响了情绪，那么皮层和边缘系统之间就存在了组合对应关系。

先看看情绪的早期理论：

詹姆斯—兰格理论：美国心理学家詹姆斯和丹麦生理学家兰格分别提出、内容相同的一种情绪理论。他们强调情绪的产生是植物性神经活动的产物，后人称之为情绪的外周理论，即情绪刺激引起身体的生理反应，而生理反应进一步导致情绪体验的产生。詹姆斯提出情绪是对身体变化的知觉。在他看来，是先有肌体的生理变化，而后才有情绪，所以悲伤由哭泣引起，恐惧由战栗引起。兰格认为情绪是内脏活动的结果。他特别强调情绪与血管变化的关系。詹姆斯—兰格理论看到了情绪与肌体变化的直接关系，强调了植物性神经系统在情绪产生中的作用；但是，他们片面强调植物性神经系统的作用，忽视了中枢神经系统的调节、控制作用，因而引起了很多的争议。

坎农—巴德学说：认为情绪的中枢不在外周神经系统，而在中枢神经系统的丘脑，并且强调大脑对丘脑抑制的解除，使植物性神经活跃起来，加强身体生理的反应，而产生情绪。外界刺激引起感觉器官的神经冲动，传至丘脑，再由丘脑同时向大脑和植物性神经系统发出神经冲动，从而在大脑产生情绪的主观体验而由植物性神经系统产生个体的生理变化。该理论认为，激发情绪的刺激由丘脑进行加工，同时把信息输送到大脑和肌体的其他部位，到达大脑皮层的信息产生情绪体验，而到达内脏和骨骼肌肉的信息激活生理反应，因此，身体变化与情绪体验同时发生。

现在的理论认为，情绪与下丘脑关系密切，特别是感受的机制：

感受具有先天遗传的个人倾向，影响及情绪、嗜好、美感、欲望、动机等。参与感受活动的结构众多，有大脑边缘叶的扣带回、海马结构、梨状叶和隔区等，有丘脑前核、背内侧核等，有下丘脑的众多核群以及杏仁核等。下丘脑除了具有样本分析产出功能，还具有分泌激素的功能。来自于大脑边缘叶的样本激活下丘脑或杏仁核，下丘脑分析产出感受样本，发放到丘脑前核产生感受，还可以通过分泌激素影响意识以及靶器官。

不是所有的样本都能激活下丘脑产生感受，能够激活下丘脑的样本是具有一定倾向性的样本。当大脑分析产出具有一定倾向性的样本后，通过大脑边缘叶的传出纤维发放到下丘脑，下丘脑分析产出感受样本，通过乳头丘脑束发送到丘脑前核，激活丘脑前核合成丘觉，再通过丘脑间的纤维联系发放到背内侧核，产生感受，产生对人和事物的喜好、嗜好、偏爱、欲望、美感、动机以及愉悦和恐惧、兴奋与沮丧等。

下丘脑分析样本的方式与大脑、纹状体、小脑不同，大脑、纹状体、小脑参照分析的模型是通过学习或练习建立的，而下丘脑的参照模型是遗传的，即我们一出生后，感受是按照固有的方式分析产出的，因此，我们的感受主要是天生的，当然，也会受到后天环境的一定影响而发生改变，但不会发生本质的扭转。

感受是动力之源。感受是人的力量来源，人的一切行为活动或者是外来压力的驱动，都是受个人感受的驱动。感受主要由遗传决定，就决定了每个人的嗜好、偏爱都是不一样的。

感受和理性（如觉察和认识）由不同的脑独立产生，相互作用又相互斗争。感受与理性经常是矛盾的，二者相互斗争，互不相让，形成我们常说的矛盾心理。感受在一定程度上受理性制约，但在感受强度过大或额叶功能弱化的情况下，导致理性不能占据主导地位，感受控制人的思维和行为，发生精神和行为异常。

产生感受的下丘脑，虽然通过遗传获得了分析模型，不需要通过存储建立分析模型，但可能参与了其他信息的存储功能，特别是大脑边缘叶承担了其他信息的记录存储任务，完成更加重要的记忆功能。

但是，我们并不能很好地控制情绪，一点也不像是神经系统的工作方式。而且，还有速度的问题，神经元传递信号之快等同意识，而情绪的进入还快点，退出就慢多了。我们在日常活动中遇到即时的大能量变化马上会有感觉，在人体内部，看得见的能即时变化的只有心脏，而且，这是有别于神经细微变化的大的变化。

情绪改变一定伴有心跳改变，但心跳改变并不一定对应情绪变化，这就是复杂的人体能量系统。心脉系统的能量运化和循环系统的血液运输量有关，但不等于血液运输，也就是说能量系统在不同部位或同一位置的不同变化都会造成神经反馈调整方式的不同，反过来说，同一位置相同变化产生的相同反应，就是能量对神经作用的定向。

接下来说说西医中更细微的细菌对情绪的影响：

现代生物学家发现，大量的细菌寄生在我们呼吸道和消化道中，它们中的半数是中性菌，对我们既无害也无益，比如大肠杆菌、酵母菌及大肠球菌；约有10%是有害菌，如葡萄球菌、幽门杆菌等；还有约30%是有益菌，如乳酸菌、双歧杆菌等。对有害菌我们也不必担心，因为它们的活动严格受到有益菌和中性菌的管制。

别小看这些寄生在肠道内的小小细菌，它们对改变我们的情绪和行为有着不可忽视的作用。一方面，这些细菌影响人体的营养代谢，如果消化不良，会引起情绪异常；另一方面，假如人体的代谢紊乱，这些细菌会制造出硫化氢、氨等气体来毒害我们的神经，从而导致我们情绪异常，甚至做出极端行为。[4]

就是说细菌也是我们情绪变化的因素；而且，说它与神经系统密切相关，多少有点让人费解。接下来还有食物：

吃得量多了，与能量代谢有关的 B 族维生素就会消耗得多，而维生素 B_1 缺乏会使人脾气暴躁、健忘。B_3 缺乏与焦虑有关，B_6 的不足则导致思维能力下降。另外，肉类吃多了，体内的肾上腺素水平就会升高，也更容易使人发怒。

还有季节：

被医学家称为“季节性情绪失调”是指因天气变化而产生的情绪疾病。尤其是冬天，阳光照射时间短，万物萧瑟，这时，对环境和气候格外敏感的男人就会出现情绪低落、极度疲倦、嗜睡和贪吃及对所有事情都失去兴趣的症状，严重的还会引起肌体正常功能衰退。

还有药物：

生理反应是情绪存在的必要条件，为了证明这一点，心理学家给那些不会产生恐惧和回避行为的心理病态者注射了肾上腺素，结果这些心理病态者在注射了肾上腺素之后和正常人一样产生了恐惧，学会了回避任务。情感也是一样，比如没有性欲当然不会有爱情的，而当人吃了春药以后，伴随着性欲的旺盛一见钟情的可能性也就会随之加大了。所以，由不同的药物刺激引发的行为过程也表

4　弗兰肯《人类动机》，陕西师范大学出版社，2005 年。

明了，情绪和情感显然是有区别的两种不尽一致的心理生理过程。[5]

细菌、食物、季节、药物对神经系统的影响有多少，非专业人士很难判定，但是，对能量系统的影响是显而易见的。

那么，最核心的问题就是情绪指向性和大小这两个因素。中医理论是没有外部的指向性的，而西方心理学对为什么“易怒、易喜、易悲、易惊、易恐”的个性化属性与生理之间的关系也不太关注，对生气与肝痛之间的联系很茫然。虽然，肾上腺素是非常科学的，但那是手段，而不是目的。

不同的颜色可通过视觉影响人的内分泌系统，从而导致人体荷尔蒙的增多或减少，使人的情绪发生变化。研究表明，红色可使人的心理活动活跃，黄色可使人振奋，绿色可缓解人的心理紧张，紫色使人感到压抑，灰色使人消沉，白色使人明快，咖啡色可减轻人的寂寞感，淡蓝色可给人以凉爽的感觉。

英国伦敦有一座桥，原来是黑色的，每年都有人到这里投河自杀，后来，将桥的颜色改为黄色，来此自杀的人数减少了一半，充分证实了颜色的功能。

我们的情绪介于我们受控制和控制我们之间，我们非常在意的感性和理性，正是由情绪控制和控制情绪的。

没有人否认，情绪是一种能量。过于强大的时候，就难以控制；而没有或太少的时候，就可能是抑郁的表现。外部刺激一定会引起内部的能量调整，如在不同颜色的背景之下。没有了大脑皮层，能量控制会变得粗糙，如脑切除；反过来，能量变化对神经肯定也有作用。

1892 年高尔兹发现切除大脑皮层的狗变得十分凶猛。1925 年

---

5 弗兰肯《人类动机》，陕西师范大学出版社，2005 年。

卡农等人对切除大脑皮层的猫进行了经典研究并确定了“假怒”动物标本的手术方法。1934年巴德把“假怒”一词引入生理心理学中。他指出切除猫的大脑皮层之后猫对各种不愉快的刺激如轻触、气流等均表现出极度夸大的攻击行为表现：弓腰、竖毛、咆哮、嘶叫和张牙舞爪等。这些行为缺乏指向性，很难说动物伴有怒的内心体验，故称此行为“假怒”。其脑机制是：只要破坏边缘皮层、大脑皮层与下丘脑的神经联系，使大脑皮层对下丘脑的抑制解除，下丘脑机能亢进就会出现“假怒”。对于这些实验事实，生理心理学界广为接受的观点是，下丘脑在情绪的表现中具有重要作用。

情绪的发展和变化是我们因人因时因地因事而产生的。情绪在制约人，也在成就人，还在损害人。不同的情绪有着不同的生活。

古代塔吉克学者阿维森纳，曾把一胎所生的两只羊羔置于不同的外界环境中生活：一只小羊羔随羊群在水草地快乐地生活；而在另一只羊羔旁拴了一只狼，它总是看到自己面前那只野兽的威胁，在极度惊恐的状态下，根本吃不下东西，不久就因恐慌而死去。

婴儿也是有情绪的，和成人有情绪一样（儿童唱歌既让人感动又有感染力），只是指向不怎么丰富，而相对成人来说控制要弱很多。身体的基础能量体系对婴儿的影响更大，也是因为调控更弱的关系，所以他们克服负面情绪的能力也较弱。幸好哭能解决不少问题。至于幼童说困就睡、很难坚持，这很难说是神经系统的特性。另外，幼童的情绪流露更能体现即时性现象，说明情绪控制是会成长的，在于大脑皮层对边缘系统的干涉。

由于批评声音强烈，詹姆士—兰格理论在20世纪前期沉寂下来，直到一些神经学发现在一定程度上支持该理论。当代学者普遍认为，即使没有大脑皮层参与，人也可以产生情绪（即没有自主意识、没有认知的情况下）。生理变化伴随着情绪产生，调节制约人们对情绪的感受，但是并不直接造成情绪。情绪也可以反过来导致生理变化，并产生包括战斗、逃跑、抚育在内的适应行为。

有十分充足的证据证明，愤怒、恐惧、悲伤、厌恶四种情绪各自有独特的自主神经系统反应。这是因为这四种情绪能激发出特定的行为，并且这些本能行为与生存息息相关（如愤怒使人心跳加快、体温上升，可以提高战斗力）。

研究也发现，八种基本情绪与神经递质水平也有关系。例如愤怒是低血清素、高多巴胺、高去甲肾上腺素综合作用产生的；羞愧的时候，这三种神经递质水平都比较低；兴奋、感兴趣的时候，这三种神经递质水平都提高。

情绪一旦被神经系统触发，接下来便不再受神经系统的控制，反而会制约神经系统。我们可以调整情绪，通常是用另一种情绪来中和上一种情绪，或者等它自己消失。神经系统能够调整能量，但神经系统本身并不能生成能量。情绪就是能量，而且在不同的情绪状态下，我们的行为会截然不同，这是反作用。

情绪的产生和情绪的作用，是能量被动和主动的两个事件。

情绪的产生和情绪的作用，是两个方向相反的事件。情绪的产生是神经对能量的，而情绪的作用是能量对神经的。接下来就是“调整情绪”和“情绪调整”的反复交替。

情绪的属性包括两个方面，一是系统整体的水平，二是区域通道的方向（气上、缓、消、下、收、泄、乱、耗、结）。

我们时常有一种错觉，只有感受到情绪的时候，才觉得有情绪；没感受到的时候，就没情绪。没感觉到，是不是情绪就不存在？实际上情绪和意识共存，隐情绪、潜情绪或曰次情绪通常不被我们的意识认知，甚至我们不认为它们是情绪。也就是说我们命名的是明显的部分，而内隐的就变成了不是情绪的情绪。但是，心脉能量和情绪能量，其实是同一个能量不同角度的表述，其区别只是体用不同而已。

神经系统调控能量：大脑皮层精妙调控，边缘系统强力调控，网状结构决定性调控（此处的“决定性”意指一旦我们入睡后上述精妙和强力就都不存在了）。而能量系统自己也有供应、储放的规则，从内部决定能量，并且影响神经系统（情绪和潜情绪的影响）。

而二者正是东西方理论各执一词的。运化的“运”指神经系统的触发和多向调控（包括主观的和非主观的）；运化的“化”指能量系统本身的输入、输出和活动的特性。最终，人们看见的是二者作用合一的外显。

动机与感性

动机是个奇怪的概念。我们通常能在事后找到动机，事前却不可能。动机通常非常有逻辑，但是，行为通常不那么逻辑。而且假动机我们也经常用，通常称之为借口。

动机是我们思考的结果；但行为不完全是我们思考的推动。

“motive”“motivation”比中文的“动机”多了一点活力，但是，同样存在两个问题：一个是数值表达，有方向而没有大小，各种动机的冲突和影响就无法衡量；另一个是阈值，有动机不一定会实施，而没动机讲不定就做了：因为动机是理性思考的结果，而行为存在非理性的因素，即感性因素。

提到动机，就会想到美国心理学家马斯洛，因为，在动机理论中，最著名的是马斯洛提出的需求五层次论：生理需要、安全需要、爱与归属的需要、尊重的需要、自我实现的需要。但这是理性思考的假设，在战争环境中，生理需求尚未满足时就会被安全需求超过；在信仰的前提下，自我实现的需要也会超过其他。刻板是理性思考的特色，而驱动是能量的，比的只是大小，而且，大多数人的需求是在一个层次上的，比如音响和球赛。需求五层次论只能解决发达的大脑皮层一般的倾向，不能解决多数的行为偏好。这一片面的理论会得到理性的青睐，却是形而上学的。

经常可以看到学童在无关紧要的事上花费大量的时间而不去抓重点，也可以看到忙忙碌碌的我们沉浸于琐碎而不见重要——这算哪一层次的需求？

记得看过一部俄国小说——记不清作者，许是屠格涅夫——写一名莫斯科的贵妇坐在马车里读一部写贫苦社会的小说，读得泪流满面，同时她的马车夫就在她面前冻死了，她却毫不在意。

我们会被电影上的流浪儿激发无限的同情心，但是，对现实中的流浪儿，你不一定会产生同情心，因为感觉不一样。电影上的比较可爱，而现实中的比较强悍（实际是另一种可怜）。我们对狗的态度往往远超于对非洲难民的，不过，这也只限于宠物狗——自然界中的狗会令人害怕。我们对不同地区和不同原因的难民有着不同的态度——不仅取决于我们对他们的了解和假设，还取决于我们潜意识的感觉。

马斯洛的需求五层次理论，从另一个角度说，倒像是通过钱包的厚度划分人的层次：钱多，可满足的需求多，层次就高。钱对人的行为肯定是有影响的，但是，这一影响的结果肯定不是一定的，而且升级也不是必然的，升级的方向也不只这简单的几种。这种划分，既无法解释高层次的人做卑鄙的事，也无法解释有人就是不升级，更无法解释升级却与需求无关，只是被想当然地接受。

其实，这只是人格升级非必然的一种可能的程序。不同层次的人大多数行为动机是相同的。层次的不同对行为的影响，是多一些行为，而非不同行为。要知道，一个高而微弱的需求，远不如一个低而强大的需求对行为的影响来得大。反过来，一个高而执着的需求战胜基础的需求也不是不可能的事。所以，这是用唯一性挤掉多样性的臆想，而且，层次上非常重要的事也不一定能战胜非常皮毛的事，因为所谓的高层次、重要是思维的结果，它是不能取代感觉的。

人可能会因为学习和经历的原因，在需求未满足的情况下出现所谓高层次的需求；也可能因为无知和假装过头，在多数需求超级满足的情况下一直不出现所谓高层次的需求。层次误区来自各种需求自身的特性，我们可以将其分为：生理需求、情绪需求、情感需求、理性需求、幻想需求。人们可能偏向其中的一种或几种，而出现特定的行为倾向。需求层次论比较符合理性需求偏向的人群，但很难对得上情绪化严重的人群。

需求分层，不如说是分类。不会因为某类需求满足，而产生另一类。各类需求因各类神经能量变化而产生，有低能类别、有高能类别，有交错、有竞争、有进退（图 2.1）。

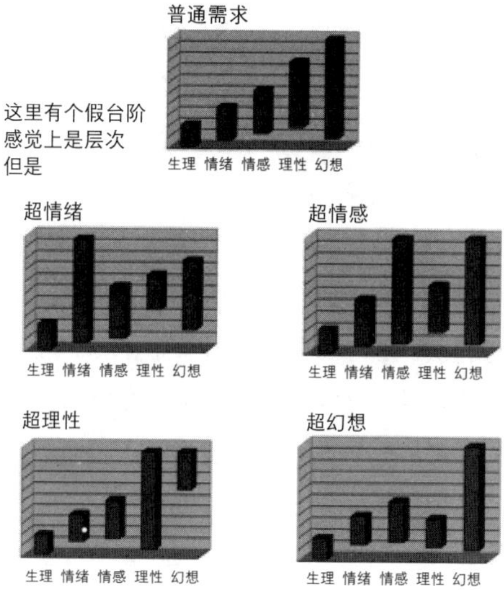

图 2.1 需求分层

需求因不同的生理、脑理通过心理正负而来。人类神经能量增减是多因、多向的，需求分层（类）只是类型表象，各自有时间和结构，大小不排序，阈值高低非楼层高低，有相关非因果，也不存在一定，且**阈值**本身也是可变的。

西方心理学的部分流派在谈到情绪的时候，经常会谈到动机，但是，谈动机的时候却很少提到情绪。理性的东西比较容易分析，而意识之外的东西就很困难；情绪其实不常需要动机，而动机却常需要借助情绪的力量。

情绪动机—分化理论：情绪具有动机的性质。伊扎德的情绪动机—分化理论是以情绪为核心、以人格结构为基础论述情绪的性质与功能。伊扎德认为：情绪是人格系统的组成部分，是人格系统的动力核心。情绪系统与认知、行为等人格子系统建立联系，实现情绪与其他系统的相互作用。当人们体验到消极情绪时，免疫系统功能会减弱；而当人们体验到积极情绪时，免疫功能会增强。

情绪常产生于人们对环境的评价方式和反应方式。如果按照情绪 ABC 理论——A 表示诱发性事件；B 表示个体针对此诱发性事件产生的一些信念，即对这件事的一些看法、解释；C 表示自己产生的情绪和行为的结果，人们对环境的评价方式即 B，人们对环境的反应方式即 C。

目前研究者已逐步达成共识，认为情绪的研究离不开动机，而动机的研究也离不开情绪。但之前并非如此，在 20 世纪 30 年代和 40 年代，动机是以需要来界定的。那时的研究者认为，需要能为行为提供动力、能量、方向和维持性。他们完全不考虑情绪的作用。

到了 20 世纪 50 年代和 60 年代，动机被看作是由驱力的存在引起的。早期的动机理论认为，驱力为行为提供动力，学习为行为提供方向。驱力论者认为，情绪是动机的副产品，而不是动机的组成部分。如：伯利恩认为，动机是最佳唤醒驱力，情绪是满足这一驱力的副产品。根据驱力理论，行为的维持性在很大程度上是习得的。如根据阿姆泽尔的理论，在很大程度上，行为的维持性是由与挫折相联的刺激的对抗性条件作用引起的。这里的挫折是一个完全限定的情绪概念，主要是指未能获得奖赏所引发的情绪。

到了 20 世纪 60 年代晚期及 70 年代早期，心理学家从行为的角度来研究动机。动机和需要是理论的核心，“需要”的内涵则与 20 世纪 30 年代和 40 年代完全不同。需要只是引发行为的倾向，目标和威胁才是行为的原因：目标是积极的诱因，而威胁是消极的诱因。

虽然到了 20 世纪 80 年代末 90 年代初，以目标来解释动机的理论较具影响，但对于很多理论家而言，尽管目标和威胁能够直接引发行为，但不足以维持长期行为。而对长期行为的研究表明，区分人们行为的维持性的，是情绪。那些在面临威胁和困难时保持乐观的人会维持原有行为，而那些悲观和自我怀疑的人常会放弃自己的目标。

尽管侧重点有所不同，但大多数当代理论家都认为情绪在动机中具有重要作用，这使得这些心理学家开始重视情绪的自我调节。

理性不过在**结构效率**上有点优势，在**能构**（开渠对筑坝）上反而有劣势，且不足以形成绝对优势的全部。**感性的音乐**全世界都容易传播，理性知识的传播没有特定的基础是不可能的。

有道理之效在于转化成有感觉，或者说有道理本身就是有力的感觉；反之，有道理没感觉会如何？没道理有感觉又会如何？

概念有没有能量？概念有多大的能量？不同概念的能量大小取决于什么？同一概念的能量大小又取决于什么？同一大小的概念能量在不同的时间能否能发挥同样的效果？

通常心情和状态的区别在于时间周期和心理生理指向，但是很难将它们区分开，因为它们是一体的两个面。

心情在西方心理学上归属于情绪，但在情绪理论中不一定找得到心情。心情对行为的影响非常多。我们通过长期的培养，能够依靠意识在一定程度上克服心情带来的负面影响，**但只限于重要的事情**，而日常则常以心情为主导。心情对行为的影响非常难以精准描述，因为，它只是一个基础值，在这个基础值上可以有很多的变化。可以这样说，心情是心脉系统工作状态的水平，而在这个水平之上的能量可以任意使用。

意识的内容指向和意识的信号指向是不同的，有人想睡睡不着，有人想醒着却睡着了。睡眠控制中心在脑干，受意识信号的影响，却不受意识内容的全控。

如果，请你列出世界上所有国家的名字？

你是不是要一个一个来？那么，它们是怎么排序的？这一过程中，动机和情绪起到了什么样的作用？从另一个角度看，大国和邻近国家又起到了什么样的作用？

还是三点核心要素，一是能差流动，二是优势兴奋，三是能级候选。

意

意念　意识　意志　意境　意象　意义　意气　意外　意见
意味　意向　意思　意愿　意图　意趣　意旨　意兴　意绪
意欲　意会　意态　意料　意匠　意想　意度　意者　意谓
意蕊　意符　意下　意蕴　意怠　意脉　意致　意表　意译
意远　意指　意尚　意情　意属　意中　意像　意称　意内
意释　意树　意马　意况　意色　意田　意乐　意理　意格
意望　意曲　意智

意很复杂，也很简单。复杂的是形态，简单的是机理。人有多少神经细胞，又有多少神经连接，就有多少种意［人脑的神经元数约达1000亿个，其中大脑皮质（亦称皮层）的神经元约为140亿……据估计，一个脊髓前角的运动神经元的胞体可有2000个突触，大脑皮层每个神经细胞可有30000个突触。芝加哥大学神经学家赫里克计算，100万个皮层细胞两两组合，就可得102783000种组合，由此可见神经回路的复杂程度］。但是，机理只有一种动作静息，结果有两种——兴奋与抑制；再分两种，过程性的兴奋抑制和结构性的兴奋抑制；再分……

意，通常我们从注意开始。注意是什么？

注意：心理学的定义是心理活动对一定对象的指向和集中。注意一般又分为无意注意、有意注意、有意后注意三种。

无意注意指低能量级的感觉体总会指向最大差异部位。有意注意通常是指无意注意激活了我们的兴趣，提升了某一方向的注意级别，或者一开始我们就打开某一方向的注意级别。有意后注意则是注意指向带来的刺激是否能保证足够的能量在这一方向上的支持，不能的话就会衰减至低能量级别和转移。

注意之后，我们分析一下感觉中的现象。

视觉错觉的原因，比如两段相等长度的线，因为箭头的关系，会被我们看成是不等的。**线是相等的，箭头和线产生的能量差值，是不相等的。**而绝对能量差总要比相对动态基准能量差更有效率（图 2.2）。

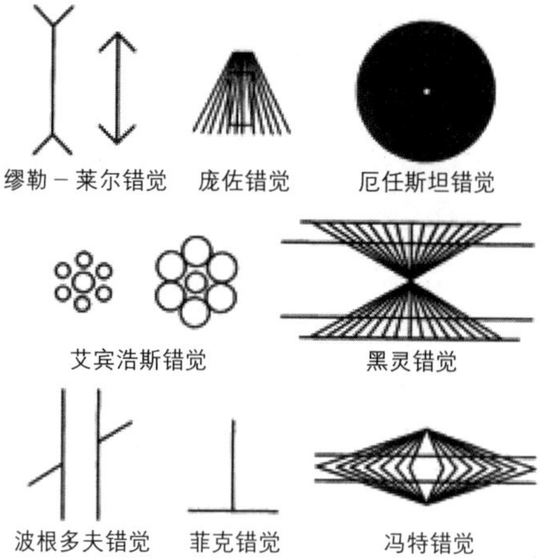

图 2.2　视觉错觉

用无意义的字母串和有意义的字母串做混听实验，有意义的字母串更容易被听清和记忆。因为，有意义的字母串能够激活高能量水平的兴奋，这是**结构通道的优势**，而无意义的字母串只能激活低能量水平的兴奋，或者存在于其他的低能级通道。

音乐能够改变我们的情绪，激活从皮层向下至边缘系统、网状结构，但仅是因兴奋而兴奋，不会改变状态。要兴奋到能改变心脉系统的工作能级，回过来才能保持一个高兴奋状态，如没有这个回路，就只能打瞌睡了。古典音乐对有些人或者有些时候就是这样。其他的任何意动都有这样的回路，只是音乐比较明显。

同一首歌，我们有时会觉得动听，有时却觉得平淡；同一段交响乐，我们有时会觉得大气，有时却会听得打瞌睡。神经元从一头到另一头的传递是精准的，这头的乙酰胆碱一定会引起另一头的乙酰胆碱，但是，我们的反应却不同，这中间的差别是能量体的反作用。一首乐曲，如能激发能量中心的工作水平，就能提高神经兴奋度；而同一首乐曲信号来到能量中心时，如能量中心在消极怠工，就容易让人瞌睡。

有些小提琴演奏者静能量高，有些小提琴演奏者动能量高。小提琴意味着跳舞和歌唱，舞意味着琴身合一，唱意味着身琴合一，都是乐感的体现。而现在的小孩学琴，无舞意就意味着没有基础，也就没有了自发的唱，剩下的只是在装点门面。优秀的音乐总是建立在动感的基础之上，巴赫、亨德尔的巴洛克小步舞曲，莫扎特欢快的宫廷舞曲，贝多芬和瓦格纳力量型的盛典舞曲，柴科夫斯基的芭蕾舞曲，勃拉姆斯的匈牙利舞曲，德沃夏克的捷克民族舞曲，施特劳斯的圆舞曲，都有当时当地的舞蹈环境基础。任何一种音乐的创作都有当时普遍情绪的影子，特别是激情。

通常**低音是给心脉的，而高音是给皮层的**，人对高中低音的音量的需求是不一样的。初烧和耳朵敏感的人总觉得低频不够，实际上是中高频限制了总音量；老烧怕低音轰头，这也是个相对的要求，绝对低音量并不小。古典音乐需要一定的大音量冲击，但大音量下容易失真，而且低音不能太多，否则浑。流行音乐不需要大的中高频音量，但低音少的话就不过瘾。古典音乐是低效率的音乐，费时、费钱（对设备的要求不兼容的高得离谱），但是古典音乐因为经过岁月的洗刷留下的都是非常优秀的，它的中高音构象是现代音乐难以企及的，这也是乐迷的痴迷所在。而流行音乐非常依赖歌手的情感输出和受者的感应，但是，人对同一情绪物短时间的重复刺激感应会快速衰减，或者说阀值提高，所以，听一段时间就跌出最低感应阀值的范围。至于说唱，凭借电音强大的低音，动感丰富，但是对那些做不出那种说唱特有姿势的人来说，这种有损智力。跨界音乐效率很高，高低相间，只是构象更快，所以更容易流于形式。

人的嗅觉相对某些动物来说是一种退化。日本科学家研究发现，在 1 万吨的海水中即使仅溶解 1 克氨基酸，鲨鱼也能觉察出气味而聚集在一起。1 米长的鲨鱼，其鼻腔中密布嗅觉神经末梢的面积可达 4842 平方厘米，如 5—7 米长的噬人鲨，其灵敏的嗅觉可嗅到数公里外的受伤人和海洋动物的血腥味。从另一个角度讲，鲨鱼不仅要嗅出血腥味，而且因为这点刺激而兴奋得从几公里外赶过来，不知需要多少驱动放大。当然，不饿的时候应该不会过来。

味觉，好味道意味着高能量，高能量意味着高兴奋。所以，好味道比蔬菜粗粮更有吸引力，特别是对儿童。但是，人的认知是可以修改的,后续的体验可以让人亲近绿色食品,当然,加酱也是一种办法。

红烧肉和青菜同为食物类的两个概念，我们通常会说红烧肉很好吃，而且喜欢的人说起来还很兴奋；而对青菜我们通常会说吃完了人会很舒服或者长时间不吃会难受，喜欢的人也不会很兴奋。红烧肉和青菜本身的能量不同，我们吃的感觉也不同。不同人的体质和环境也会造成差别。蔬菜好吃类似于牧民对茶的依赖，而对山区以素食为主的人来说吃青菜不会有特别的感觉。常吃的结果就是这两个概念不同的能量积累，最终，是这两个概念使用时的能量跟随。当然，还是与即时的饿不饿有关。

感觉肯定是神经系统的作用，但是，面对没有感觉的对象神经系统也无法工作。而作为单一神经元来说，化学能、电能是其触发和传导的基础，所以，神经系统也是以能量触发为基础的。而外界能量并不一定直接作用在人体上，而是人体的感受器定向了外部能量，或者说模拟了外部能量。理论上，内外能量所具有的相似性，才能使内部能量变化模拟外界变化。当然，有些内部能量变化本身也是我们的感觉对象。

感觉的两个因素，一个是动态变化和静态差别，动的东西本来就是相对参照物或观察者来说的，而**好山好水通常是视觉差很大的地方**；一个是在神经系统的反馈，它们是分不开的。

感觉是人脑对直接作用于感觉器官的客观事物个别属性的反应和感官系统的察觉情况。

知觉是一系列组织并解释外界客体和事件产生的感觉信息的加工过程。换句话说，知觉是客观事物直接作用于感官而在头脑中产生的对事物整体的认识。

知觉最基本的结构是概念。

感觉和知觉的区别在于神经丛数量的**结构化**，结构意味着**效率**，但并不意味着**非得正确**，所以，认知误区是常见的现象。

一条神经路的兴奋，激活一片区域，这是调质的作用。然后，原有的能量储存就会因差而动，或者整理成新的结构储存，或者转向其他的区域或过程。这是结构通道的组合，也是思维的假设。

你可能有过这样的经历：在课堂上，尽管老师讲得眉飞色舞，你却“心猿意马”，直到下课，也不知道老师讲了些什么；在你专心思考问题时，你根本没有听到或没听懂别人对你说的话；你觉得一天中的某一段时间里精神特别好，做事效率特别高，过了这段时间，精神状态就没有那么好了；另外，在早晨刷牙的时候，你无端想起去年发生的一件事情，思绪也随之像脱缰的野马，瞬间转换了无数个念头。如果，你有过这样的经历，应该说，你已经在日常生活中经历了不同的意识状态。在不同的意识状态下，我们对周围的世界及自身的变化的觉知和敏感程度处在不同的水平。当你入睡（有时会做梦）或生病发高热时，意识的状态的变化会更加明显。[6]

这本心理学课程教材对意识的定义是：“意识（consciousness）是一个古老而又难解的谜。迄今为止，对于意识人们还没有找到一个令人满意的定义。”

通常，我们不会意识到我们意识的变化，因为，我们的意识工作得非常稳定，以致，能量的作用会被忽略。但是，只要不是在睡眠无梦的状态，能量支持就必须存在，否则，根本就不会有意识，同时，能量变化——意识变化，意识变化——能量变化，虽有延时，但无法分离。

兴奋在任意大脑皮层区域游走，只要向下完成边缘系统、网状结构、心脉环路达到一定的能级，就意味着觉醒和意识。

---

6 彭聃龄《普通心理学》，北京师范大学出版社，2001 年。

神经丛的优势兴奋发生在手、脚、身体除大脑皮层以外的任意区域，也会形成意，但是，它们是输入和输出的意，是延伸的功能性的意，而皮层以发达的深加工能力有别于它们。皮层本身区域性的游走类似于外周神经系统，注意听的时候，视觉会减弱；而视觉集中时，听觉会被忽略。神经网络的优先级不同，兴奋集中但位置并不固定，其他有一定的次级兴奋，可以说是预备，也可以说是监听，而环路的另一端能量系统的位置倒是固定的。

人类行为的复杂性不是动物可比拟的，人类思维的复杂性也不是动物可比拟的。但是，人与哺乳动物对外界反应的许多共性，却隐示了基础的东西是近似的。只是，我们在其一端强大到了超级控制（不仅是复杂，而且，人相对动物自控能力的强大也是需要脑端高能的），而另一端日常波动又小到了可无视的程度（行动之前不需要像鳄鱼那样晒太阳）。

自我意识是重要的意识，是能级较高的意识，但也只是意识，它只是我们自我的一部分。

自我主控具体到每个人是不一样的，就像有的人手很灵活，有的人手很笨拙，我们的自我主控也必须建立在基本的结构和通道上，只是，不像手那样明显而已。不仅有些人高，有些人低，而且，有些人有些地方高，有些地方低；有些时候高，有些时候低。

自我主控是能级较高的，但它的优势并不是绝对的，比如赌瘾。也可以这么说，**自我主控只是一个大的群落，而优势总在游走。**

生物的能量结构和通道在感知、运行、调节方面总有自己的属性，比如眼睛内视的能力就不如耳朵内听的能力，当然，眼、耳、鼻、舌、身、意，最终在内觉上会得到统一。

25 岁的菲尼斯·盖奇在美国佛蒙特州铁路建设工地上工作，他负责爆破岩石。1848 年 9 月 13 日这一天，正当盖奇用一根铁撬把甘油炸药填塞到孔中的时候，一颗火星意外地点燃了炸药。当时他的头正歪向一边，提前引爆的甘油炸药将他手中的铁撬从他的左颧骨下方穿入头部，然后从眉骨上方出去，在空中飞行约 30 米后落在他身后二十几米远的地方。这根铁撬长约1.1米，重5.04千克，一端直径为3.18厘米，另一端的直径为0.64厘米。当他被铁撬击倒后，尽管颅骨的左前部几乎完全被损毁了，但他并未失去知觉。在一名年轻的外科医生哈罗的精心治疗下，盖奇在10周后出院了。此后，他的体力逐渐恢复，又可以工作了。然而工友发现他虽然头上有个洞，但话语如常，思维清晰，而且没有疼痛的感觉。他活下来了，但行为和性格发生了巨大改变。

盖奇的幸存是一个奇迹，他仍然可以说话、走路，严重的脑损伤似乎对他没有什么影响。但不久以后，人们发现盖奇的脾气与从前大不相同了。他本是一个非常有能力、有效率的领班，思维机敏、灵活，对人和气、彬彬有礼。但这次事故以后，他变得粗俗无礼，对事情缺乏耐心，既顽固、任性，又反复无常、优柔寡断。他似乎总是无法计划和安排自己将要做的事情。正如他的朋友们所说，“他不再是盖奇了”。

通过对猫中枢神经分段切除产生的“假怒”现象，我们知道油门故障是显而易见的。大脑皮层不仅有激发的作用，也有抑制的作用，也因此发动机故障则要间接和隐秘很多，因为，油门会有正负向调整的掩饰。

情商、心智、构象

汽车的要素是动力和方向。

动力再分是油门和发动机。

油门再分是灵敏的油门和迟钝的油门，也可以分为轻油门和重油门（当然，还有一个重要的因素高档位、低档位，自排还是手排决定了你的参与程度）。发动机再分是扭矩和功率，也就是爆发力和耐久力的问题，在排量相等的情况下，不同的转速段此消彼长。

方向再分会出现静态方向和动态方向。

静态方向再分是轻重、圈数、路感、灵顿，这有点像我们的智力，聪明不聪明，或聪明过头，基本上都是我们大脑皮层的性能。接下来动态方向，是速度与方向的关系，通常称之为操控。速度是由动力提供的，等速度上来以后，太重太轻、太灵敏和太迟钝的方向都是个灾难，圈数少不好控制，圈数多莫名其妙。当然，更重要的是接地气的底盘。转向机构都差不多，底盘则大有讲究。也就是说先天的我们都差不多，而后天的历练大大的不同。

"mind"（理智、专注、冥想）、"sanity"（明智）、"psyche"（心灵）、"mental"（精神的），这四个词都可翻译成"**心智**"，但实际上，东方人的心智概念和西方人的心智概念风牛马不相及。古时会把聪明和智慧分开，用以表示先天和后天，但心智又是另一层意思。智慧相关是经验，而心智相关的是能量控制。

哈佛大学的阿吉瑞斯，从事心智模式与组织学习的研究三十余年，他认为："虽然人们的行为未必总是与他们所拥护的理论（他们所说的）一致，但他们的行为必定与其所使用的理论（他们的心智模式）一致。"[7]

最终，汽车的性能由什么来评价？

答案是：道路。跑车去不了越野赛道，越野车进不了小巷，微型车走高速总觉得会被风吹走。最后，还可以比一下道路的长度，就是一箱油，谁跑得更远——续航。

情商是一个有意思的概念。

情商（情绪情感智慧）（EQ），由美国心理学家约翰·梅耶（新罕布什尔大学）和彼得·萨洛维（耶鲁大学）于1990年首先提出，但并没有引起全球范围内的关注，直至1995年，由时任《纽约时报》的科学记者丹尼尔·戈尔曼出版了《情商：为什么情商比智商更重要》一书，才引起全球性的EQ研究与讨论，因此，丹尼尔·戈

---

7 彼得·圣吉《第五项修炼》，上海三联书店，1998年。

尔曼被誉为“情商之父”。

丹尼尔·戈尔曼接受了萨洛维的观点，认为情感智商包含五个主要方面：

1. 了解自我：监视情绪时时刻刻的变化，能够察觉某种情绪的出现，观察和审视自己的内心世界体验，它是情感智商的核心，只有认识自己，才能成为自己生活的主宰。
2. 自我管理：调控自己的情绪，使之适时适度地表现出来，即能调控自己。
3. 自我激励：能够依据活动的某种目标，调动、指挥情绪的能力，它能够使人走出生命中的低潮，重新出发；
4. 识别他人的情绪：能够通过细微的社会信号，敏感地感受到他人的需求与欲望，是认知他人的情绪，这是与他人正常交往，实现顺利沟通的基础；
5. 处理人际关系，调控自己与他人的情绪反应的技巧。

丹尼尔·戈尔曼出版的《情商：为什么情商比智商更重要》（*Emotional Intelligence: Why It Can Matter More Than IQ*）一书，在中国内地的简体翻译是《情感智商》，在中国台湾的繁体翻译是《情绪智力》，这两种翻译正好说明了情商在情绪、情感这两个方向的无所适从。

情商（Emotional Quotient），简称EQ，主要是指人在情绪、情感、意志、耐受挫折等方面的品质。

情感是情绪在大脑皮层里的延伸和储备（加工和积累）。所以，情感在皮层工作，而情绪在心脉工作；情感会调用情绪，而情绪能制造情感。但它们属于两个系统，把它们混为一谈，是因为西方的系统。情商是想用一个方向解决两个方向的事。

情绪是即时的，而情感是长效的。

情绪是机能的，条件开关，来无影去无踪，如果没有升级的话，

过了就过了；情感是指向的，对象左右，记忆伴行。

如果，把情商定位于情感，情感理性化是西方的传统，那么，调控人类的感情和社交，数码化情感是个新办法（数码化情绪不太容易，情绪有很大的非意识成分，只听说过塑造情感的，没听说过塑造情绪的）。

如果，把情商定位于情绪，那么，情绪理性化一直是件让人费解的事。人类在这件事上的努力，至少有几千年的历史。它们分别从两个相反的方向来调整情绪：一个是导流，一个是压抑；一个叫心智修炼，一个叫理性的光辉。

心智修炼是通过能量反向作用于控制，有很多方法，比较直观的是瑜伽。瑜伽是通过延伸和停，在心脉能量的帮助下反向增强神经系统和能量系统。同样，运动在随意神经的帮助下也会增强能量系统及神经系统，因为，我们是动物，我们不运动的时候，也在活动，有氧韵律运动只不过效率更高一点。而我们的静止主要是睡觉，我们不太有感觉，因此，会觉得瑜伽很神奇，实际也只相当于高效的睡觉。当然，睡眠只是全面恢复，而瑜伽是有增益的。瑜伽增强的是心智，心智对智慧和聪明都是有好处的，但是，不等于智慧和聪明，所以，只是一半，因为，这个是心脑之间，偏向心的。**也就是说心智是偏能量的，表现为决断力、执行力、持续力等，甚至在思维的效率、深度、宽度、平衡都有提升，但只是机能而非内容；而智慧是偏方向的，如设计火箭、飞机、汽车等。**两者平衡才是最重要的，否则对内或者对外都是灾难。

身体锻炼、心智修炼、智慧历练三者虽互有影响，但绝对是三个分离的项目，其中心智修炼很玄，本身就有两个维度，高能高控和高能高活，故动静不可分。

理性的光辉是反过来的方向，也是从错觉开始的，就是控制不住的情绪。为了理性的光辉，我们必须压制情绪。这种观点，东西方都有，结果是鲧治水，非常符合能量规律，不压没事，越压越大，结果，情绪变得邪恶了。我们需要调控情绪，在一些方向上的增强可以替代另一些方向，这个既符合心脉的规则（用光了就没有了），也符合神经系统的规则（越用越强）。

人们对理性也是有错觉的，我们通常对理性的光辉，也就是理性的效用，赞赏有加，而且，在与感性的对抗中，它常常笑到了最后。但是，这个理性是别人的理性，是智慧结晶。如果，在某一领域没有足够的积累，所谓的理性和白痴差不多。清朝的君臣对抗八国联军的时候，一定经过了理性的思考，结果大家都知道。

这种理性在同等知识基础的情况下比真理更容易推广，理学流传就是这个样子。朱熹所谓的理学“存天理灭人欲”，虽然，一点也不符合天理。但流传没有什么问题。王阳明的心学，同样演示了这个道理。王阳明的心学主题是返璞归真，心里有不真的东西，可以返朴归真，但是，如果心里没什么不自然的东西，怎么个返璞归真？没什么好返归的。相反，如果一个人的知识和思虑很多，就很有可能不平衡，这时候，如果能够放下一切，返观自已，能量就有这个功能，自然流动，放下控制，就会自成一个最稳定的结构，这个就是心学。所以，有人推崇，有人莫名。

理性的光辉，通常在西方的唯理论和先验论的学派中更加推崇，原理和心学其实也是一样的。

古希腊哲学家柏拉图主张，在现实世界之外，有一个超越经验、超越时空、永恒存在的理念世界；人们的经验是无法认识理念世界的；人们关于理念世界的知识是先天地存在于人的心灵之中的，通过后天的学习，可以把它们回忆起来。

德国古典哲学家康德认为，赋予知识以普遍性必然性的范畴形式，是主体先天具有的，是先于经验而存在的。

笛卡尔首先要求以观念的“清楚”“明白”作为真理性认识的标准，并且以数学，特别是欧几里得几何学作为一切可靠知识的标本，认为只有像几何学那样从极少几条完全清楚明白的“自明”公理出发，依靠人的“自然灵明”，即天赋的理性认识能力，来进行每一步骤都清楚明白、准确无误的推理，这样得来的知识才是可靠的；主张按照几何学的方法建立关于整个世界的根本理论，即他所说“形而上学”的体系。笛卡尔所倡导和实际运用的“方法论的怀疑”，主张通过“普遍怀疑”来扫除一切不够清楚、不可靠的东西，求得一个完全清楚明白而无可怀疑的“第一原理”，用以作为建立整个形而上学大厦的奠基石。他从唯理论的根本观点出发，提出“理性的演绎法”即“几何学方法”，以作为哲学乃至全部科学最根本的方法。笛卡尔认为，既然要求推出可靠知识，最初的公理或第一原理必须是“自明”的，而从感觉经验得来的观念又往往是混乱模糊的，甚至常常欺骗人们，因此可靠的知识不能来自感觉经验，只能来自人心固有的或与生俱来的“天赋观念”。

心形线极坐标方程 $r=a(1-\sin\theta)$ 似乎比真实的笛卡尔的故事更受欢迎。

笛卡尔的唯理论观点一方面受到当时英国的T·霍布斯和法国的P·伽森狄等唯物主义经验论者的驳斥和诘难，其“天赋观念”学说及其唯理论的观点更受到稍后的英国经验论主要代表J·洛克的系统批驳；另一方面又受到许多人的拥护和追随，形成了笛卡尔学派。

冥冥中好像有天意。其实，只要是你积累的知识势能，在心情大好又比较放松的情况下，也就是动能能级较高的情况下，**一种自动自然的流动，可以产生新的结构**。所以，很多的理念和科学发现都不是来自外部，而是在内部莫名地产生(有些发明就是来自梦境)，或者说先在内部存在，然后，被外部证实。所以，错觉就是“天赋观念”。笛卡尔的解析几何积累了众多的数学抽象，在一定的状态下相交，会涌现出很多新的东西，因为，能量规律是相同的，所以，内部产生后用在外面也很对。当然，先提条件是在这方面有足够多和足够正的外部摄入，否则，神奇鬼怪都会来的。

其实，我们在学习过程中经常有这样的感觉，好像不是学来的，而是内部先有，外部再告知。同样也说明，为什么有人善长数学，而有人怎么也学不好；**为什么有些地方容易接受科学，而有些地方容易接受迷信。**

心智和情商是能量控制和控制能量的两个相反的方向，心控、脑控方法不同，结果肯定不同。这句话的意思是，心智强大能量，也需要控制，方式是修炼再修炼；情商强大控制力，也需要能量，方法是调整再调整（有多种评定情感的测试问卷，无评定情绪的测试问卷）。结果，力量再力量，方向再方向，它们的能量是端的不同，控制是方向的不同（意识被动和主动），虽都相关于情、意。

情绪是人体内部能量运化的明显，能量不会无故变化，所以，指向性和大小都是双系统工作的结果。

意念是人体神经丛优势兴奋的现象。受即时心脉能量和积累在内部潜意识势能左右。

意念和情绪很难分离，有必要再次提及：

《菜根谭》："色欲火炽，而一念及病时便兴似寒灰。"

没有病的时候，想一想有病的时候，可以变化欲火。这里有前提条件，你要生过病，没有生过病的想是没有用的；也不能总是用这种方法，想象和现实不一样的地方，就是总用就失灵了。

那么，真病（当然，不是不关痛痒的病）的时候，欲火和平时一定不一样。

是否可以这样理解，有病的时候，是油门的作用，而真病的时候，是发动机的作用。因为真病的时候，怎么踩油门都不太管用；而没病的时候，踩上几脚油门（负＝刹车），不会完全改变强大动力的持续。

如果说，我们神经系统的工作能量全部是由循环系统供应的，这在西医理论中也没什么问题。接下来说思维意识被心脉系统延时左右，就有点令人费解。然后，循环系统被自主神经调控也没什么问题。接下来每一个意的活动都会影响心脉活动，最终，还要形成回路，这也有点令人费解。然而，我们却能注意到能量高低会影响神经丛的参与度，形成动力上的优劣势，同时，也影响横向和纵向的质量。横向是指一次性参与神经丛的数量，而纵向则是指这次兴奋对以后的影响，也就是通常所说的特别情绪的事等同于记忆深刻的事。

理性是高效的，感性是高能的，高效意味着投入少产出高，而高能则是不论投入的产出。所以，理性战胜感性、感性战胜理性都是有可能的。但理性和感性并不是完全针锋相对的，感性可以为理性**助力**，理性可以为感性**增辉**，只是我们容易注意到冲突而忽视其协作。理性和感性是调控系统对能量系统的不同工作方式，二者只是优势不同。我们对非理性与感性之间的错觉，来自自上而下的角度。绝对的理性是无力的，绝对的感性是无控的。

理性是自上而下偏向皮层主控，感性是自下而上偏向基础结构，但思考回路和感受回路是分开又重合的，二者是同一线上的功能。其中，底层可独立也可受控完成激发反馈环，而高层则是一定程度地通过底层。

大脑皮层、心脉，中间除了我们所认知的边缘系统、网状结构（甚至包括外周的输入输出神经）外还有一个隐性的反向（包括感知反作用和感知不到），这些结构相对固定大小可变。生物结构可塑、可变、不变是分开的，而功能则是合一的，**能量没有神经不会随动，神经没有能量无从变化**。

力比多与空达里尼

行为包含意识行为、下意识行为、潜意识行为。无意识行为是个令人费解的定义，因为，除了梦游，到了行为这一层一定会唤醒意识。当然，无意识不是没意识倒是一个好的解释，其实，所有行为都存在非意识部分，有些还不太好控制，这是能量系统和潜意识的共同作用。

西方神经学把大脑进行了分区（图 2.3），甚至要区别拼音文字与象形文字的不同区域，也在教学中热衷于不经过脑只在脊髓绕了一下的膝跳反应。

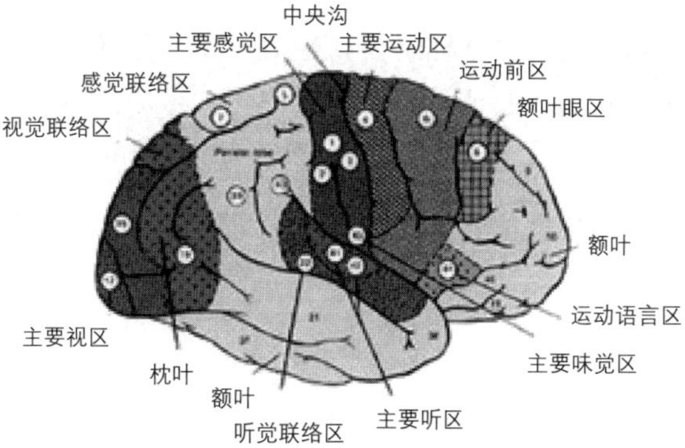

图 2.3 西方神经学所作的大脑分区

膝跳反应又叫膝跳反射，是最为简单的反射类型之一，它仅包含两个神经元，神经调节的基本方式是反射，从接受刺激直到发生反应的全部神经传导途径叫做反射弧。

膝跳反应没有经过脑，但是，之后的动作感觉会向上反馈给脑。

这里更能够引起兴趣、目前也未知的，是像打字、开车，这种下意识或者说低意识行为，是如何在意识控制下把过程下放出意识范围的？或者另一种说法，次级控制如何在命令反馈半脱离主控的情况下自行完成工作？

接下来就是我们的意识被能量系统的反控制，能量系统均衡输出而非均衡运作。

潜意识实际上有很多种解释和指向。

第一种，弗洛伊德的潜意识，是指人类心理活动中，不能认知或没有认知到的部分，是人们“已经发生但并未达到意识状态的心理活动过程”。弗洛伊德又将潜意识分为前意识和无意识两个部分，有的又译为前意识和潜意识（其实弗洛伊德大部分讲的是无意识“unconsciousness”而非潜意识“subconsciousness”）。

第二种，是意识强度和意识感知度的错位。

第三种，潜意识仅是意识的阶段，是记忆的另一面，记忆主要是内容，而潜意识强调其升级成意识时唤醒能量的作用。其中，高能部分被安东尼·罗宾斯称之为“心则”和“心范”。当不涉及其范围的时候，心则和心范并不起作用；一旦涉及，心则和心范马上就跳出来影响行为。心则和心范的区别是意识结构和感觉结构。要注意的是心则和心范都具有抑制行为部分和激发行为部分。

躺下、放松、自由联想、谈话，开始很神奇，后来很搞笑，都是有原因的。

1. 压抑（repression）
2. 投射（projection）
3. 否认（denial）
4. 退行（regression）
5. 固着（fixation）
6. 升华（sublimation）
7. 置换（displacement）
8. 抵消（undoing）
9. 反向形成（reaction formation）

思维和能量的区别是方向和大小的区别。精神分析治疗非常有效的地方是流动，开启了能量的流动，并对能量的流动加以意识的注解。但是，这种注解到后面本末倒置变成了一定，用臆断替代了能量规则。

放松、自由联想，返观自己就有一个能量的自由流动，会取得一定的平衡。接下来就是性，性能量和性神经在人体内属于高能区（但也只是功能神经的一种），结果，在原有基础上产生了一个新的高能环路，是好事还是坏事就难说了。

其实，其他行为也可以形成高能环路，最简单的办法是简单重复，如佛教中的正念。正念有两种含义，一种是正的意念和念头，是心法；另一种是一个具体的做法，重复念一句简单的经，每天两次，每次重复连续1000遍以上。当然，这种方法，一开始没有吸引力，但是，只要不是心口分离，在一定的内外境的回馈下也会形成高能环路。另外，还有药王孙思邈的养生十三法，却被称作聪明法。

精神分析是两个人之间的互动，希望用思维的方法，找到对潜意识的改变。性话题比较有能量，一开始就会有大的促动，但是，后面不太会有大的进展。

精神分析学派和其他所有心理学派相比，特别的地方就是无意识的部分，但是，只是开始分析了一下，绕了一圈，最后又回到了行为驱动的理性解释。而这个解释就是力比多。

力比多（libido）：即性力。由精神分析大师弗洛伊德提出，这里的性不是指生殖意义上的性，它被称为“力比多”，泛指一切身体器官的快感，包括性倒错者和儿童的性生活。弗洛伊德认为，力比多是一种本能，是一种力量，是人的心理现象发生的驱动力。

相对精神分析学派的力比多，空达里尼其实是一个更好的理论。

关于人体的能量部分，东方的学说比西方丰富得多。空达里尼（昆达里尼）是印度的三脉七轮学说中从下向上升的灵力，所以，我们需要了解一下三脉七轮。

人体的能量系统（Subtle System）：人类虽有肤色种族的不同，但这些都只是表面的分别。在这个看得见、物质性的身体外，我们还有一个看不见的、灵性的身体（subtle body）。我们每个人体内都有一个内在的能量系统，称为灵体，原来它与医学上人体神经系统密切相联，它主要由三个部分构成：1. 三条经脉（三脉）；2. 七个能量中心（七轮）；3. 灵量（昆达里尼）。

三脉（Nadis）分别是左脉、中脉和右脉。三脉是我们人体内的三种力量，左脉掌管我们的记忆、过去和情感，右脉掌管我们的思维、未来、行动以及计划。一般人由于中脉没有打开，只能使用左右两脉的能量，而且他们多数不能两边平均使用。有些人使用左边的能量多些，有些人使用右边的能量多些，于是造成两种很不同的人格。

三脉，右为太阳脉，左为月亮脉。中医脉诊中也提到了右气左血，而在西方理论中不仅左右脑不同，左右交感神经对心脏的控制也是不一样的。

七个能量中心，又称为轮穴（Chakras）。

我们身体能量系统的第二个组成部分是七个轮穴。它们位于人体中心线上，各有特性，分别掌管人体的各种身心状态活动，又即人体的器官及情绪，是控制我们身体的枢纽。这些轮穴是身体上能量的进出口，这些进出口在身体上主要有七个，因此一般说有七个轮穴。但其实除了这七个大的外，还有许多小的，分布全身。经脉也是一样，除了三条主要的外，还有许多小的。人的身体远比今天医学所了解的复杂。

由下而上，它们分别是：

1.根轮（纯真轮）

意思是根部和支持。这个轮穴的颜色是珊瑚红，有四块花瓣，它的特质是纯真和智慧。这个轮穴是整个能量系统的根本，它的位置在脊椎骨底部，身体之外少许。

在身体方面，这个轮穴相应于盆骨神经丛，照顾着我们的排泄系统和生殖器官。因此，如果这个轮穴变得疲弱，我们便会患上这些器官的疾病。

根轮是灵量的守护者，如果一个人的根轮太坏，灵量便不会升起。[8]

生殖能量。（四肢着地的动物的根轮并不在最下面，不过，不

8 Anodea Judith《七轮的奥秘》。

管最后还是最下一般总是最先积累。）

2. 腹轮（真知轮）

往往将它置于根轮之上、脐轮之下，其实真知轮是没有一定位置的，它在腹部像个卫星一样绕着脐轮旋转。真知轮的颜色是黄色，有六块花瓣。

真知轮在身体方面对应于主动脉神经丛，它掌管我们的脾脏、胰脏和肝脏下部。

我们知道下肢和腹部都是人体组织中体积比较大，含血量比较多的地方。当我们双腿交替活动的时候，也是激活这些血液的时候，并且能带动全身的活力。所以，有氧韵律是最有效的锻炼活动。中国有句古话叫："人老先老腿。"所以，双腿活动还是延年益寿的好办法。

"行走的力量"，当双腿活动的时候，在盆腔重心的位置会有活力感，这就是腹轮，活血中心，运动中心。也因为此处能量积聚，要么活力中心，要么肥肉中心。

两腿运动，血液循环会加速，活力增长最有效。所以，活力中心是运动支撑的，如果缺乏运动，活力会减弱。它们特别能增强心肺功能。

慢跑时适宜心率是最大心率的65%～70%，中速跑时适宜心率是最大心率的85%左右，加速跑时适宜心率是接近最大心率的90%。

不仅如此，大多数的武术门派和许多运动项目都会告诉你，诀窍就是力发于腿。

力量、速度、变化，离开这三核都是空架子。由道教而来的内家拳特别在于变化之反：形意是积步上集中的旋力，八卦的转圈走掌就是走活和走长（孙式的要求是第一年形意、第二年八卦、第三年太极），太极是运化（所以高手多是半路出家，没基础无东西可运，用意不用力是绵力而不是无力）。

1864年，同治、光绪二帝帝师翁同龢在观看杨露禅武艺后曾大加赞赏："杨进退神速、虚实莫测、身似猿猴、手如运球，犹太极浑圆一体也。"

太极拳离开道教以后，一板一眼、循规守矩的空架子都是教书匠的最爱，把进退神速变成了进退龟速。

王宗岳《太极拳论》："欲避此病，须知阴阳，粘即是走，走即是粘，阳不离阴，阴不离阳。"

行云流水与虎虎生威的不同在于柔，刚失柔僵，柔失刚软。慢是特点，但慢是相对的，也存在了一个相对的快（位），否则还能是太极吗？

《太极拳论》曰："人刚我柔谓之走，我顺人背谓之粘。"改变力的方向，走不离粘，粘不离走。

中国人讲究气沉丹田，腹部收放会给人愉悦感，精神上的愉悦感。肥大和僵小的腹部收放都有问题，好的腹轮会让个体能量充沛，而精（气）神不足对智力影响也很大。

亚里士多德："在教育上，实践必先于理论，而身体的训练须在智力训练之先。"

通常身体锻炼增强心肺功能，而动脑则是大消耗。

3.脐轮（正道轮）

位于腹部中央肚脐的地方。这个轮穴的颜色是绿色，有十块花瓣。

脐轮在身体上相应于太阳"腹腔"神经丛，掌管着我们的胃部和肠脏。

我们的消化吸收也是耗能的，是消耗ATP、产出更多ATP的过程，不同的食物投入产出比不同。

传统上认为肚子不要受凉。当然，身体特别好的年轻人可能抵抗寒气，但一旦胃寒了消化就会不好。太阳总是暖洋洋的，是能源的供应者。其实，月亮也在这里，它在太阳的后面，腰部是体现灵力的地方。关于月亮，七轮学说也有提到，称之为幻海，和蛇一样的空达里尼左右交互，开出一朵大于脐轮的花。可以说是双轮，也可以说是副轮。

幻海（空）：在脐轮的外面有一个绿色大圈，它是由真知轮围绕着正道轮转动而形成的。

在脐轮的后面就是幻海，相当于中医中肾的作用。

我们通常认为“长腿细腰”是美女，《黄帝内经·灵枢·本脏第四十七》说：

“心小则安，邪弗能伤……肺小则少饮，不病喘喝……肝小则脏安，无胁下之病……脾小则脏安，难伤于邪也……肾小则脏安难伤……五脏皆小者，少病，苦燋心，大愁忧；五脏皆大者，缓于事，难使以忧。五脏皆高者，好高举措；五脏皆下者，好出人下。五脏皆坚者，无病；五脏皆脆者，不离于病。五脏皆端正者，和利得人心；五脏皆偏倾者，邪心而善盗，不可以为人平，反复言语也。”

脏小意味着细腰，细腰意味着高效，长腿意味着高能。但它们不是减肥的结果，减肥的结果是长腰细腿，腰臀比不同，意味着能量匮乏，脂肪百分比低于一定数值，能量系统会停止工作。按脉轮的说法，长腿意味着腹轮的强大，细腰就是指幻海，腿的活力和腰的灵力。先天遗传和后天修炼的组合，才能成就内外统一的能量之美，否则，先天的优势也只会徒有其表，时间一长很容易显露，不耐看；而先天的劣势，后天倒可以弥补，很多人都是越看越好看。

4. 心轮（仁爱轮）

在我们胸部正中，胸骨的后面，它的颜色是紫色，有十二块花瓣。心轮相应于心脏神经丛，照顾着我们的心脏及呼吸系统。

其实与心相关不大，倒是和肺相关，也就是呼吸中心。在中医膻中的位置，与情绪调节（不是情绪本身）有关。

上丹田为督脉印堂之处，又称“泥丸宫”；中丹田为胸口膻中穴处，为宗气之所聚；下丹田为任脉关元穴，脐下三寸之处，为藏精之所。

七脉中的每一个轮都相关呼吸，但多是被相关，而这个是主控的。

气功都是要练气，佛道也都是要调息的。呼吸是很普通的生理功能，但调节呼吸却很神秘，因为，呼吸可以是有意的也可以是无意的。刻意的调节不能持久，对身体也没好处，让呼吸如息，既是非常自然的状态，又是非常不自然的状态。调身、调息、调心，三者之间很玄。

老子《道德经》：“虚其心，实其腹。”

心虚乃容，腹不可实，只可实腹。（上空下力、上灵下活和由静生动、由慢渐快、由小至大、重复累积一样是心法或者说练功的原理。）

5. 喉轮（大同轮）

位于颈项底部喉咙处，颜色是蓝色，有十六块花瓣。它照顾着我们的颈部神经丛和甲状腺。

细颈会让人感觉很精神，细颈往往是少年的特权。

气息很好的话，歌声会很悦耳。通常悦耳的声音总是健康的象征，中医四诊中的第二诊就在这里。

演讲不止是内容，相同的内容不同的人讲效果大不一样。锻炼声音的穿透力，注意力要集中在声音上发力，表情和动作只是辅助，内在的坚定才是震撼。

人的歌声是极其复杂的，唱和听的感受完全不同，胜利之师也总是歌声嘹亮。动物们总张着大嘴，它们的声音也是各是各的特征。虎啸狮吼总是很震撼，虎为什么是啸，狮为什么是吼？

6. 额轮（宽恕轮）

此中心有时亦称为第三眼，位于脑的中心，颜色是白色，有两块花瓣。照顾着我们的松果腺和脑下垂体。

对外界的辨识，内部的调控。

7. 顶轮（自觉轮）

此能量中心围绕头顶，这里是所有能量中心与三条脉络会合的地方，当灵量上升，直透头顶天灵盖上方时，你便得到你的“自觉”了。

佛说观音门法是最好的，所以，发声在喉轮，听觉却直通顶轮，我们也因为语言同动物大有区别。

通常中医都这样说：耳听则聪，眼见则明，额轮明，顶轮聪。身体状态差的时候，能量缺乏，视界缩小，模糊，听觉嫌吵，并且昏昏沉沉，对问题的处理能力大打折扣。

道家说炼精化气、炼气化神、炼神还虚、炼虚合道。一个能量系统的三种感觉，其实，原理也是相似的。

不少三脉七轮的描述都非常有东方特色，远离实际而神奇过度。但太神了不但效用有可能走向反面，而且肯定没有了发展。发展都是要基于实际的。（中医也是这样。）

七轮一定是有的，是人体的七个能量中心。而心脉中心也是人体的能量中心。什么区别？

七轮是“用”的中心，能量集中的地方，心脉是源。

七个较大的能量中心，每个人都有，修炼者和非修炼者的区别在于觉知和调控，其中心肺功能是人最基本的内功，腰腹肌群是人灵敏度最重要的支撑。高等动物肯定也有轮，哪些比人强，哪些比人弱，没有动物能告诉人类，人类要了解也很困难。和老虎比跳远必输，也许练练五禽戏会有点心得。

三花聚顶、五气朝元、大乐轮、梵穴轮，好像可以长生不老、法力无边，但没有说可永生的，再加上好像不应在这里出现的两个词：欲仙欲死、灵魂出窍，凡这一切都不会超过一个源的生物属性。

瑜伽也好，开悟也好，增加的只是心智，并不会增加知识、科技，在农耕社会可能很有用，在工业社会是有限的。对健康无疑是有效的，也能提升身体机能，可以看作是一种非常好的运动（不怎么动的运动）。但是，这个非意识领域非常好的感觉，一旦进入意识领域就会产生错觉，是高能级给神经系统的错觉。

打坐就是先由意的停止，减弱了能量系统的工作，结果是困；过一定时间，能量系统休息过后，会反过来觉醒意识——这是一个特别的状态。打坐术语为轻安。

当散乱昏沉没有了，忽然在一念之间，心止于一缘，不动不摇，这时一定会产生轻安的现象。有人是从头顶上开始，有人则是从脚心发起。

从头顶上开始的人，只感觉头顶上一阵清凉，如醍醐灌顶，然后遍贯全身，心念在止境，身体也感觉轻软，好像连骨头都融化了。这时身体自然挺直，好像一棵松树。心念及所缘的外境，都是历历分明，十分清晰，也没有任何动静或昏沉散乱的现象。到了这个轻安的境界，自然喜悦无量，不过，时间或久或短，轻安现象还是容易消失的。

另一种从脚心开始的，先感觉暖或凉，渐渐上升到头顶，好像穿过了天空一样。从足下开始的轻安，比自顶上开始的，更容易保持，不易消失。

儒家说，静中没物，皆有春意。“万物静观皆自得”，这个境界就是从轻安中体会出来的。[9]

轻安有两种，一种是由上向下，现代动脑比较多的人容易获得；一种是由下向上，身体素质棒的人比较容易产生。三脉七轮因为是古老的方法，总是说上升，其实，七轮反向也可以唤醒。

低音广泛而震撼，高音集中方向感好，正好用来形容我们人体的能量分布。它们从下到上分别是性、情绪、情感、信心、信念、信仰。只是巧合吗？

按照三脉七轮的理论，能量是从下到上升起，最下面最热，最有感觉，也最难控制；而越向上，能量内敛，越接近我们的理性。所以，精神分析学派会把最下面的能量体用作为所有行为的动力——力比多。不过，那个已经和神经相结合，是使用能量的表现，而不是原始的能。

同样情况的，还有梦。梦用理性解释非常困难。梦是一个低能级的活动，也就是一定范围的能量残余或者少量溢出，引起了较近范围内的变化。当人的主控关闭的时候，意识跟随能量，同样是能差流动、能级候补的。当然，这种低能活动对我们不会有太大影响。做恶梦是能量系统的反常，特定范围能量的大量残余或溢出，那就不是梦的问题了（电影总是反着演）。相对来说中医对特定方向上的能量活动引起特定方向上近似范围的梦境的解释更科学一些。

《黄帝内经·灵枢·淫邪发梦第四十三》：“黄帝曰：有余不足，有形乎？岐伯曰：阴气盛，则梦涉大水而恐惧；阳气盛，则梦大火而燔焫；阴阳俱盛，则梦相杀。上盛则梦飞，下盛则梦堕；甚饥则梦取，甚饱则梦予；肝气盛，则梦怒，肺气盛，则梦恐惧、哭泣、飞扬；心气盛，则梦善笑、恐畏；脾气盛，则梦歌乐，身体重不举；肾气盛，则梦腰脊两解不属。凡此十二盛者，至而泻之，立已。

“厥气客于心，则梦见丘山烟火；客于肺，则梦飞扬，见金铁

9 南怀瑾《静坐修道与长生不老》，复旦大学出版社，2002 年。

之奇物；客于肝，则梦见山林树木；客于脾，则梦见丘陵大泽，坏屋风雨；客于肾，则梦临渊，没居水中；客于膀胱，则梦游行；客于胃，则梦饮食；客于大肠，则梦田野；客于小肠，则梦聚邑冲衢；客于胆，则梦斗讼自刳；客于阴器，则梦接内；客于项，则梦斩首；客于胫，则梦行走而不能前，及居深地窌苑中；客于股肱，则梦礼节拜起；客于胞脯，则梦溲便。凡此十五不足者，至而补之立已也。”

古人的日常生活和幻想与今人不同。

《黄帝内经·素问·方盛衰论篇第八十》：“是以肺气虚则使人梦见白物，见人斩血借借，得其时则梦见兵战。肾气虚则使人梦见舟船溺人，得其时则梦伏水中，若有畏恐。肝气虚则梦见菌香生草，得其时则梦伏树下不敢起。心气虚则梦救火阳物，得其时则梦燔灼。脾气虚则梦饮食不足，得其时则梦筑垣盖屋。此皆五藏气虚，阳气有余，阴气不足，合之五诊，调之阴阳，以在《经脉》。”

我们的意识建立了一套行为规则，适用于大部分的行为，也就是我们所说的意识行为。但是，我们的意识建成的一套规则是人为的，虽然是好的规则，但它和大脑的结构及运作（自然的能量规则）并不完全匹配。所以，有时候就会有冲突，比如美女的影像通过视觉会激活男人心脉能量，而这个能量会在神经丛中储存和积累——如果本地的文化又比较传统保守。所以，意识会调用另外的神经丛对此进行抑制。这两个潜意识，由于神经系统的结构，不用的时候在不同的位置，而有机会被同时激活的时候，是比能量大小，而不是比谁更正确。首先出现的是强大的违反原则的心理能量，我们称之为**潜意识能量**。实际上，抑制行为的那个能量不用的时候也是潜意识能量，只是，因为，被我们所认同（主控一体），所以感觉上是意识能量。最后，你的调控技术决定了事情的发展，除了抑制，还有回避、放弃、分散、迂回、凝聚、移情、升华，核心规则就是：**能量不会莫名产生和消失，并总是趋向注意力关注最多的地方集中**

和积累。

精神分析学派强调潜意识能量的强大，但意识能量又何曾小过。我们绝大多数的行为是通过意识来决定的，有些特别想克服的陋习，比如贪吃，是比较强大，这是因为吃的过程中激活的心脉能量比照镜子的时候多，而且吃的时候是不照镜子的。当然，脑部位置的不同，会在力量和控制方面各占优势。至于做什么比不做什么更重要，这是另一个话题。

我们的困惑通常在于潜意识本身易感知程度和性能强弱之间的非线性关系，这是由不同位置的大脑皮层或者不同性能的大脑区域及通道造成的，主控和高层是理性调整占优，而边缘区域和底层是感性积累占优。主控和高层易感知，而边缘区域和底层易自然堆积。我们有时也把边缘区域与底层莫名的强大认作潜意识，但边缘区域与底层也会莫名的弱小。其实，真正强大的是能量系统的定向（可调也可不调）积累。任何位置或区域都可以强大，只是形式略有不同，调控和积累存在于所有的地方，比例不同，有相加，有错位。

潜意识可以升级成自我觉知的意识，也可以在没有升级到意识的程度就是说**次级兴奋**时就起作用（次级兴奋就是我们注意时可感觉，不注意时就忽略的级别）。至于强大的违反原则的能量体和强大精神动力的能量体，并不是潜意识和意识的问题（它们可以是潜意识，经常也是有冲突的意识），而是被西方心理学无视的意识和潜意识的能量附加。一方面不同的潜意识能激活不同大小的能量；另一方面其本身也受能量影响并储能。同一潜意识因感受积累、思维影响、状态调控、使用次数、使用时间以及与不同能量通道的关联度，可激活的能量大小会变化，因而各潜意识的能量优势此消彼长。

不管意识还是潜意识都只是主宰系统的一部分，或者说广义的意识包括了自我觉知的意识和还未自我觉知的潜意识。意识包括潜意识都有两种维度的倾向，激发能量和被能量作用。精神分析学派的潜意识强调了冲突，并且越出了意识的界限，把另一个系统的能量反作用混入神经功能，所以，潜意识是无意识，神秘而趣味。

我们日常使用潜意识有两个含义，一个是潜在的意思，一个是潜力的意思。调整能力是我们的潜力，但我们一般不认为这与潜意识有关。感受积累也是我们的潜力，只要没注意，就是潜意识，只是，既是我们的冲突，也是我们的激励。

提到三脉七轮，不妨也说一下中医相关经络。三脉七轮思考方向是“用”，中医是“源”。

《黄帝内经·灵枢·本神第八》：“天之在我者德也，地之在我者气也，德流气薄而生者也，故生之来谓之精，两精相搏谓之神，随神往来者谓之魂，并精而出入者谓之魄，所以任物者谓之心，心有所忆谓之意，意之所存谓之志，因志而存变谓之思，因思而远慕谓之虑，因虑而处物谓之智。故智者之养生也，必顺四时而适寒暑，和喜怒而安居处，节阴阳而调刚柔，如是则僻邪不至，长生久视。”

从能量的角度来说，德、气、精、神、魂、魄、意、志、思、虑、智互为转化是没什么问题的，问题是一定要套在五脏上。心没问题，即时能量变化，虽然，其他的器官在能量系统都起作用，但是并不精确，还少了胰、骨髓等，最重要的是没脑。当然，也可以说脑消耗能量，不生产能量，但是，缺了神经、内分泌调控，能量系统也是不完整的。

其实，魂意神魄志气精都是用来形容感觉和感觉变化的。（同样，中医里的金木水火土、心肝脾肺肾也是用来形容感觉和感觉变化的，并非实指。）

心延伸到五脏，五脏延伸到经络，经络是气血，气阳而血阴，当然，还要感觉得到。所以，是神经感觉到血的活动，运输过程中的位移和正在起作用的变化。西医的微循环和中医的活血涉及非常接近的领域，只是，一个只有血液流过来流过去搬运的表面而没有内在因果，一个没有具体，跟真相都还有距离。

经络再延伸，到361个腧穴。腧穴非常微妙。对道家来说是“妙”，当对自身的能量运作非常敏感和熟悉的时候，通过针灸或者调身、调息、调意，以小调大；对生搬硬套的人来说，就是“微”，从心分到这么散、这么小，没什么大作用，而且有问题也没什么办法，这也是草药远比针灸普遍的原因。有别于只会背方子不会增减不辨阴阳的庸医，道教炼丹者很多药是给自己吃的，是有感觉和变化的。

话说回来，就是对道家来说，经络也不可能神奇到超过**心的物理**。

第 3 节　气质和性格

能量对正确是没有概念的，所以，只比大小而没有方向的能量连大小都不比，它们叠加。

希波克拉底

西方心理学离气质很远，被西方尊为“医学之父”的希波克拉底在公元前四百多年就提出的体液说，现在仍是主流。

早在公元前 5 世纪，古希腊著名医生希波克拉底就提出了 4 种体液的气质学说。他认为人体内有四种体液：血液（拉丁语 Sanguis）、黏液（希腊语 Phlegma）、黄胆汁（希腊语 Chole）和黑胆汁（希腊语 Melanoschole）。四种体液谐调，人就健康，四种体液失调，人就会生病。希波克拉底曾根据哪一种体液在人体内占优势把气质分为四种基本类型：多血质、胆汁质、黏液质和抑郁质。多血质的人体液混合比例中血液占优势，胆汁质的人体内黄胆汁占优势，黏液质的人体内黏液占优势，抑郁质的人体内黑胆汁占优势。

巴甫洛夫认为有四种典型的高级神经活动类型，即活泼的、安静的、不可抑制的、弱的，分别与希波克拉底的四种气质类型相对应。四种气质类型即四种典型的高级神经活动类型的行为表现。除这四种典型的类型外，还有许多中间类型。

巴甫洛夫区别出四种差别比较显著的神经活动类型。首先就神经过程的力量而言，动物可被区分为强型和弱型两大类。在强型动物中根据两种神经过程——兴奋与抑制间的均衡性又可分为均衡型和不均衡型。在强而均衡型之中，由于两个过程互相转换的灵活性的不同又可分为灵活型和惰性型。这四种类型由于在神经过程特性方面有显著的差异，所以表现在一般行为、条件反射和病理状态等方面也就各不相同了。当巴甫洛夫初步确定了四种差异较为显著的类型的时候，曾经把这四种类型拿来和两千多年前希波克拉第斯的四种气质型——胆汁质、黏液质、多血质和抑郁质加以比较，发现两者有很多相类似的地方。并且认为强、不均衡型相当于胆汁质，强、均衡、灵活型相当于多血质，强、均衡、惰性型相当于黏液质，而弱型相当于抑郁质。因此他说："气质这一问题，是从天才的希波克拉第斯的对于人类的观察那时起始的经验主义，他似乎最接近真理。"但是我们必须记住，正如巴甫洛夫所说，希波克拉第斯的气质型说法是根据普通观察的经验而得的结论，因此在过去乃至现在都没有什么科学的依据，而且气质说多少是把气质上的差异看作是孤立的和不变的，并且强调了气质的遗传影响；这些都与巴甫洛夫的神经型学说毫无相同之处。还有一点必须加以说明的是巴甫洛夫认为他所描写的四种神经类型并不能完全包括动物和人类实际存在的各种变异的类型，实际存在的类型的变异更大，而且复杂得多。[10]

巴甫洛夫用神经类型代替了体液的作用，但是气质基本还是维持在这四种类型中。而且跑到性格理论里去了，我们知道性格和气质是不同的。

中医理论在气质和性格之间也没有明显的界线。

《黄帝内经·灵枢·阴阳二十五人第六十四》："黄帝曰：余问阴阳之人何如？伯高曰：天地之间，六合之内，不离于五，人亦应之。故五五二十五人之政，而阴阳之人不与焉。其态又不合于众者五，余已知之矣。愿闻二十五人之形，血气之所生，别而以候，从外知内何如？岐伯曰：悉乎哉问也，此先师之秘也，虽伯高犹不

10 丁瓒《巴甫洛夫关于神经型和神经症的学说》，中华全国科学技术普及协会，1955年。

能明之也。黄帝避席遵循而却曰：余闻之，得其人弗教，是谓重失，得而泄之，天将厌之。余愿得而明之，金柜藏之，不敢扬之。岐伯曰：先立五形金木水火土，别其五色，异其五形之人，而二十五人具矣。黄帝曰：愿卒闻之。岐伯曰：慎之慎之，臣请言之。

“木形之人，比于上角似于苍帝。其为人，苍色，小头，长面，大肩背，直身，手足小，有才，好劳心，少力，多忧劳于事。能春夏不能秋冬，感而病生，足厥阴佗佗然。大角之人，比于左足少阳，少阳之上遗遗然。左角（一曰少角）之人，比于右足少阳，少阳之下随随然。釱角（一曰右角）之人，比于右足少阳，少阳之上推推然。判角之人，比于左足少阳，少阳之下栝栝然。”

这是个非常特别的角度，在于内外的联系，在于组合，而不是孤立的表象。

气质

眼神是比较能反映我们气质的地方，有光的、无神的、昏暗的、明亮的、天真的、狡诈的、灵活的、稳定的等。大病、大的刺激都能快速改变眼光，而年龄、知识、环境也在潜移默化地改变着眼神。化妆可以反衬眼神，但是，真没神了怎么画都是不管用的。

爱默生：“有许多隐藏在心中的秘密都是通过眼睛被泄露出来的，而不是通过嘴巴。”

眼神相关气质多一点，但是也没有脱离性格。

安德森观察到章鱼，这种高度警觉的动物，也能进入深沉的睡眠状态。当它们睡熟后，眼中的光芒消失，呼吸放慢变浅，对于熄灯号没有反应。

几十年前与现在的电影，类似的角色，群众演员的眼神大不一样，大抵是文化程度和社会环境等因素造成的差异，靠演是演不出来的。

气场是一个比较新的词，却是个古老的现象：

气场是对人散发的隐形能量的描述。是人能把握到的自然规律的多少。人越顺应自然规律，气场就越大，越背离自然规律，气场就越小。自然规律正好与人的身体和心理活动的规律是一致的。

现实生活中，一些人事事顺心，一些人却处处是背运，这便是因为人的气场大小的不同。把个人看得越平凡，越渺小，就越符合自然规律（因为在宇宙中，地球都是渺小的，更何况人），气场就越大，做事就越顺利，心想事成，得道多。相反的，总是唯我独尊，认为自己了不起，很不平凡的平凡人，就背离了自然规律，也就没有了气场。这种人往往事与愿违。失道寡助。

气场引发了成功学的发挥，侃侃而谈，最后你会发现戴尔·卡内基的“影响力的本身”。影响力和气场一样又不一样，一样的是大小，不一样的是方向：是意识带动能量，还是能量助力意识。拿破仑和希特勒的两个维度，气场都超大，而影响力相反。《黄帝内经·灵枢·海论篇第三十三》：

血海有余，则常想其身大，怫然不知其所病；血海不足，亦常想其身小，狭然不知其所病。

找一个与拿破仑性格接近、气质迥异的人难，还是找一个与拿破仑气质接近、性格相反的人难？

气质、性格并非难以区分，存在的只是难以言表，每当要说气质时，一不留神就到了性格。

气质，指人的生理、心理等素质，是相当稳定的个性特点。也指人的风范模样。对于女人来说是指她优雅的风姿和言行，表现出来的女神范；对于男人来说是指他有没有担当和勇气。也指人的风度。

男人和女人的气质相当不同，并不说明男人和女人的思维有绝对的差异，倒是因他们的能量体差得比较大。

气质是能量系统的属性，不在意识范围中，似乎难以描述。植物人的气质是怎么样的？木气质是不是也算一种气质？所以，第一个是本体，第二个是运用。因此，气质一般要通过神经才能起作用，结果，一论到气质往往进入了性格的范围，而其中的关键问题就是方向。气质本身是没有方向的，只有大小、强弱、多少、持续等。

一种有关动能量、静能量及稳定性的机能。

所以，不动的时候也会很有气质；睡着了也会很有气质。

同样一句话一字不差，有人讲就是好听，有人讲就是难听；同样一个动作，有人做来好看，有人就是东施效颦。同种性格，有人体现美感，有人别扭。

气质其实也是有方向的，只是，这个方向不是我们通常意义的方向，而是通常意义的结构。比如在艺术领域——音乐家、画家等，人和作品思想未必统一，但气质多数是一致的——虽然有不少人扮得很艺术，但是仔细看，就会发现没有特质能量结构。

所以，破嗓门再大也没用，不好听就是不好听。把人的嗓门按高、中、低、厚、薄、轻、重分类并不难，但有些人飚高音叫天籁之声（童声合唱团），有些人飚高音就是刺耳。意识分类和能量分类一定是不同的。

气质受制于能量系统的大小，也受制于方向系统的操控，如诗书琴画，甚至，物体也可以有气质，如石雕古玩建筑山水，是人可感应的能量结构，可以感觉却难以描述。

性格

性格是西方心理学的强项，所以，结果表现为理论流派丰富。当然，同样还是不统一。不同流派关注角度的错位，是西方心理学的特点，比如有些心理学派认为性格是环境的产物，研究性格不如研究外环境的作用（人格、性格可以同时指向“personality”，而“personality”“character”又都可以翻译成性格，所以中英文的翻译是有错位的：人格趋向总体，性格趋向分类）：

西方性格理论的基本分类

一、特质理论

（一）奥尔波特的特质理论

奥尔波特首次提出了人格特质理论，他把特质分成共同特质和个人特质。

共同特质是在某一社会文化形态下，大多数人或一个群体所共有的相同的特质。在研究人格的文化差异时，可以比较不同文化中的共同特质。个人特质指的是个体身上所独具的特质。个人特质又分为首要特质、中心特质、次要特质。首要特质是一个人最典型、最有概括性的特质；中心特质是构成个体独特性的几个重要的特质，每个人身上大约有5到10个中心特质；次要特质是个体的一些不太重要的特质，往往只在特殊的情况下才表现出来。

（二）卡特尔的人格特质理论

卡特尔用因素分析的方法对人格特质进行了分析，提出了基于人格特质理论的一个理论模型。模型分成四层，即个别特质和共同特质、表面特质和根源特质、体质特质和环境特质、动力特质、能力特质和气质特质。

气质特质是决定一个人情绪反应速度与强度的特质。卡特尔用因素分析的方法提出了16种相互独立作用的根源特质，从而编制了“卡特尔16种人格因素调查表”。他认为在每个人身上都具备这16种特质，只是在不同的人身上的表现有程度上的差异。所以可以对人格进行量化分析。

（三）现代特质理论

1. 艾森克依据因素分析法提出了人格的“三因素模型”。这三个因素是：

（1）外倾性：表现为内、外倾向的差异；

（2）神经质：表现在情绪稳定性上的差异；

（3）精神质：表现为孤独、冷酷、敌视、怪异等负面人格特征。

这三个因素不同程度的表现构成了千姿百态的人格特点。艾森克依据这一模型编制了艾森克人格问卷，这个量表在人格评价中得到了广泛的应用。

2. 塔佩斯用词汇学方法对卡特尔的特质变量进行再分析，发现五个相对稳定的人格因素：

（1）经验开放性：反映出想象、审美、情感丰富、求异、创造、智能等特质；

（2）尽责性：显示了胜任、公正、条理、尽职、成就、自律、谨慎、克制等特质；

（3）外倾性：表现为热情、社交、果断、活跃、冒险、乐观等特质。

（4）宜人性：反映出信任、直率、利他、依从、谦虚、移情等特质；

（5）情绪不稳定性：包括焦虑、敌对、压抑、自我意识、冲动、脆弱等特质。

这五个特质的头一个字母构成了“OCEAN”一词，代表了人格的海洋。麦可雷和可斯塔编制了“大五人格因素测定量表”。这是目前应用最为广泛的人格测定量表之一。

3. 特里根等人用不同的选词原则，获得了七个因素，构成了七因素模型：正情绪性、负效价、正效价、负情绪性、可靠性、宜人性、因袭性。

二、类型理论

类型理论产生于20世纪30年代至40年代的德国，主要用来描述一类人与另一类人的心理差异，即人格类型上的差异。类型理论主要有两种：

(一) 单一类型理论

单一类型是根据一群人是否具有某一特殊人格来确定的。最典型的单一类型理论是T型人格理论，由美国心理学家弗兰克·法利提出。T型人格是一种好冒险、爱刺激的人格特征。

T型人格根据冒险行为的性质可分为T+和T-：

T+表示冒险行为朝向健康、积极、创造性方向，如赛车、探险等。T+型人格根据活动特点又可分为体格T+类型和智力T+类型。体格T+型如运动员，智力T+型如科学家对科学技术的探新。

T-表示冒险行为朝向破坏性质，如酗酒、吸毒、暴力等。

(二) 对立类型理论

依据某一人格特性的两个相反方向来确定。

1. A—B型人格

福利曼和罗斯曼描述了A—B型人格类型，人们在研究人格和工作压力的关系时，常用到这种人格类型。

A型人格：性格急躁，缺乏耐性。成就欲高，上进心强，有苦干精神，工作投入，有时间紧迫感和竞争意识，动作敏捷，说话快，生活处于紧张状态。社会适应性差，属于一种不安定型人格。

B型人格：性情温和，举止稳当，对工作和生活的满足感强，喜欢慢节奏的生活，可以胜任需要耐心和谨慎思考的工作。

2. 内—外向人格

由瑞士著名人格心理学家荣格提出，依据心理倾向来划分人格类型。

内向：把兴趣和关注点指向主体。

外向：把兴趣和关注点指向外部客体。

三、精神分析理论

精神分析的人格理论以弗洛伊德的理论为代表，他的人格理论包括以下基本内容：

（一）人格动力论

人格的核心是人内在的心理事件，这些心理事件发动了行为，或构成了行为的意图。人的行为的动机源于心理能量，这些能量来自先天的驱力和本能。行为的动机通常是无意识的。

（二）人格结构成分

人格结构包括以下三个成分：1．本我：本能需要的满足，遵循快乐原则；2．自我：遵循现实原则；3．超我：遵循理想原则。

其中，本我是无意识部分，自我和超我是意识部分，属于人格控制系统。

（三）自我防御机制

是指自我所运用的心理策略，以此保护自己避开日常生活中体验到的种种冲突。常见的有：1．压抑；2．投射；3．合理化作用；4．反向作用；5．升华；6．转移等。

（四）人格发展观

弗洛伊德以口腔期、肛门期、性器期、潜伏期、性征期以及认同、恋母情结等概念解释个体心理发展的历程。

生物学流派（指心理学中的生物学流派）的观点非常有意思，把中国启蒙读物中的《三字经》第一句倒过来就是：“性相远，习相近。”人的性格是由基因决定的，虽然，人类社会地域范围内活动都差不多，但基因不同所以会产生不同的表型。

行为主义的观点和生物学流派正好相反，只关注后天的因素。

巴甫洛夫的动力定型理论：该理论认为，人们在大脑皮层中执照刺激物的顺序形成了比较稳固的暂时神经联系系统，这种系统叫做动力定型，是人学习、习惯和需要的生理基础。

行为主义流派包括斯金纳的强化和消退理论及班杜拉的社会学习理论（有时独立成派）。斯金纳的理论基本接近于巴甫洛夫的条件反射，班杜拉已向认知心理学靠近，而赫兹伯格的双因素理论能够综合二者的观点：

双因素理论认为引起人们工作动机的因素主要有两个：一是激励因素，二是保健因素。只有激励因素才能够给人们带来满意感，而保健因素只能消除人们的不满，但不会带来满意感。

有个认知学派的老太太又反对行为主义：

一个老太太有两个女儿，大女儿嫁给洗染店老板，小女儿嫁给雨伞店老板。老太太天天为女儿忧虑：雨天，担心洗染店的衣服晾不干；晴天，生怕雨伞店的雨伞卖不出去。后来，有一个聪明人开导她："老太太好福气啊，雨天，小女儿生意兴隆；晴天，大女儿顾客盈门。您哪一天不快活啊！"从此以后，老太太每天乐呵呵。

认知心理学与行为主义因角度不同产生了分歧。

认知心理学是反对行为主义的，但也受到它的一定影响。认知心理学从行为主义那里接受了严格的实验方法、操作主义等。认知心理学已不专注于内部心理过程的研究，也注意了行为的研究。一般认为，人们使用从环境得来的信息，结合记忆内存储的东西，指导未来的行为，并塑造生活环境。

怎么是就怎么想，绝对的理性；怎么想就怎么是，绝对非理性。是否能够通过认知把狼吃羊变成羊吃狼？换种说法，如果羊认为狼吃羊，羊看见狼会跑；如果羊认为羊吃狼，那么羊看见狼就会冲上去咬。这种说法**逻辑合理**，但是，羊吃狼却**现实不合理**。

认知理论，羊吃狼，你怎么看？

弗洛伊德从完全理性的角度也就是从超我的角度，分析本我、自我、超我。所以，看见的是冲突的本我，不完全的自我，非常合意的超我。人的基本生物自然属性是本我，后天的社会协调属性是自我，理想和幻想的属性是超我。超我虽然美妙（如想象中的美好生活、想象中的奢侈品等），但因为人的智力和经历问题，只是个人的自我感觉良好。实际上每个人的超我差异非常巨大。自我受社会反馈的制约和构建，非常现实和被动客观。本我是原始动力，正向作用远大于冲突。这三个“我”并不像弗洛伊德所说的那样有着理性刻板的清晰分类，因为，**中枢神经的结构，底层是集中的，而高层是分散的**。不同区域的功能，根本就不是对立冲突的问题，而是冲动与控制程度的比例不同。高层的理性也是动力和方向上的升跃整合，即自我合理化而非客观合理化，也就是说很多超我所建立的道德不一定是道德的。

深层意识、基层意识的性能和力量，相关于皮层的深度，相关于情绪类别通道，相关于通畅断结（开渠筑坝）。早期记忆的作用主要是比较的对象，而且一直在更替。一切都可以改变，只有理性不行。任何记忆碎片都不会起太大的作用，起大作用的是通道积累和重构，通俗地说是意念行为的习惯。

荣格的情结也许支持的人更多。情结是我们因情感阻断而产生聚集的点，会引起情绪、行为特异的现象，可大可小。增强的原因很单一，反复触发；消退的原因有很多，如阻断消除、时间淡化、建立新的参考点等。

性格除了心理学分类还有一些其他的分类。在应用领域：

第一型完美主义者：完美者、改进型、捍卫原则型、秩序大使
第二型助人者：成就他人者、助人型、博爱型、爱心大使

第三型成就者：成就者、实践型、实干型

第四型艺术型：浪漫者、艺术型、自我型

第五型智慧型：观察者、思考型、理智型

第六型忠诚型：寻求安全者、谨慎型、忠诚型

第七型快乐主义型：创造可能者、活跃型、享乐型

第八型领袖型：挑战者、权威型、领袖

第九型和平型：维持和谐者、和谐型、平淡型

用主观的标准替代客观标准，反过来，这样的描述却对应不了性格，如认真和刻板、大方和缺心眼、机敏和狡诈、热情和烦人、心平和胆小。

表面和内部往往可以是相反的，被巴甫洛夫归为多血质的活跃的狗一上实验台就睡觉。而多因素又造成了复杂，同样的性格表象可能不是一种原因造成的：外向性格有可能在热闹环境和安静环境中都很活跃，也有可能在人多环境活跃，而在人少环境沉闷；内向性格有可能在热闹环境和安静环境中都很安静，也有可能在人多环境话少，而在人少环境话多。能量的激发和抑制正如巴甫洛夫所说是分开的。内部值和外部值的产生原因各自不同。

那么，这个内部值本身的原因是什么？

从阳阴的角度，是心脉系统大小，是调控系统强弱。

西方的理论总是先分类，而东方的理论总是先找因果。假设心脉的先天基础分强弱，然后再把后天的活动分类，从儿童的生长起得到这样两张表（表 2.1）：

以上表格中的活动量是指有质量的活动量（那些难但能克服的活动通常都是有质量的），如果是没有质量的活动量，则会产生另一种结果。

上表所说的是：阳失阴则失久，阴失阳则失活。

下表所说的是：我们知道神经系统和心脉系统的发育是相辅相成的，但一般来说神经系统的可塑性远大于心脉系统。表中字母对

表 2.1　心脉强弱与活动量对照表

上表		
心脉强度 \ 活动量	过多	过少
强	分散	多动
弱	逆反	过度幼稚

下表		
心脉强度 \ 活动量	偏多	偏少
强	高积累 A	短积累 B
弱	长积累 C	低积累 D

应：A 高能量高控制；B 高能量低控制；C 低能量高控制；D 低能量低控制。

那么，也会形成希波克拉底的四种气质说。不过，这里是性格分类，因为，这四种性格的人，有气质好的，也有差的：A 胆汁质；B 多血质；C 黏液质；D 抑郁质。

胆汁质：特点是情感发生迅速、强烈、持久，动作的发生也是迅速、强烈、有力。属于这一类型的人都热情，直爽，精力旺盛，脾气急躁，心境变化剧烈，易动感情，具有外倾性。胆汁质的人一般表现为：反应迅速，情绪有时激烈、冲动，很外向。

多血质：特点是容易形成有朝气、热情、活泼、爱交际、有同情心、思想灵活等品质；也容易出现变化无常、粗枝大叶、浮躁、缺乏一贯性等特点。多血质的人一般表现为：外向，活泼好动，善于交际；思维敏捷；容易接受新鲜事物；情绪情感容易产生也容易变化和消失，容易外露；体验不深刻等。

黏液质：相当于神经活动强而均衡的安静型。这种气质的人平静，善于克制忍让，生活有规律，不为无关事情分心，埋头苦干，有耐久力，态度持重，不卑不亢，不爱空谈，严肃认真；但不够灵活，注意力不易转移，因循守旧，对事业缺乏热情。

抑郁质：特点是神经类型属于弱型，体验情绪的方式较少，稳定的情感产生也很慢，但对情感的体验深刻、有力、持久，而且具有高度的情绪易感性；为人小心谨慎，思考透彻，在困难面前容易优柔寡断。抑郁质的人一般表现为：行为孤僻、不太合群、观察细致、非常敏感、表情腼腆、多愁善感、行动迟缓、优柔寡断，具有明显的内倾性。

最后，长期的作用就会形成定式。当然，我们还知道有更多的因素和变化，而这里强调的是先期的变化和后期的稳定，同时，也明确了性格先天和后天的联系。

以上分类会给人一个错觉，认为心脉是先天的，而中枢神经系统是后天的。其实不是这样，只是中枢的变化比心脉系统大，而且中枢神经系统先天的结构和灵敏度具体到每个人都是不一样的，所以，活动量的效率是不一样的。更为复杂的是双系统的彼此影响，比如我们在足球场上，一旦活动开，耐受性就会增加；而我们在特别安静的时候，灵敏度增加，多变而艺术，这些都可以成为人长期属性的倾向。最后，脉象也是会变的。同一个人生长在书香门第或运动世家，成年后的脉象也一定是不一样的。有些脉象改变很快很简单，比如吃中药；而有些脉象改变则很慢很复杂，与行为重复有关。

有些人活力无限，动态能量比较高；有些人持之以恒，静态能量比较高。实践者动能量高，思想者静能量高。有人坚定而果敢，有人丰富而敏感。换种说法，动能量相对高可参考狗，而静能量相对高可参考猫。所有这些，都是双系统互相影响的结果。

李逵能否像林黛玉一样碰到点事情就哭哭啼啼，耍点小性子？王熙凤、薛宝钗呢？

能量系统的属性只是基础，怎么用是中枢神经的功能，但使用的习惯一定是建立在基础之上的。

作为把脉现象特例，测试婴儿性格会较准。到了成人，林黛玉会记仇，李逵会报仇，这又是一个方向。开始，是能量塑造调控，后来，调控可以调整能量并间接改造能量系统，但仍在被塑造。

气质从能量方向塑造行为，最终形成的定式就是性格。反过来也可以说，神经系统调控能量的常式。

所以，同种性格的人，可以有好的气质，也会有差的气质。气质似乎可以脱离性格，而性格的成因和日常肯定都离不开气质。

基因对人的影响是一生的。

我们对 DNA、RNA 的物质组合以及延伸至蛋白质的构建很着迷，但是，生物的生殖及生殖相关的活动都是高能量活动，而我们对其为什么是高能量活动和高能量对后代的影响却不怎么关注，就是说对基因所形成的能量结构，以及能量对突变的影响研究的不多。解旋酶、拓扑异构酶、连接酶、引物酶、核酸酶、限制酶、整合酶和聚合酶可控方向，但都少不了能量的加入，而其本身也受能量影响。基因不会无故突变，进化看上去所有方向都有可能，其实，在能量增减的情况下是定向的。

染色体除生殖细胞外在生物体所有位置都是一样的，但能量活动不一样。一个大心脏和一个小心脏一搏，经过测量可以有几百毫升的血流量之差，但经过积累可能意味着一头大象和一只老鼠的结构和活动范围；一根神经和一大堆神经活动都是乙酰胆碱作用，只是剂量不一样，结果却可能是蚯蚓的移动和制造汽车。微观到宏观是能量构建。我们经常诧异动物神奇的先天本能，而对动物来说本能只是能量规律的体现。

对低等级生物来说，基因的权重几乎没有变化，原核生物完全取决于基因结构和环境能量之间的互动，不仅是生命和物种，而且也是突变的因和延续的由。

对人的生理系统来说，权重也很大。而对社会系统来说，人类基因的权重是渐低的，生物等级越高，行为就越多越复杂。由于社会的进化，由简入繁。但是，能量大小并不完全是由繁简来评定的，繁简是方向，通常情况繁胜简，工业社会胜原始社会，但对个人来说，繁不一定能发挥出效力，比如科学家碰到拳击手。

生物基因是一种基因，社会传统文化也可以看做是一种基因，不同的是组成的物质类型，相同的是能量结构的复制和突变，核心是常规能量和异常能量。

很多西方理论都有为基因的延续产生一定行为的说法。事实上任何动物都不太可能直接理解基因，但是基因会构建能量，这可以感觉，并且也会形成驱动力。然而，**这种驱动有时候利于基因延续，有时候则相反**。熊猫改吃竹子使其成为古老的物种，但也造成现在濒危的因，所以，只是剩下的都是适者。

基因还会带来能量的真表象和假表象，所谓的假表象就是伪装。

人们的意识通常要争个正确与不正确、谁更正确，**能量对正确是没有概念的，所以只比大小，而没有方向的能量连大小都不比，它们叠加。**

境由心转，意随境生。意识会疑惑，但能量不会疑惑。外界能量，内部能量（包括调控系统的能量结构），二者矢量相加。我们非常在意的主观能动性，也可以说是主观乱动性（什么样的都有），被作用成长，也作用成长。

第 3 章

改变与习惯

我们内心感受的改变在于我们人生中所做的每一件事，反过来说也成立，我们人生中所做的每一件事，也都为我们的内心感受所驱使。

第 1 节　行为与重复

感觉是分散的，感受是归一的。

可以说我们人生中所做的每一件事，都在于改变内心的感受。[1]

——安东尼·罗宾斯

观自在菩萨，行深般若波罗蜜多时，照见五蕴皆空，度一切苦厄。舍利子，色不异空，空不异色，色即是空，空即是色，受想行识，亦复如是。舍利子，是诸法空相，不生不灭，不垢不净，不增不减。是故空中无色，无受想行识，无眼耳鼻舌身意，无色声香味触法，无眼界，乃至无意识界。无无明，亦无无明尽，乃至无老死，亦无老死尽。无苦集灭道，无智亦无得。

——《般若波罗蜜多心经》

什么是色受想行识？

有两种答案。

第一种是通常的解释：

色即颜色，色声香味触法，指的是外界，眼界乃至意识界指的是内界，色广义地说是外界和内界相加。

受就是感受，对内外一切的感受。

想就是有了感受以后加工处理。

行是想的结果。

识就是对行为的回顾和反馈。

1　安东尼·罗宾斯《唤醒心中的巨人》，新华出版社，2002 年。

色受想行识就是我们行为的过程。

第二种是从能量体的角度来解释。

色

色和第一种解释没有太大区别。

不同的颜色是光能差，黑白明暗是能量差，活动的物体是能量变化的差异。

声音的大小是一种能量差，声音的高低又是一种能量差。

不同的气味是能量差的表现。

不同的味道也体现了能量差。

身体的状态是能量差，身体的活动是能量差，身体的代谢是能量的活动。

外面的世界是能量差，内部的世界也是能量差。

外面的世界和内部世界之间的差还有这样一个变化，类似于照相机调整设置，我们的基准不断变化，同样的事不同的差。

久闻而不知其香。

多吃会腻。

有这样一个实验：两只手分别放在热水和冷水中一段时间，然后，同时放进温水，一只手会觉得热，另一只手会觉得凉。

另外，对比色要比单一色给人的感觉强烈。

原本定价 1 元的报纸变成了 10 元一份，你定会感到无法接受；而原本 2000 元的手机涨了 20 元，你一定不会有太大的反应。

外界、内界的能量差是绝对的，而外界、内界之间的能量差是相对的，没有能量差等于没感觉。

色即一切差，一切差即色。

受

受和第一种解释的性质完全不同，不同处在于它的作用。

感受和感觉有什么区别？

感觉是客观刺激作用于感觉器官所产生的对事物个别属性的反映。

这个定义比较对应浅表感觉的范畴：

浅表感觉共有25种。就是五官和内脏的感觉。属于生命过程，它又分为生存感觉和提示感觉。在这里需要说明的是以前所说的欲望其实就是感觉，比如食欲：就是要食的一种感觉。

生存感觉有14种，是生命个体为了适应外界环境而必须有的，它分为呼唤欲和排泄欲。呼唤欲是生命个体想得到而且必须得到的，有7种，它们是食欲、渴欲、嗅欲、望欲、听欲、触欲和物欲。排泄欲有7种，它是生命个体必须定时排出、不定时排出人体就会表现异常的一种感觉，它们包括：便欲、喷欲、咳欲、呵欲、伸欲、嗝欲和性欲。提示感觉有11种，是生命个体在生存过程中为了保护身体提示病变而产生的，包括痛、痒、麻、软、酸、木、胀、晕、昏、辣、闷。

感受是感官侦测到外境的能量变化，于个体内在所产生的生化反应。

这个定义对应深部感觉：

深部感觉就是人们所说的情绪，它分为分享情绪和保护情绪。

当然，我们也可以把内境作为外境来感受，其中，打坐的法门之一就是长时间的内观。

感觉是分散的，感受是归一的。

感觉和感受其实很难界定，几乎就是一体的，只是我们侧重不同，感觉的结果是知道，而感受的结果是能量变化。

对于一桌美味，我们的感觉是一样的，但是，感受不一样，因为，我们已经太撑了或者饥肠辘辘。

巴甫洛夫排除了爱睡觉的狗，但他没有提到不饿的狗。相同外界刺激对神经信号变化和能量变化影响的区别，是一个更难的实验。但可以肯定的是，能量变化对条件反射形成作用也是必需的。再把那些闹情绪的狗带回来，用现代技术分析饱狗饿狗的心血流量和脑血流量与条件反射形成的关系，这些数据肯定很有意思。当然，血管外的变化和氧合与神经反射和反馈之间的互动，那也是其中的一部分。

对于我们吃过的饭店，想一想就有不同的感觉，不一定流涎，也不一定上升到意识层面。

感受可以是有意感受，也可以是无意感受，我们可以在有意无意之间转化。当然，我们也可以这样分类，除了意识感受以外，我们还会有潜意识感受，由于我们神经感觉系统的构造，它们不一定能升级成为意识感受，但它们一样会起作用。

感受一词有两方面的含义，一方面是能量变化，一方面是感知能量变化。它们是**两件事**，但我们一直混着用。

一方面受是外境模式在内境的能量重构，但这个重构是有折扣的；另一方面受是内境的能量变化，有时我们却感觉不到或不去注意。

因为，受是内境的能量变化，所以，可以直接驱动我们的行为。不管是在意识之内还是在意识之外，都可以驱动，而且它们并不一定对应（错位流动），是我们日常主要的驱动变化和定向的因素。

想

那么想呢？

想本身就是行为的一种，也是需要驱动的。

内境的能量变化，会激活相关的中枢神经丛，然后，这些神经丛加工处理能量，最后，得到一个加工后的能量，它的大小和方向都有可能改变或者不变，同时神经丛因为能量的运作本身也会发生改变。

神经丛能够激活过去的感受，我们称之为回忆。当我们回忆的时候，神经丛能够重构一个不完全的能量内境（同一回忆，有时感受多，有时感受少）。

神经丛能够储存现在的感受，我们称之为记忆。它和现在感受的内境能量是不一样的，它是一种结构性类似或者说境象，而不是内境能量的本身。

最后，就是过去的感受和现在的感受矢量和（能量属性），即一个加工后的能量。

想有两个方向的行为影响，一个是对受的限制和调节，是筛选行为的；另一个是对内部各种能差的综合，从而产生新的行为驱动和行为方式，是推动行为的。

我们清醒的时候从不缺失感受，所以，会有一种错觉，认为感受同空气一样存在。但是，在某些方向上，我们会有意识而没多少感受，因此，没什么驱动力。

受和想即时性上并不是前后关系，而是平行交叉关系。想可以调整受，也可以不调整；受会增强跟随想，也会减弱跟随想。受和想在内因上却是上下关系，也就是说思维意识是在感受基础上的深加工，有时加工，**有时被加工**，有时不加工。

同样的挫折，有时会让我们很难受，有时一略而过。认知和归因可以是一样的，感受却不一样。时间也是能量运化的高手，小的挫折，当时挺难受，过一段时间自己会好的。

西方心理学喜欢研究行为决策，决策条件和方向都是非常数码化的，这是想的范畴，缺失了驱动大小微妙的比较。而行为驱动既可以是想的结果，也可以是受的结果，因为，都是能量对神经系统的作用。

认知和归因都是想，是一种深加工。人类发达的皮层使我们泛认知和归因，其实，认知和归因都必须建立在基础的受之上，只是，我们不能全意识到。

人是感受驱动，意识调节感受，意识创建感受，有意无意都是存在的，但一定是建立在感受之上的（能量不是感受，能量变化是感受）。调节的能力和程度每每不同，反过来，意识也被感受调整。

能量和能量变化都源自内外境主动和被动的调整，受是能量变化，想也是能量变化，过程不一样，结果是一体的。

行

我们的行为是不是想的结果？

至少，我们感觉上是这样的，我们怎么想就去怎么做。

你想看电影就去看电影。

如果，这部电影出了续集，你还会不会去看？

第一部的感受在这里起了什么样的作用？

好片、烂片，这是想法还是感受？

这有多少升级到了意识范围，有多少没有升级到意识范围？

内容丰富而氛围很差或者声效很好而情节单调的都有问题，思维和感受哪个更重要？这个问题我们根本不会去甄别。

当然，这只是意愿和看法，是否能真正成行，还要看即时的心情和状态，还有就是事件主次和时间的分配。

识

识是能量构建和积累，并由此产生激发与抑制的自动化，不仅通过意识作用于想，而且通过潜意识直接作用于受。

其中包括感觉系统对自己行为的受和想所产生的识。

是从行为到重复的开始。

是行为重复数量和质量的决定因素。

既受制于过去心脉强度和时间长度的积累，也受制于即时的心脉。

西方人强调的反馈也是识，但偏方向、即时，略大小、积累。

也不同于汉字识的普通含意，这里的“识”有特指，除了普通方向辨识的含义外还有能量大小的加成。佛教也把意识认知和潜意识认知作了区别，称之为八识：眼、耳、鼻、舌、身、意、末那识、阿赖耶识。

我们的多数行为主要是通过感受来激发的，也就是通过“受”来激发，然后，通过“想”来调节，包括延时和转向。当然，我们会不断积累我们对感受的调控能力包括持续能力，也会在各个方向上积累感受的高能区，而最终能产生**意识重复行为和习惯重复行为**的，是对行为本身的经过加工或未经加工的受的积累——识。

第 2 节　理论

内容和形式异步，正确和效用异步，方向和大小异步。

ABC 理论

大家都知道认知心理学的 ABC 理论：

情绪 ABC 理论是由美国心理学家埃利斯创建的。认为激发事件 A（activating event）只是引发情绪和行为后果 C（consequence）的间接原因，而引起 C 的直接原因则是个体对激发事件 A 的认知和评价而产生的信念 B（belief），即人的消极情绪和行为障碍结果（C），不是由于某一激发事件（A）直接引发的，而是由于经受这一事件的个体对它不正确的认知和评价所产生的错误信念(B)所直接引起。错误信念也称为非理性信念。

通俗一点的解释：

通常人们会认为诱发事件 A 直接导致了人的情绪和行为结果 C，发生了什么事就引起了什么情绪体验。然而，你有没有发现同样一件事，对不同的人，会引起不同的情绪体验。同样是报考英语六级，结果两个人都没过，一个人无所谓，而另一个人却伤心欲绝。

为什么？就是诱发事件 A 与情绪、行为结果 C 之间还有个对诱发事件 A 的看法、解释的 B 在起作用。一个人可能认为，这次考试只是试一试，考不过也没关系，下次可以再来，另一个人也可能觉得这是背水一战，不能失败。于是不同的 B 带来的 C 大相径庭。

同一情境之下（A），不同的人的理念以及评价与解释不同（B1和B2），所以会得到不同结果（C1和C2）。因此，事情发生的一切根源缘于我们的信念（信念是指人们对事件的想法，解释和评价等）。

但是：

大家看见红色是一个感觉。

大家看见蓝色是一个感觉。

大家看见黄色是一个感觉。

这种感觉不会因为你的认知和偏好产生变化，比如你看见红色的感觉不会变成看见绿色的感觉。

接下来才是偏好和认知，我们可能喜欢或者不喜欢各种颜色。

这里不同于认知心理学，相同的A，因为不同的B产生了不同的C，所以，A无关紧要；而是说A产生了C，而B会变化C，但不一定变得过来。

如果，丢了一个满载的皮夹，绝大多数人无法把这样一件事变成开心的事。

《淮南子·人间训》：“近塞上之人有善术者，马无故亡而入胡。人皆吊之，其父曰：‘此何遽不为福乎？’居数月，其马将胡骏马而归。人皆贺之，其父曰：‘此何遽不能为祸乎？’家富良马，其子好骑，堕而折其髀。人皆吊之，其父曰：‘此何遽不为福乎？’居一年，胡人大入塞，丁壮者引弦而战。近塞之人，死者十九。此独以跛之故，父子相保。”

塞翁失马的故事是大家熟悉的ABC理论的中国版，下面为大家展开分析：

B1 塞翁是个老经世故的老年人，调控的能力足够强悍。

B2 塞翁是个老经世故的老年人，调控的方向非常正确。

B3 塞翁身体足够好，抗得住。

这三个B才是ABC理论成立的原因。儿童认知不够，对间接的事情不会有悲喜；年轻人的经验不够，调控技术不会像老年人那样得心应手；中年人承担了太多的心理压力，调控方向不如老年人那么从容。最后，就是要抗得住，不仅悲要抗得住，范进中举之喜也要抗得住，抗得住才会有调控。

这三个B意味着什么？

认知心理学的B意味着想法改变了世界就改变了，而这三个B意味着想法本身也是积累起来的，是需要很多因素支撑的，有自己的定式，不是想改就能改的。理性通道和感性通道背后都有能量的原因，虽然，它们的方式不同。

我们经常面对的问题是：认知是一下子就可以改变的，还是要经过长时间的磨练才能改变？

当我们头脑里存在极不平衡的高积累时，在一定的外因诱导下，会突然归于平衡，我们称之为一下子想开了、开悟了、想通了，前提是不平衡和高积累。而我们头脑里存在了非常平衡的高积累时，特别是与社会一致性的高积累（包括地区性的谬误），改变就非常困难。当然，我们多数有效用的认知都是慢慢积累的，我们通常称为专业知识和专业技能。

悲观主义者和乐观主义者并不完全是愿望造就的，不是想当乐观主义者就能成为乐观主义者，不想当悲观主义者就能不当悲观主义者。

意识干涉是强大的，我们可以升高和降低预期值、升高和降低比较对象、升高和降低评估基准，但是，调控有两种形式，意识干涉只是一种，另一种是无意识加工。我们平时多数情况下处于无意识加工的状态，也就是说我们的感受，通常我们不会用意识去调节（倒是它们一直在调节我们）。

横向比较、纵向比较；意识调控、意识被调控；调控技术、身体强壮都可以是决定因素。

身心平衡来自外界与内界的相对、来自有意无意的相对、来自身体和心灵的相对。

认知和感受是**半分开的**。

胆小的人绑上安全带站在悬崖边上，认为很安全，其实腿脚该发抖还是会发抖，轻一点而已。

“管住嘴，迈开腿”是我们非常容易接受和认同的认知，但是，同样的接受和认同，有可能管住嘴，也有可能管不住；有可能迈不开腿，也有可能迈开腿，还有可能迈开腿却坚持不了几天。这其中**抑制行为和推动行为的能量运作是有差异的**，控制端与活力端大小相对变化。

认知改变了，我们的行为不一定能改过来；认知没改变，我们的行为却有可能改变，如踢猫。认知是我们意识及潜意识结构的调控，在方向上有着绝对优势，但是，在驱动上就是劣势，这里的优势归于感受——情绪结构环。

兴趣

兴趣指兴致，对事物喜好或关切的情绪。心理学家认为兴趣指人们力求认识某种事物和从事某项活动的意识倾向。它表现为人们对某件事物、某项活动的选择性态度和积极的情绪反应。兴趣在人的实践活动中具有重要的意义，可以使人集中注意力，产生愉快紧张的心理状态。

兴趣是一种无形的动力，当我们对某件事情或某项活动感兴趣时，就会很投入，而且印象深刻。

每个人都会对他感兴趣的事物给予优先注意和积极探索，并表现出心驰神往。例如，对美术感兴趣的人，对各种美展、摄影展都会认真观赏、评点，对好的作品进行收藏、模仿；对钱币感兴趣的人，会想尽办法对古今中外的各种钱币进行收集、珍藏、研究。

兴趣不只是对事物表面的关心，任何一种兴趣都是由于获得这方面的知识或参与这种活动而使人体验到情绪上的满足而产生的。例如，一个人对跳舞感兴趣，他就会主动地、积极寻找机会去参加，而且在跳舞时感到愉悦、放松和乐趣，表现出积极而自觉自愿。

如果一个人对某项事物没有认识，也就不会产生情感，因而也就不会对它发生兴趣。相反，认识越深刻，情感越丰富，兴趣也就越深厚。

兴趣总是指向最大的能差。

什么是最大的能差？你在神经系统积累最多的感受区与外境之间的差。

儿童可以在任何方向上建立兴趣，有趣无趣的东西对他们来说相差不会太大，一方面是认知水平的问题；另一方面，他们总是很快转移兴趣。

而成人只能在特定的区域建立兴趣。成人感兴趣的东西不多了，为什么？

因为，很多的东西我们都已经经历过了，产生过各种各样的兴奋，这些兴奋其实是在积累能级，结果，低能级的东西就无法生效了。

“兴趣是最好的老师”，不是指所有的兴趣。有些兴趣未必是好老师。

有些兴趣增加深度，有些兴趣增加广度，有些兴趣原地转圈，有些兴趣走向歧路，它们的构建是不同的。

英国有谚语：“兴趣是不会说谎的。”为什么兴趣没有谎言？

打游戏有人喜欢，有人不喜欢。有人在打游戏的过程中积累快乐，越来越有兴趣；有人在打游戏的过程中积累无聊和困难，越来越没兴趣。输赢不会说谎，输赢感受所积累的能量更不会说谎。

男孩喜欢打游戏，多数还是激烈的游戏，是生物性功能，打游戏时身体会立即进入战斗状态。虽然游戏是虚拟的，但是，身体能量的激发却是**真实的**，而且，这个能量比日常现实生活所能激发的能量都大。只是，打游戏是**被设计的**，而现实是需要自己来设计。与此不同，女孩更喜欢网聊、网购、追星，总之也很兴奋。所有这些行为都是追求**回应反馈**的行为，根本上都是一个能量环。

大家可以自省一下人生中关于可感应的回应反馈的权重，比如被人看不起、名利中的名、消费的感觉。

为了更好地辨识兴趣，我们需要了解被动兴趣与主动兴趣的区别，更重要的是现实的尺度。

我们大多数人发不出张雨生的高音，但是，我们听音在脑中构象并不困难，嗓门不行脑子行，同时，能量支持也行，把唱歌变成念歌，意识内容不变，能量感就差多了，而我们总是特别痴迷于高能幻象。

电影是假的，观众的情绪是真的。

同理，看足球比赛，虽然身体没有活动，但他人行为的构象也会引动一定程度的心脉活动变化。而看不同的足球比赛，比如看过世界杯再看地区联赛，同样有种失落。能差不会说谎。

能差推动并指向。

我们培养兴趣，实际上是在特定方向上积累感受。我们可以用其他更大的兴趣排挤打游戏的兴趣，但是，更有意义的兴趣如果小就不管用。

就是这个过程。

兴趣是最好的推力，无论是方向感还是动力。

态度

我们在意识状态下调控心理能量，反过来，心理能量在无意调控的情况下跟随意识并对意识起作用，都可称之为态度。

态度是我们有意调控我们心理能量的行为，其他时候我们无意调控（被调控），也存在态度。

不管有意无意，通道是一样的。有意是间接的，而无意反而是直接的。

对于态度的定义最早由斯宾塞和贝因（1862 年）提出，认为态度是一种先有主见，是把判断和思考引导到一定方向的先有观念和倾向，即心理准备。

奥尔波特（1935 年）受行为主义影响，认为态度是一种心理和神经的准备状态，它通过经验组织起来，影响着个人对情境的反应。他的定义强调经验在态度形成中的作用。

克瑞奇（1948）则认为，态度是个体对自己所生活世界中某些现象的动机过程、情感过程、知觉过程的持久组织。他的定义强调当下的主观经验，把人当成会思考并主动将事物加以建构的个体，反映了认知派的理论主张。

美国心理学家巴克（1984 年）认为，态度是对任何人、观念或事物的一种心理倾向。强调态度是一种观念、意见等主观的东西。

迈尔斯（1993 年）对于态度的定义较为完善，认为态度是对某物或者某人的一种喜欢或者不喜欢的评价性反应，他在人们的信念、情感和倾向中表现出来。

弗里德曼认为，态度是个体对某一特定事物、观念或他人稳固的，由认知、情感和行为倾向三个成分组成的心理倾向。

无论哪一派的心理学都很少有关于态度的系统理论，似乎态度不存在于心理学，但是，态度是我们最常用的心理行为。

幸好我们可以在成功学里找到丰富的理论，而且，占据了成功学的绝大多数篇幅。当然，和心理学研究的方向不同，这些理论主要是应用领域。

成功学有人推崇，有人鄙视，都是有原因的，这些原因好像也都合理。成功是成功学吸引人的原因，成功学不成功就会被鄙视。虽然，把成功学的名字改成态度调整学也很符合成功学的内容，但是招生就困难了。

态度存在于理性和感性之间，难以被理性的心理学面对，却可以被感性发挥到失实（思维的数量和思维的质量是不一样的，无效思想再多也是无效，大量的神经暴发是癫痫。成功学是以假象为手段，以驱动为目的的应用心理学）。心理学的就业总是靠近精神问题或纯学术，但是心理是个普遍的问题，发挥心理能量，成功学在企业管理中施展得更多一些。

心理能量是什么？即时的情绪能量和潜在的潜意识能量。

它们分别存在于心脉系统和中枢神经系统，潜意识能量起作用的时候一定是通过心脉系统的。

我们通常把意识的储存称为记忆，其实，我们记忆的主体是能量结构，而方向只是一种属性，还有一种属性是大小，所以，我们的回忆就会有各种各样的感受再现。奇怪的是，我们的感受再现非常的标记，比如，你回忆一首歌的感受与听一首歌的感受差异很大。

不论是我们的储存还是提取都会有加工的过程，这个加工与即时情绪能量的状态有关，最后的结果，我们用意识分类有情感、信心、信念、信仰、兴趣等。如果不用意识分类，就都是潜意识能量，只是方向大小作用的区别。

我们想对一个人态度好的时候，我们会对他笑一笑——当然，有时候只是假笑。奇怪的是，假笑有时也能改变一点情绪。

达尔文写过《人与动物的表情》。人的表情比动物丰富，神经区别是一方面，能量变化复杂是另一方面。但人和高等动物的生物基础结构有很多类似之处，所以，同一种能量大类的外显，也会有很多类似之处，当然，也有可能仅是表象。我们动用一个假表情，反过来会带给我们一个真情绪，因为，开启的能量通道是一样的，不一样的是它们的大小和内外的比例。假表情的外显比较大，内部则微小；而真表情内部比较大，外部没有被夸张。

所以，我们知道通过假表情对真情绪起作用需要夸张 N 倍，除了演员一般人并不擅长，而且，不是每个人每个方向都能做到拟真的。

演员的能量表象比较高，运动员的动态能量比较高，科学家的结构能量比较高。

漂亮面孔是能效表象的基础比较好，漂亮性格则是能效的经验比较合理。先天的优势如果没有恰当使用，很有可能变成劣势，比如说红颜薄命。

我们的态度有时类似于我们的假表情。

通常，心理能量能够直接改变我们的想法和行为，而我们的态度对心理能量的作用是间接的。

我们想积极不一定积极得起来，想直接解除烦恼和忧愁、悲伤都不是那么容易。

我们的另一个办法是改变注意力的方向和力度。

我们向外、向内、行动（运动、静止都是），以期心理能量的改变。

我们总是向外期待给我们好感觉的事物，旅游、电影、音乐等。我们指向红色，会热烈一些；而指向蓝色，会安宁一些。长时间的指向都会有问题，所以，我们按需变化，这一切都源自感觉。

我们总是在思索，提取记忆进行加工。哪怕是技术问题、不同的处理事物的方法步骤，也可以提取出来，对比不同效用的感觉。有时候，我们把它们数码化、编码，然后比较各种数字的大小、各种数字给我们的感觉。

我们有时候去行动，需要行动带来变化的感觉。我们去休息，休息是一种好感觉。但是，不需要休息的时候强迫休息，那就是无聊和闷的感觉。

即时的情绪系统我们不能直接控制，所以，通常我们使用神经系统来调控。首先，是潜意识能量的激活。

同样的事，不同的人不同的感受，取决于潜意识能量。

比如不同的人对同一只流浪狗的感受。

天生的感觉，狗非常可爱，源自它的能量结构。

爱狗的人，在内心积累了足够爱狗之心的人。

被狗咬过怕狗的人。

看见一条流浪狗，如果，产生了足够的同情心，就会想办法（想办法本身就是一个行为）。

看见一条流浪狗，如果，产生了足够的恐惧心，跑、躲或者吓呆。

最后，还有一种爱吃狗肉的人。

记忆的情绪部分、记忆的感受部分、记忆的非意识部分，是储备在我们大脑中的一种能量结构。一旦潜意识升级成意识，或者说记忆被唤醒，这种能量结构会还原部分情绪或者潜情绪，会产生兴奋、抑制或者持续、中止。当然，这一切都要建立在即时的能量系统运行状态的基础之上。

最后，重新储存，或者被加工改变以后重新储存，这个能量附加是必须的，虽然，增减都有可能。

清醒时，我们有意无意地不断调整我们的心理能量，在潜意识和情绪之间无意识地来回作用，只是我们很少意识到。

当然，从另一个角度说：我们心情（状态）好的时候，不容易产生负情绪；我们心情不好的时候，好事也会被抵消。这又体现了能量系统的基础作用。

从宏观的角度说，高能量能带给人满足感，比如，特别可爱的狗（狗的心智活力强；猫的心智蓄势强）、高能食物、发烧音响、大功率汽车、升官发财。

但具体地说并不完全是这样，以下原因：

1. 人的神经有这样一个特性，就是对同一刺激物的感应阀值不断升高，好吃的东西吃多了也就不好吃了。
2. 人对能量的需求是多种多样的，比如发烧器材有很多的问题，硬软、暖冷、亮暗、素混、近远、结像、声场、脱箱以及下半身没有或力大声粗等，三频如同水袋，高意味着低，低意味着高，再加上听者的偏好，非常复杂。只是，一旦发烧都是一条不归路，因为，能级提高了，原来的器材高频解析低了，中频厚度薄了，低频动态弱了，再也听不下去了。
3. 人有两个能量中心，心脑是各自特性、动态互动的，汽车马力小没劲，马力大过了操控的能力，结果开车的被汽车开了也是一种非常不好的感受（类似于甲亢）。
4. 动态参照物的作用，同一数量的奖金有时是激励，有时却起负面作用，人需要相对的能量。
5. 苦行修炼也能获得快感，人对能量的需求是相对的。

总之，外差、内差、相对的都是差，心理能量调整的核心就是能差流向。

我们拥有的财富并不能使我们高兴或者不高兴，只有与别人拥有的比较过后才能决定我们的感受。因为，人们所能接受的和期望的与别人的财富紧密联系，但通常与他们情况类似的人的财富联系在一起。

我们天生就是要与别人比较的。

嫉妒通常来自近处，因为，近处容易产生比较，也容易积累，结果，经常在一个群体范围内出现一拥而上的现象。另外，我们越熟悉的事，就能调用越多的感受。专业领域发生的任何细微的事，你都很明白；非专业领域非常大的事，也会稀里糊涂。

态度分主动和被动两部分：我们想对人或事物好一点或坏一点，我们会主动调整态度；而我们看见或感受到任何事物，都会有一个自动的态度，比如：看见美女、丑八怪、跑车、越野车、破车等，前者有意而后者有力。

态度能否决定一切？其实，这不能算是心理学的问题。心理学的问题是：什么决定态度？

趋利避害

趋利避害是生物的本能，当然，也是人性的本能。这种本能是生物与生俱来的，也是生物不断向高级进化的保证。生物存在的两种充分的条件是：一、活着（求生）；二、避免死亡（畏死）。趋利使生物习得更强的生存能力，避害使得个体的生命得到延续，进而保证了物种的延续。其中的优胜者在大自然的优胜劣汰中生存下来，并促使物种不断向高级进化。

趋利避害的方式取决于对利和害的认识。对利害的认识及趋避行为，是从最初的对死亡的恐惧及维持生命的本能需要开始的。

在生命延续的过程中，最初的利害判断，是利还是害、利害程度如何等都将直接（往往是潜意识地）影响生物的趋利避害的行为，而出于对死亡的恐惧，让个体对利害的感知异常敏锐，往往会迅速地做出潜意识的反应。趋利避害行为（如应激反应）及行为的结果让个体感知到更多的“利害”及其程度，并不断地扩展、丰富了对利害的认识及积累更多的趋避的方式，形成最初的价值观念。随着个体的成长，价值观体系不断成熟，并更高效地指导个体的趋利避害行为。

趋利避害并不是我们的行为规则，只是与我们的行为规则相近。趋利避害是我们的意识认知，而行为规则则是意识和非意识之间的作用。意识是高效的，感受是高能的，不排除意识，但也不全是意识，简单地说，是意识能量和情绪能量的矢量和。规则只有一条“够不够”，这可能和静息电位有关。

与趋利避害原则相违反又非常普遍的行为就是吸烟有害健康，其他**不少令人上瘾的东西**都是这样。

所以，利要看有没有足够的能量支持，害的抑制也要看有没有足够的能量支持。

当然，由于我们的意识和感受的双重调控，在大多数情况下我们能在利的方向上建立较多的能量储蓄，而在害的地方建立较多的抑制能量储蓄，所以，趋利避害能在大多数情况下与行为规则相近。其中，方向相近的原因，是我们在自然界中也必须遵循自然的能量规则；而大小相近的原因，是自然的能量规则的自动支持。

婴幼儿经常哭闹，不会说话，不知利害，但是他们有感觉，会先于利害认知形成之前就起作用，有时对他们有利，有时不利，接下来就是成长修正，不过也有修歪的。

成人的感觉驱动和利害驱使也会有先后轻重之别。我们经常能见到明明错得离谱，但怎么说都劝不动；还有明明觉得不对的事，有时还是会忍不住去做。执迷不悟、明知故犯多是感性能量超过了理性控制能力（理性也是一种能量）。

兴奋和抑制其实都是行为，方向相反。兴奋的产生是能量支持，抑制的产生也是能量支持，所以，爱的反面不是恨，是**漠然**。我们通常非常在意我们决定的方向，但是，我们决定的大小一样起决定的作用。经常发生的是轻重缓急反着来，同时还要考虑到外界的正负阻力，故大小也能决定方向。

趋利避害的价值认同是一种**主观**意识，有很大的随意性。当人根据自己的判断去做趋利避害的事情时，**客观**上却有可能是去做趋害避利的事。

行为规则对建立趋利避害的作用体现在两个方面：一方面，你觉得利的地方，我不一定认可，我觉得害的地方，你也不那么看，结果，就是各人是各人的趋利避害，并且经常还会**反转**，可以说是认知调整；另一方面，是**每个人内外境的能量支持都是不一样的**，这有关累积。同样的情况还有，一个地区和另一个地区的趋利避害建立也会大相径庭。有些地区热爱和平，有些地区热爱战争，和平是否能战胜战争不全是对不对的问题，还有效率反馈的问题。如果，多一些政治经济的腐败，多一些神神鬼鬼的思想，和平的效率就很低。当然，腐败只是负值，正值更重要。

行为规则和趋利避害的价值认同是完全不同的概念，一个是自然规则，一个是我们的自以为是。我们生活中有太多的行为说不清利害，从小到大也有很多的行为莫名的损己不利人。大多数吸烟的人是不会认为吸烟有利健康的，绝大多数懒鬼也不会觉得懒惰是有利的，这和价值认同相悖。行为规则和价值认同属于不同的级别。

强化理论

强化理论是美国的心理学家和行为科学家斯金纳、赫西、布兰查德等人提出的一种理论，也称为行为修正理论或行为矫正理论。

斯金纳认为人是没有尊严和自由的，人们作出某种行为，不作出某种行为，只取决于一个影响因素，那就是行为的后果。他提出了一种“操作条件反射”理论，认为人或动物为了达到某种目的，会采取一定的行为作用于环境。当这种行为的后果对他有利时，这种行为就会在以后重复出现；不利时，这种行为就减弱或消失。人们可以用这种正强化或负强化的办法来影响行为的后果，从而修正其行为。

最早提出强化概念的是俄国著名的生理学家巴甫洛夫，在巴甫洛夫经典条件反射中，强化指伴随于条件刺激物之后的无条件刺激的呈现，是一个行为前的、自然的、被动的、特定的过程。而在斯金纳的操作条件反射中，强化是一种人为操纵，是指伴随于行为之后以有助于该行为重复出现而进行的奖罚过程。巴甫洛夫等的实验对象的行为是刺激引起的反应，称为“应答性反应”；而斯金纳的实验对象的行为是有机体自主发出的，称为“操作性反应”。

这种理论观点主张对激励进行针对性的刺激，只看员工的行为和结果之间的关系，而不是突出激励的内容和过程。该理论认为人的行为是其所获刺激的函数。如果这种刺激对他有利，则这种行为就会重复出现；若对他无利，这种行为就会减弱直至消逝。

斯金纳区分了两种强化类型：正强化（又称积极强化）和负强化（又称消极强化）。当在环境中增加某种刺激，有机体反应概率增加，这种刺激就是正强化。例如，当饥饿的白鼠按动开关时给予食物，食物便是正强化物。当某种刺激在有机体环境中消失时，反应概率增加，这种刺激便是负强化，是有机体力图避开的那种刺激。例如，当处于电击状态下的白鼠按动开关时停止电击，停止电击就是负强化。

在行为原本的回应之上人为增加回应称之为强化，减少回应就是弱化或者说反强化。

人为增加的是行为的感受，对行为肯定是有帮助的，特别是对因果周期很长的行为，做为续力的方式，甚至是必不可少的。但是，人为增加不能替代行为本身的回应，对狗来说铃声和食物是有区别的，对人来说区别会更大（如果你觉得在听铃声的同时，不断地喂巧克力很费解，那么，在脑门上贴五角星，原理也是一样的，都是在原本能量上叠加吃的能量或其他能量）。学习不是为了考试，书呆子对人对己都是悲剧，而考呆子却是教育的人为。

强化理论最大的困惑，是能级阈值的增长，就是现在的强化方式。过段时间就不一定是了，比如奖金的数字。而行为本身的回应却有别于这种情况，人为的附加很多时候显然不符合能量规则，所以，**也可以用制造错觉来表述。**

狗对铃声流涎，铃声又不能吃。

当然，错觉用于自身行为反馈肯定也是有效果的，只是这个效果并不一定如人所意，因为，方向上会有偏差。比如在学习和工作中过分关注指标，甚至，在指标上要花样而忽略事情的本身。人为错觉和自然错觉通常有所不同，在逻辑导向和能量导向上各占优势。

人是渴求尊严和自由的，因为，尊严和自由意味着不受他人摆布，是高能或机会的体现。当然，由于人的认知和感受各不相同，每个人都会有差别。另一方面，主观上利害的认知会正负向影响感受，反过来，感受也在影响认知，并在对错与多少之间存在错位。

通常，增加行为本身的质量和效率，效果远好于强化。老板和领导总有着比打工和下级更强的动力，因为，他们的反馈通常是直接的。

社会学习无论是效率还是效果远强于应试教育就是这个地方。

社会学习理论是由美国心理学家阿尔伯特·班杜拉（Albert Bandura）于1952年提出的。它着眼于观察学习和自我调节在引发人的行为中的作用，重视人的行为和环境的相互作用。班杜拉认为是探讨个人的认知、行为与环境因素三者及其交互作用对人类行为的影响。按照班杜拉的观点，以往的学习理论家一般都忽视了社会变量对人类行为的制约作用。他们通常是用物理的方法对动物进行实验，并以此来建构他们的理论体系，这对于研究生活于社会之中的人的行为来说，似乎不具有科学的说服力。由于人总是生活在一定的社会条件下的，所以班杜拉主张要在自然的社会情境中而不是在实验室里研究人的行为。

班杜拉的社会学习理论包含观察学习、自我效能、行为适应与治疗等内容。他把观察学习过程分为注意、保持、动作复现、动机四个阶段，简单地说就是观察、学习须先注意榜样的行为，然后将其记在脑子里，经过练习，最后在适当的动机出现的时候再一次表现出来。

首先，社会能够制造兴趣，没有兴趣的东西，不会去学，兴趣总趋向于你能感知的最大能差。接下来，就是寻求操作上的异同。最后，因动力和方法的异同，获得结果的异同（也就是行为的感受），自然地持续或者中止。

我们被迫学习的时候，费力还记不住；我们兴趣来了，不怎么费力，不仅记住，还能主动变化。感知的能量不是内容，却是内容的必须。

社会学习和应试教育哪怕内容完全一样，过程也不一样。社会学习是求异的，而应试教育是求同的；社会学习的反馈是自然的，也更丰富，而应试教育的反馈是人为的，还经常错位。虽然，应试教育在学习时间和学习条件上有着无与伦比的优势，却也有着无与伦比的低效。

行为取决于奖励和惩罚。行为取决于对奖励和惩罚的期望也是一个说法。这只是同一构建的不同过程。人的智慧使得人在事情未开始前有意无意调用以往类似的经验建立的能量准备差，我们称之为期望。比事情结束距下一个事件的教训，在时间上更为近。

奖罚在于感受的多向，而心理预期是反向的过去感受，是人对过去感受的反向加工，作为心理标准建设，都有产生差值的作用。

当然，期望能量远不如反馈的能量那么有决定性，同时也说明标准值是一直在变化的。

绩效是强化理论在企业中最多的应用，就是用人为的相对反馈来代替延时和复杂模糊的绝对反馈。要注意的是**反馈和强化是两个概念**，奖罚是强化，而反馈称为高回报和低回报，两种措施也可配合使用。

强化理论效果的关键在于能量堆栈是在意识之外的，把控感觉、导向、确认重于逻辑。其实，还有一种不那么引人注意，我们称之为潜移默化，更强的强化。

行为感受在时间上的积累。

比如婚姻，男人和女人在能差上自然地吸引，同时也是排斥的，因为，能是变化的。

男人是积累释放，而女人是释放积累，所以，爱与恨交织。

但这个只是动物层面，我们的低级神经和动物区别不大，甚至还有很多不如之处（嗅觉在端脑的最前面，我们退化了）。我们比较强的是大脑，性与爱是情绪与情感的不同范围。

婚姻最大的特点就是积累？

不管好也好，坏也罢，一切都会积累。我们通常意识到每一天，而无意识天长日久。

婚姻是人积累潜意识能量非常重要的一部分，因为，时间很长，只是它们不一定是美好的。

快乐、痛苦、烦恼、琐碎。

第一，你能干什么？第二，你干了什么？

而结果是不断反馈的推动。

最大的敌人，完美主义者。

物质从零开始，是不好受的，但精神从零开始的建造是件幸福的事。而从各种意象来建造一定是不幸，因为，行为不是想象的对手。

婚姻是双方贡献和收获的平衡，而这其中的问题是实际的贡献和收获与感受上的贡献和收获在时间轴上的交错。在收付的度量上，无论是想象还是感受一定是不一致的，你觉得很好时可能是对方觉得很糟的时候，饭不能替吃，感觉也一样。但是，什么也没做感觉良好肯定有问题，有行为有积累、无行为无积累一定是不错的，而不同的行为只决定好坏。

最终，时间积累出强化的效果是无法用语言表达的。

配偶相处有两个重要的因素：一个是能量体的差别，比如男女思维有个显著的不同，是有关于重点的问题，集中、分散倾向；而另一个却最好是能级的对等，各有所长，否则失衡也不易积累。

除了爱、情绪累积的强化，常见的还有我们的语言强化。我们的语言除思考交流的意识部分以外，还有非意识部分，用来加强或者减弱力量的表示，也就是说能量的附加。这个能量不仅有大小，还有结构，比如韩语，有个特别的后加强音，听上去比较感性——如果一直去模仿也会变得有点感性。他们是能歌善舞的民族，当然，他们的歌舞和其他民族不一样。西班牙语快而热情，法语柔和，德语的强音很多，也有顿挫感，俄语就是长和卷，一口气说下来，韧劲十足。经过一代人一生甚至更多的百十代人，积累出来的不只是语言本身。儿童可以接受任何一种语言，但老人就困难了。

同种语言能量的结构也是不断在变化，古语倾向于把简单的变复杂，而现代语倾向于复杂拆简单。城市中心口音趋轻，而城郊趋重。

另外值得注意的是不同语言，却可以同样指向和同样感觉，比如“走”和 GO，说听写肯定不同，但控制部分和作用的大同小异也是很有趣的。反过来，不同国家“说谎”一词的语调、语气，对潜意识的影响又不同。

弗洛伊德是讲德语的，西语条框结构理性分析，越分析越清晰，最后出现一个整理过的结构思路环。中文是组合性的，越说越丰富，也可能越乱。国内的心理治疗效果可能还不如算命的，不同的结构能量。

其实，心理问题的主因通常都是心理能量的短期巨大异常或长期积累偏差，而这其中**内容和形式异步**、**正确和效用异步**、**方向和大小异步**。

积累强化的基础和持续，都在于行为反馈。

第 3 节　细节

人因动而有活力，因想而高级。

财大气粗和人穷志短

我们困惑于我们意识对习惯变更的困难。但是，我们习惯变更并不困难，因为，我们的意识仅从方向去变更，而没有考虑到我们习惯背后的能量支持。

如果，有更强大的能量因素，我们的心脉系统和潜意识能量都能发生改变。

钱就是一个强大的能量因素。

财大气粗：指因钱财多而胆壮气盛或敢于花费，有贬义。

人穷志短：指人的处境困厄，志向也就小了。

首先，财大气粗不是“大财气粗”，大财气不一定会粗的。“财大”是指财富的增加，“气粗”有两层含义，一是嗓门的增长，二是能量的增长，二者互为表里。因为，有了金钱的支撑，很多以前可能的障碍就不存在了，能量相对节约和集中，做事相对容易，自信心增强，所以，人的能量系统也相应增长。这又产生了两种相反的现象：一个是有点控制不住的暴发户式的外显；一个是控制得住的决断力和驱动力的增强。

其次，人穷志短，也不是“穷人志短”，穷人志未必会短。而是指人穷了以后，以前不是问题的小事，现在都变成问题了，耗时耗力，能量消耗和分散，最后，很多的小事都克服不了，自信心受影响。当被原本很小的琐事连续打击后，原来不屑的事现在变成了奢望，现在的所获不值一提，慢慢在潜意识里积累负值，增强了调控压抑，长期影响会造成能量系统的衰弱。

所以，这是钱所引起的一个变化。财大人穷都是变化，大财穷人不是变化。一个外界持续变化的能量差，引起了事的变化，延伸至内部的变化。不仅是意识和潜意识的变化，还能够导致情绪生理系统的变化。

能量叠加和对抗都是存在的。一个运行旺盛的能量系统，小的挫折很快就能消化掉，而小的成功是锦上添花；一个运行衰弱的能量系统，小的成功无济于事，小的挫折伤害却很深。当然，这些都是生物基础，人类还有独特的意识调控能力，比较容易的是短期的激励，比较难的是有效措施实现的反作用，一旦克服了挫折，对能量调控和能量运行都会有非常大的增益。

我们可以通过学习来扩展我们的行为，也可以通过锻炼来提升我们的行为。学习和锻炼之间有什么不同？为什么有些行为我们很容易改变而有些很难？

听其言，观其行。

当我们的行为不断重复的时候，我们的行为将会体现我们非常个性的特质，与特质相关的是我们的本性和习惯。

本性难移和积习难改有什么区别？

先天和后天的区别，是这个简单的答案吗？

为什么难？

改变本性和改变积习有可能吗，方法上有区别吗？

坚毅、大气、乐观、敏捷、耐心等，这些都是我们所希求的品质。

懦弱、优柔、悲观、迟钝、毛燥等，这些都是我们想避开的特征。

是不是我们想要就可以有，想不要就可以无？

为什么我们有时热情，有时冷漠？

为什么我们有时无比有信心，有时万分沮丧？

为什么昨天还是兴致昂然的事，到了今天可能已索然无味？

为什么有人勇毅，有人懦弱？
为什么有人恒久，有人浮躁？

如果，你是一个胆小之人，你是否想勇敢就可以勇敢；如果，你是一个懒惰之人，你是否想勤快就可以勤快？

可能，但反过来，也是可能的。你想勇敢的时候偏偏懦弱，可以懦弱的时候偏偏又有惊人的勇敢。勤快也会是这样，你想勤快的时候偏偏很懒惰，可以偷懒了偏偏又太勤快。

让大胆之人变胆小，和让胆小之人变胆大，同样很困难。让勤劳之人懒惰、无所事事，他也会很难受。

偶然改变一会，马上就恢复如初了，这是最常见的现象。

所以，请问主宰行为的是我们自己，还是冥冥之中另有其他？

或如一名研究组织改变的专家所说的："人们并不抗拒改变，他们是抗拒被改变。"[2]

本性和积习如何区分？

幼童经不住很小的诱惑，一旦被拒就会大哭大闹；少年人经不住大的诱惑，年轻人总是冲动；成人的成年在于经历，否则还会幼稚；中年人通常谨慎；老年人控制有余活力不足。一个从动能充沛到势能阻值高控，此消彼长的过程。（动物们动能很足，自控力却不佳。）

对少年人我们说本性多些，对老年人我们说积习多些。但是对成年人，到底哪些是本性、哪些是积习？积习里有多少本性的因素，而本性里又有多少积习的构成？

受，我们每天对应的外部刺激，都会有相同或不同的反应，而这个反应侧重我们的能量系统的体现，这个是本性。

---

2 彼得·圣吉《第五项修炼》，上海三联书店，1998 年。

识，我们长期积累的神经系统的优势反应，这个是积习。它是最强通道，也是最易通道。

它们是同一个能量、调控系统不同的侧重，并没有绝对的分界。

记忆与教育

记忆的问题就是我们想记住的东西不一定记得住，想忘掉的东西基本上也忘不掉。

实际上不去想就可以忘掉，但是，如果没有其他替代品，你很难不去想，因为，我们想忘掉的东西通常能级较高。如果，没有更高能级的竞争，它时不时总要跳出来，因此能量追加。不想是内容，形式却是想。相反，我们记不住的东西通常能级较低。

还有一个原因，就是正面情绪和负面情绪。正面情绪通常让我们很享受，不需要任何处理；对于负面情绪，如果我们不去处理的话，会难受。通常我们认为负面情绪是不好的，实际上，对我们记忆的帮助是巨大的，而且还有机会提升我们处理问题的能力。也就是说负面情绪会让人智慧。不过，我们通常会反过来说："聪明的人多忧愁""没心没肺最开心"。

"人生不如意之事十之有八九。"通常都是聪明过头的人的感慨。傻瓜开不开心不一定，但是，开心类节目傻瓜是少不了的。到底是情节感染了你，还是情绪感染了你？

按照西方进化论的原理，负面情绪可以帮助我们避免被猛兽吃掉，长心眼，以获得生存机会。

但是西方心理学和其他主流理论都视负面情绪为洪水猛兽。实际上，只是名词和动词的冲突，负面情绪是好的，不好的是你没有能力处理。完整的说法是：我们能够应付的负面情绪对我们是有帮助的；而超出我们能力应对范围的负面情绪，累积起来对我们是灾难性的。

在一些很痛苦的环境下，却可能生活着很快乐的儿童；而在一些很美好的环境下，却可能生活着很烦恼的儿童。可能的解释是：

参照对象、适应能力、运动量，而参照对象形成的标准还会向后延续很久。（好的标准是有对比、有变化的标准。）

所以，不要回避、逃避，从小挫折开始渐进锻炼。适当的挫折教育对少年儿童十分的必要，可帮助他们增长处理负面情绪的能力，既能提高智慧，也能提高情商。

进一步说，人没有承担、没有挫折就不会懂事。但目前很多所谓的人为的挫折教育常常达不到预期的心理效果，吃苦像是一个笑话，效果一定为负。

反过来说，正面情绪并不是完全有益的。如果，处于平衡的范围，正面情绪可以中和负面情绪；如果，超出平衡的范围，特别是人为控制，拒绝了基本的处理负面情绪的锻炼机会，不会上心的富二代就是可能的后果（富二代并不是笨，而是基准点偏移，正常的处事和能力都会有问题）。

阅历使人丰富，克服挫折使人坚韧。

情绪是记忆的原因之一。特别深刻的印象和特别的情绪总是相重合。小的正面情绪过了就过了，大的正面情绪才会留有印象；小的负面情绪我们要处理一下，大的负面情绪处理不好会累积，最终可能要治疗。

记忆是人脑对经验过事物的识记、保持、再现或再认，它是进行思维、想象等高级心理活动的基础。人类记忆与大脑的海马结构、大脑内部的化学成分变化有关。

记忆作为一种基本的心理过程，是和其他心理活动密切联系着的。记忆联结着人的心理活动，是人们学习、工作和生活的基本机能。把抽象无序转变成形象有序的过程就是记忆的关键。

西方心理学的记忆理论不是很关注情绪，而是关注流程，各种各样、丰富多到看不过来。也就是关注记忆可控制的部分，而无视记忆不可控制的部分。

第一，是重复理论，就是重复可以获得记忆。实际上，把小的能量叠加，最终能够达到最低限值。所以，我们知道记忆有一个最低限值，过了就能在一定时间范围有效。但是，我们不知道具体的值是多少。西方心理学测试了重复的次数和间隔时间的相关规律、记忆增加和衰退的相关规律，在机械记忆上是有帮助的，但是，碰到有意义的记忆时就不太准。从而进入第二个理论。

第二，是联想理论，联想可以帮助记忆。联想是动用更多的小能量，或者说借助相关的小能量——图形、音乐、故事等，最终目标也是要过最低限值。而且，联想的记忆用的时间少、保持时间长，这可能和我们神经系统的网络结构有关。

第三，是整理理论，就是通过整理联合小能量。不是更多的能量，而是同类的能量整合出更合理的结构。整理过的记忆，比没有整理过的记忆，保留时间长。联想是树的长大、枝繁叶茂，而整理是修剪。当然，一开始就定向培养和修剪，效果是一样的。集中优势兵力，符合能量规则。

最终的结果是树状结构，所以，Windows 操作系统的资源管理器一直是理性的人的偏爱。但是，感性的人不是这样，他们似乎更喜欢桌面，喜欢各种各样的乱放，认为好看美观。理性的人也会用桌面，但一定要把它理得整整齐齐。当然，大多数人介于这两者之间。

理性记忆用西方心理学的编码理论来推断十分合理，而感性记忆如果用编码理论来推断则是非常令人费解。

第四，准备活动，是先轻微活动一下，提高心率，然后再记。很多企业内训课的老师都会用这个办法来调整学员的状态。

第五，等待理论，这不属于西方心理学，而是属于东方的冥想。对同一个记忆，记不住就等一会，等心脉能量提供足够的支持为止。通常，我们花的时间越长，记住的数量越少，记忆越深刻。当然，还有另一种形式，就是转向别的不费脑的活动，过一会再回来，张弛有度。

第六，实践增强，包括情景练习。可能的内容，都去做一下，追加行动能量。

除了海马会与短期记忆有关，我们对神经系统的记忆机能基本上不了解。通常，我们认为过程性兴奋与短期记忆有关，而结构性兴奋与长期记忆有关，而划分过程性兴奋与结构性兴奋的界限是一个值。新的、特别的、足够刺激的信息，我们容易记住；机械重复足够多，很难记住。

也许可以这么说："记""忆"是能量构建和构建能量。当然，不只是记忆，包括意，都是能量在全局和局部的变化。

两个人看见同样一辆车，一个人说破，一个人说好。前者可能只是直观感受；后者可能以前得到过动力操控等技术数据，或者驾驶过，这是以往积累在大脑中势能结构群的作用。问题是我们有很多积累，但用的时候，无法预知哪个会跳出来，也许都不来。内容是我们关注的，而大小变化和运行机制，我们了解吗？

虽然，我们对记忆的原理不是很清楚，但是，我们对各种记忆方式的效率还是了解的。虽然，记忆不是我们教育的目标，但是，我们的教育力气几乎都花在记忆上，最终，我们用了儒家最爱的方式——我说你记（灌输），以记为记，消耗大，收获小。把八股内容换成西方知识体系灌输是现在的教育，变主动为被动。通常灌输是唯一答案，是被动的；而选择是多样可能，主动的。臆执是唯一的，总是有冲突的；世界是多样的，会自动择优的。

刘易斯《马与男孩》："做奴隶和被迫做某事的一个最糟糕的结果就是，当没有人再强迫你时，你会发现你已经失去了强迫自己的力量。"[3]

暴力会使小孩无法学习复杂的步骤，而灌输会使小孩懒于动脑。被迫、被动的负面作用常常不易察觉，而暴力和灌输都可归于强制。强制是一种有效的方法，但若只有强制，坏处就大于好处了。

外力和说理对不同阶段的小孩意味不同，但小孩升级了我们却不知道。

3　戴维·迈尔斯《社会心理学》，人民邮电出版社，2006年。

由于大人自我主控的局限，主动和被动是很难把控的。应该让小孩自己做，多做，并适当支持或限制。

教育不需要改革，而是需要改变。改革是除旧迎新，而改变是多样化，没有多样化就没有进化的基础。但是，多样化并不等于进化，比较和组合才是进阶，10%、20%、30%、40%、50%……百分之五十才是中心线，一定百分比以上的开放系统才会有开放的人才。老师不是传声筒，学生也不是记录仪，评测也需要变化。青春期缺少自然的行为反馈（好成绩只存在于少数人，尖子和学渣的可塑性都不如中间来得大，只是现实都是抢尖子），以至于增长的能力和能力的认定之间无法协调。以不会变的标准定人，还是以人定基准？自上而下地教育，还是从无到有地训练？（教育机构官员是远离现场的领导，还是评测专家？）

国外大学普遍施行的助教和讨论小组制度，在国内没有推广的原因是费用问题、技术问题还是目标问题？让学问从学生自己嘴里说出来，才会形成互动和思想。当然，还有更早的事。

1920 年，在印度加尔各答东北的一个名叫米德纳波尔的小城，人们常见到有一种“神秘的生物”出没于附近森林，往往是一到晚上，就有两个用四肢走路的“像人的怪物”尾随在三只大狼后面。后来人们打死了大狼，在狼窝里终于发现这两个“怪物”，原来是两个裸体的女孩，大的年约七八岁，小的约两岁。这两个小女孩被送到米德纳波尔的孤儿院抚养。人们还给她们取了名字，大的叫卡玛拉，小的叫阿玛拉。第二年阿玛拉死了，卡玛拉则一直活到 1929 年。这就是曾经轰动一时的“狼孩”事件。

据研究，七八岁的卡玛拉刚被发现时，只懂得一般 6 个月婴儿所懂得的事。花了很大气力都不能使她很快地适应人类的生活方式，2 年后才会直立，6 年后才艰难地学会独立行走，但快跑时还得四肢并用。她直到死也未能真正学会讲话：4 年内只学会 6 个词，听懂几句简单的话；7 年时才学会 45 个词，并勉强地学几句话。在最后的 3 年中，卡玛拉终于学会在晚上睡觉，她也怕黑暗了。很不幸，就在她开始朝人的生活习性迈进时，她死去了。辛格估计，卡玛拉死时已 16 岁左右，但她的智力只相当于三四岁的孩子。

“狼孩”的事例说明了儿童时期在人类身心发育上的重要性。人的一生中，儿童时期在生理上和心理上都是一个迅速发展的时期。例如仅就脑的重量而言，新生儿平均约重 390 克，9 个月大的婴儿脑重 560 克，2.5 岁到 3 岁的儿童脑重增至 900 ～ 1011 克，7 岁儿童约为 1280 克，而成年人的脑重平均约 1400 克。这说明在社会环境作用下，儿童的脑获得了迅速发展。正是在儿童时期，人类逐步学会直立和说话，学会用脑思维，为以后智力和才能的发展打下了基础。“狼孩”由于在动物身边长大，错过了这种社会实践的机会，这就使她们的智力水平远远比不上同年岁的正常儿童。

儿童和成人感观都是一样的，不一样的是加工处理的结构化。

西方说儿童神经发育有关键的时期；东方说儿童幼年时期心智是统一的，过了这个时期心智就分离了。大脑皮层的发育会提高行为的方向和持续的能力，但也会提高行为因果的阈值。有一个现象是，成年后就算你有努力的愿望，也没有了努力的习惯，习惯性的技能大打折扣。很多小时候培养出的习惯，对你在成年后的竞争中大有帮助，或者相反。

除此之外，我的很多管理理念都可以从我母亲身上找到原因，譬如下面这些原则：通过竞争去获得成功，面对现实，利用欲擒故纵的方式来激励别人，确定苛刻的目标，严格地跟踪工作进展以保证任务的顺利完成。她在我身上培养出的洞察力从未消失过。母亲总是坚持要面对现实。她的一句名言是：“不要欺骗你自己，事实上它就是这样。”

她总是警告我说：“如果你不学习，你将一事无成，绝对一事无成。学习没有任何捷径可言。不要欺骗自己！”[4]

---

4 杰克 · 韦尔奇、约翰 · 拜恩《杰克 · 韦尔奇自传》，中信出版社，2004 年。

“三岁看大，七岁看老。”有点像迷信和宿命论，其实，这是早期教育的金言。三岁左右儿童能够自己吃饭，具有灵活双手、独立人格，过了这一个窗口时期，再想培养独立吃饭的习惯，窗关上了，留下很多的后遗症。比如幼儿园歧视，比如小学开始手不够灵活，写字、作业很慢。其他同学是把力气花在学习上，而之前被耽搁了的小孩力气全花在跟笔过不去上。七岁看老，是看七岁有没有培养出学习的驱动力。学什么不重要，重要的是得到重复的效果或者说体会。这也是一个窗口，这个时期，具有独立人格的儿童非常乐于学习。但是，小孩知道好玩不好玩，却没有能力知道什么能增长什么不能增长；同时儿童的认知能力有限，可以在非常单调的环境低级重复，所以，需要多样性与集中优势的平衡。最终，真实的前后能力的变化，是以后学习的驱动力。

肢体活动是最基本的，体育是比较好的选择，球类、游泳、自行车、跆拳道，特别是运动之前的准备活动。灵活、速度、力量是后面的事，打开身体、延展身体对儿童来说才是重要的。多样性的肢体活动，可增强控制身体的能力，对身心的发展助力非常大，结果就是每件事都能做得像模像样的孩子。

文艺效果界定困难一些，但更有社会性。这里特别推荐合唱，不仅是乐感（在没有乐感和识谱的能力之前学琴会变技工的，而且，看谱费劲伤眼），凡是只能独唱、和声不佳的，或者只能合唱、独唱就蔫了的，都会有问题。上课时有这样一个技巧：每次独唱机会要保持在少数，再轮换，轮着唱和抢着唱效果大不一样。歌舞在音乐这个能量结构的辅助下，对未成年人的身体和心灵是双重锻炼。当然，跳出来的舞和摆出来的舞效用是不一样的，原生的民族舞不好看但作用大，而表演类的舞好看作用却小，而且负面作用明显。为自己而舞和为别人而舞是不一样的，换句话说，跳舞是因为嗨，而不是为了让别人高兴。（对成人来说歌舞有锻炼的作用，而对身心发展作用却很小了，这也说明歌舞在知识社会的局限性，所以，要从歌舞延伸至更有实效的特长，如同幼狮从戏耍到捕食。）

再有，做家务，非常有效。定期清洁整理，不但能提高儿童动手能力，而且会培养他对自己负责的责任意识，还能帮助他学会不知不觉的坚持。家务也是有实效反馈的。

总之，都是从每天几分钟开始且会变化的持续项目。简单地说，不是知道学习知识和学本领的区别，而是体会到学习知识和学本领的区别。本领在这个阶段是有直接反馈的。

我们的教育曾经有一种普遍的观念，贪玩影响学习；而在大洋彼岸有一个相反的观念，体育是给大脑充电、给心灵加油。当然，玩耍是原地踏步，而体育会有进阶，本身也有一定的区别。

在以上的基础之上，我们把学生分成笨学生和聪明学生，不过，**更多的是聪明而不好好学习的学生**，所以，主动的学生和被动的学生几乎成为优生和差生的同义词。对大多数不自觉的学生来说，并不是一点动力也没有，而是不能平均合理地分配动力。一旦与均匀的课程脱节，脱节就成为负担。未成年人可以因行为反馈获得主动的动力，也可以因强制被动获得动力。主动的学生学不会只是简单的传输问题，而被动的学生学不会则是很复杂的心理问题。主动和被动通俗地讲，就是情绪，不通俗地讲，就是能量的定向。这个不接受意识指向，而是兴趣指向。兴趣是自由的，有价值的兴趣一定建立在好的基础之上。

没有实践，就没有理解的基础。老师觉得重要的，学生不一定那么觉得。

这就解释了这样一个现象，你有了全新的产品之后，告诉预期客户该产品不是什么，往往要比告诉他们该产品是什么还管用。[5]

第一是感受积累，深宫太子很多事知道也不是这个意思；第二是方向，兴趣无趣接受拒绝，不同立场角度接受到的东西也是不一样的；第三，是技巧：

一、基础肯定是重要的，没有基础或者基础不够，就是没有加

5 里斯 · 特劳特《定位》，中国财政经济出版社，2002 年。

法直接上乘法。而隐性基础的作用很难察觉，有些学生上手很快，有些则很困难。到了中学学加法大家都会很容易，而在小学低年级新学就有难和易。隐性基础来自曾经的所做和曾经所做的收获的积累，多样性、广泛性和有意识的回顾都是提高素质的。历练的反面是做得不够多，做有质量的事不够多。但提前学、多学几遍，是培养低效率的方法，养成低效习惯负面作用很大。

二、能量供应的充裕程序。一个取决于身体条件，身体好能量足，兴趣广泛；一个取决于合理安排和配合。另类音乐，你一定会喜欢吗？唐诗宋词都是在文字上的情感，这种感情对有的人来说很美妙，对无的人来说很无聊。把唐诗宋词背成白开水，既不会有诗意，以后也很难有创作。

三、技巧意味着投入收获比。英语是种拼音文字，主要靠拼，而背是象形文字的专利。如果，反过来，英语靠背，几倍于中文的字量，必然无法达成最基本的使用，词汇量够了也用不好，结构不对；中文靠拼则无法构成组合联想，结构是种最有效的能量使用方式。

儿童的学习潜力远超于成人的想象，但只限于主动的部分和感性的部分。成人既是儿童学习的师长，也是儿童学习的障碍。

儿童可以建立非常特别的自我，任何成人和儿童比十年的变化很难比得过。但是，有潜力并不等于潜力发挥。儿童可以学会任何一种语言，而实际上，多数学会的只是母语。所以，复杂的目标和克服困难的能力，还有赖于成人的助力。问题是成人各不相同。

让学生的自我成长，还是让学生限于成人的自我？

还有，课堂反馈是虚拟的，而社会环境是真实的。

某些事只有经历过的人，才会警觉及应对，仅知道并不一定有用。比如我们只学习正确的东西，当不正确发生时多数是弄不清，怎么会有应对？而操作流程中的错误，常做的人一听就知道。还有，没吃过苦不觉得甜，对变化没有认知和信心不会去操作等。

能以史为鉴的，一定是阅历丰富的人，而且，还是有局限。

我们的代沟并不完全是幼稚和成熟、发展和守旧的问题，还有一个时间环境的问题。比如某一类书，在刚引进的时候，通常都是挑选过的精华；而一旦热门起来，大量名称好听的垃圾就蜂拥而至，结果，在几年之间，可接受的信息大不一样。

成人也是要学习的，但是上课对成人来说作用是相当有限的，因为，成人已不能满足为学而学、没有效用的学习，所以，训练更有用。而最有用的是社会训练，主体是企业训练，从一个新人到一个退休之人的变化，就是社会成人教育的成绩单。国际上优秀的非金融企业在这方面无疑也是优秀的。

提升能力与知道更多，无论对成人还是对小孩都是两个概念。

高手和菜鸟之间的差距，有很多说不清、道不明的变化的能力，这不是知道能实现的，而是取决于操作能力。心智（素质）高则效率高。心智经历磨练也会自动提高，能量积累所产生的自动化会有一种一通百通的效果：这是重复的习惯，是双系统之间的习惯，是高能建构——基础好和高能构建——方法好。

最后要说的是，虽然，兴奋能够带来不错的记忆效果，但是，真正能起作用的是持续。而所谓的持续是进级反馈的叠加。复杂和高难的达成，具体操作有两个方面：一方面来自如何拆分项目和合理分配阶段；另一方面是如何保持和增益个体反馈的效用。

成功学与名言

我们调整正常心理能量方法比较成系统的是成功学称谓的“积极的心理态度”，其原理是：

差值，找一个差值，激活一个差值。

别人的成功、正面的词语、名人名言，这些和你的现状都存在差异，而其中有很多能激活你潜意识的能量。

NLP 是神经语言程序学（Neuro–Linguistic Programming）的英文缩写，是由美国的理查德·班德勒（Richard Bandler）和约翰·格林德（John Grinder）于 1976 年创立的一个心理流派。

NAC 则是“神经链调整术”（Neuro Associative Conditioning）的

英文缩写，是由著名的潜能开发大师安东尼·罗宾斯从NLP的博大体系中精简提取出来的。（据说，他跟NLP创始人学了三天就开始授课，并公然挑战权威，引起NLP创始人不满，禁止他用NLP这个词，于是产生了NAC。）

不同的语言词汇具有不同大小的能量，因为是我们对不同能量结构进行了命名，所以，反过来，它们对我们的作用就会有大小。有些词能量比较高，我们通常会觉得重要；而有些词能量比较低，我们会觉得微小。就是说，**是我们命名在了不同的结构上，而这些结构可能激活的能量本来就是不一样的，并且，虽然同一结构每一个人类似，但因为不同经历的不同积累，所以，大小持续却可以差得很远，因此，不同的人能效也会相差很远。**

NLP 12条精髓

一、没有两个人是一样的

No two persons are the same

二、一个人不能控制另外一个人

One person cannot change another person

三、有效果比有道理更重要

Usefulness is more important

四、地图不是领域

The map is not territory

五、沟通的意义在于对方的回应

The meaning of communication is the response one gets

六、重复旧的做法，只会得到旧的结果

Repeating the same behavior will repeat the same result

七、凡事必有至少三个解决方法

There are at least three solutions to every situation

八、每一个人都选择给自己最佳利益的行为

Every one chooses the best behavior at the moment

九、每个人都已经具备使自己成功快乐的资源

Every one already possesses all the resources needed

十、在任何一个系统里，最灵活的部分便是最能影响大局的部分

In any system, the most flexible person has the control

十一、没有挫败，只有回应讯息

There is no failure, only feedback

十二、动机和情绪总不会错，只是行为没有效果而已

Intentions and emotions are never wrong, only the behavior has not been effective

NLP 希望通过可复制的、特定的语言及语言应用的程序，调整人的神经系统，注重语言潜意识及语言潜能，因此，NLP 极有参考价值，但仅是参考价值。

利用语言调整能量有方向上的优势，但有大小上的劣势。千年万年的进化过程，在语言建构时，行为因言为果，建和调不是一回事。佛教和其他宗教都非常重视把语言行为变成肢体行为（语录）。

《阿含经》有十念法门。“念”是对于心灵的一种训练方法，训练自己的心灵，采用“念”的方法。

虽然，念是有效的，但光念是有问题的，是把别人的念成自己的，还是把自己念成了别人。其实，佛教并不在乎念什么，念数和数息都是门法，数、随、止、观、还、净称为六妙门。

另外也还有数不清的成功学语录，其实，成功学最大的亮点就在名人名言，相对来说，企业家的话更有实效，当然，利的左右他们也算得更清。

成功学名人名言

1. 事情的真相要用双手去掌握，光靠阅读或是用眼睛看是无法了解的。——丰田章一郎（丰田汽车公司荣誉董事）
2. 自认从事有意义工作的员工，所制造出来的产品，必定是高品质的产品。——P·G·吉勒汉莫（沃尔沃汽车公司前董事长兼执行长）
3. 拿出勇气！即使被称为胆小鬼也没关系！——松尾静磨（日本航空公司前董事长）
4. 听不到奉承的人是一种幸运，听不到批评的人却是一种危险。——牛根生
5. 对别人有利的，才是对自己有利的。——牛根生
6. 所谓“生活产业”，就是能满足人类食、衣、住、行、育、乐等需求的产业，也就是永远的主流产业。——孙道存（台湾大哥大公司董事长）
7. 再高级的美食也会吃腻，激不起人们的食欲。——孙正义（日本软体银行总经理）
8. 除了赚钱以外没有其他价值的事业，是空洞的事业。——亨利·福特（福特汽车公司创办人）
9. 企业规章制度这些只能最大限度地使一个员工不朝坏的方面发展，却无法使一个员工向善。——稻盛和夫（京都陶磁公司名誉董事）
10. 每次灾难发生时，我都不断努力把它转变成绝佳的契机。——约翰·洛克菲勒（标准石油集团创办人）
11. 管得少，就是管得好。——杰克·韦尔奇（通用电气公司总裁）
12. 看油画的时候，退到更远的距离，才能看明白。离得很近，黑和白是什么意思都分不清。退得远点，就能明白黑是为了衬托白，再远点，才能知道整幅画的意思。打这个比喻是为了时时提醒我们牢记目标，不至于做着做着就做糊涂了。——柳传志

13. 把一件简单的事做好就不简单，把每一件平凡的事做好就不平凡。——张瑞敏
14. 把你的竞争对手视为对手而非敌人，将会更有益。——罗莎贝斯·莫斯·坎特
15. 企业领导者不能凭自己的好恶用人，否则，企业里的人才会变成“清一色”而缺少活力。企业越大，人才越要多元化。人才的多元化反映在不同层面，就是：既有高学历、理论基础强的，也有实战经验丰富、操作能力强的；既有做事严谨、心思缜密的，也有做事麻利、速战速决的；既有服从度、配合度好的，也有个性飞扬、能有自己主张的；既有求稳安定、默默无闻工作的，也有喜欢表达、遇事都要抢着做的；既有务实的、有耐力、能做具体工作的人才，也有务虚的、有好理念、有好方法、能统筹全局的管理型人才。如此一来，企业各种人才形成互补优势，整体素质和综合竞争力将不断加强。企业领导者如果只“好”一种类型的人才，则企业如一潭死水，毫无生机。——佚名
16. 自始自终把人放在第一位，尊重员工是成功的关键。——托马斯·沃森
17. 大成功靠团队，小成功靠个人。——比尔·盖茨
18. 用人不在于如何减少人的短处，而在于如何发挥人的长处。——彼得·杜拉克
19. 能用他人智慧去完成自己工作的人是伟大的。——旦恩·皮阿特
20. 在没出现不同意见之前，不做出任何决策。——艾尔弗雷德·斯隆
21. 我们宣布讲究实绩、注重实效，却往往奖励了那些专会做表面文章、投机取巧的人。——米契尔·拉伯福
22. 决不能在没有选择的情况下，作出重大决策。——李·艾柯卡
23. 奖励什么，就会得到什么。——米契尔·拉伯福
24. 如果强调什么，你就检查什么；你不检查，就等于不重视。——

郭士纳

25. 你不能衡量它，就不能管理它。——彼得·杜拉克

26. 合作是一切团队繁荣的根本。——大卫·史提尔

27. 不善于倾听不同的声音，是管理者最大的疏忽。——玛丽·凯

28. 每一个人都知道，聆听对沟通来说是重要的。……但是极少组织会小心聆听它们的员工以及它们的顾客的心声。——威廉·尼可尔斯

29. 沟通是管理的浓缩。——山姆·沃尔顿

30. 管理者的最基本能力：有效沟通。——威尔德

31. 企业管理过去是沟通，现在是沟通，未来还是沟通。——松下幸之助

32. 管理就是沟通、沟通再沟通。——杰克·韦尔奇

名人名言既有方法的指导，又具备很大的触发情绪的能力，当然，现在最流行的是马云的励志语录。

马云励志语录

1. “营销”这两个字强调既要追求结果，也要注重过程，既要“销”，更要“营”。
2. 必须先去了解市场和客户的需求，然后再去找相关的技术解决方案，这样成功的可能性才会更大。
3. 创业时期千万不要找明星团队，千万不要找已经成功过的人。创业要找最适合的人，不要找最好的人。
4. 创业者光有激情和创新是不够的，它需要很好的体系、制度、团队以及良好的盈利模式。
5. 聪明是智慧者的天敌，傻瓜用嘴讲话，聪明的人用脑袋讲话，智慧的人用心讲话。

6. 当你成功的时候，你说的所有话都是真理。
7. 短暂的激情是不值钱的，只有持久的激情才是赚钱的。
8. 关注对手是战略中很重要的一部分，但这并不意味着你会赢。
9. 绝大部分创业者从微观推向宏观，通过发现一部分人的需求，然后向一群人推起来。
10. 每一笔生意必须挣钱，免费不是一个好策略，它付出的代价会非常大。
11. 男人的长相往往和他的才华成反比。
12. 其实很多人的问题是因为他们回答的全是对的。
13. 如果有两种选择：一是一流的团队，三流的执行能力；二是三流的团队，一流的执行能力。我情愿选择后者。
14. 商业计划绝对不是一个销售计划，里面有无数细节，无数人才的运营。
15. 什么都想自己干，这个世界上你干不完。
16. 什么是团队呢？团队就是不要让另外一个人失败，不要让团队任何一个人失败。
17. 天不怕，地不怕，就怕 CFO 当 CEO。
18. 听说过捕龙虾富的，没听说过捕鲸富的。
19. 我没有关系，也没有钱，我是一点点起来，我相信关系特别不可靠，做生意不能凭关系，做生意不能凭小聪明，做生意最重要的是你明白客户需要什么，实实在在创造价值，坚持下去。这世界最不可靠的东西就是关系。
20. 我们必须在别人改变之前先改变自己。
21. 我们全国各地的公司墙上没有一个贴着价值观的。东西贴在墙上就完了，做不好了。
22. 我们新来的员工业绩不好，没关系，如果违背我们的价值观去欺骗客户，好，你就一句话都不要讲了。不要你说，我也要死了。
23. 我们一起创建的是团队的文化，而不是抱怨的文化。
24. 毋庸置疑，强大的敌人可以让你的努力事半功倍。ebay 走了后，我一直在寻找心目中强大的敌人。我常常对孙彤宇说：如果韩国、日本也有淘宝网的话，我会在第一时间内制订出针对它们的收购计划。可惜的是，前两天看的所谓的韩国淘宝网，只是个专卖韩国化妆品的网店，而且还是内地的……

25. 小企业有大的胸怀，大企业要讲细节的东西。
26. 永远要相信边上的人比你聪明。
27. 在公司内部找到能够超过你自己的人，这就是你发现人才的办法。
28. 战略不能落实到结果和目标上面，都是空话。
29. 赚钱模式越多越说明你没有模式。
30. 最优秀的模式往往是最简单的东西。
31. 做战略最忌讳的是面面俱到，一定要记住重点突破，所有的资源在一点突破，才有可能赢。
32. 我们公司是每半年一次评估，评下来，虽然你的工作很努力，也很出色，但你就是最后一个，非常对不起，你就得离开。在两个人和两百人之间，我只能选择对两个人残酷。

找到激活感受的地方，然后，再改变这个感受的方向，这是个高效的办法。

激活潜意识能量调整出来的情绪能量，有两种特点：一个是情绪能量是即时的，如果刺激不存在，很快恢复原状；同时，这一过程提高了潜意识的能级，同样的外界差值的作用，冥律递减，很快不起作用。

所以，态度调整的心理能量，基本上都是暂时的，如果不能马上起作用的话，过期失效。

态度是否能决定一切？没有态度就没有开始，然而，一切是被决定的，主观和客观的正反两向都是存在的。

不管人们的态度为何，他们的行为都是可以被改变，而行为一旦改变，态度也会跟着改变。[6]

如果，积极的心理态度是天生的，持续作用；如果，积极的心理态度是后天调整的结果，那么，短期调整和长期调整是不同的，而态度只是短期调整。

而这种短期的积极的心理态度，如果不能发挥它的效用，也会有负作用：

打鸡血，网络流行语，在一些网络博客中被形容为“疯狂”“痴迷”等歌迷、影迷、书迷的追星行为；也被用来形容一个人特别兴奋，具有调侃的意味。

被人嘲笑成打鸡血，这不是主要的。主要的是亢奋本身时间不会长，容易产生疲劳，不容易产生实效。

没有效果，态度不会持续；没有态度，效果不会自己产生，但是，态度不等于效果。

心理能量有自己的特点，阳意味着有力，阴意味着持久。

我们中有很多人，有点热闹就兴奋，没有热闹就犯困，这个不叫阳，而叫失阴；什么事都无精打彩，也不叫阴，叫失阳。这是道家的解释。

失阴意味着失去控制，而失阳意味着失去活力。

阴阳相长，其实很费解。我们见过非常积极的人，没有效率地无事忙；我们也见过非常聪明的人，懒到极点。他们对态度调整的需求是不一样的。能量系统没有调控系统的支持，行为的质量会比较低；而调控系统没有能量系统的支持，活力就不足。所以，通常双系统平衡的人比较容易有成就。

能想而不能行，我们可以进行心智锻炼；而能行不能想，我们

---

6 费迪南·佛尼斯《绩效！绩效！》，中国财政经济出版社，2002 年。

也可以进行心智锻炼。动静相宜是需要侧重的：动则活力，静则蓄能。

没有态度我们无法重构调控系统，光有态度是不够的。其实，双系统的长期属性取决于态度对我们的作用，而非我们的使用态度。

消极的心理态度其实也有积极的意义，比如“知足常乐”心里比较平衡，“胆小怕事”安全系数比较高。科技是为了提高效率，但是很多科技发明却源于懒惰。

所以，只要用得好，消极的心理态度也可以有好的效果。关键是变化，不固执，其中心态调整最有效。

心态就是变化结果的比较对象，或者变化预期值，以达到内外能差的变化，心态变好或者变差。

马斯洛：“心态若改变，态度跟着改变；态度改变，习惯跟着改变；习惯改变，性格跟着改变；性格改变，人生就跟着改变。”

不能认同“态度改变，习惯跟着改变”：习惯改变不是跟着态度改变的（习惯通常跟着行为反馈改变，它们和态度的方向、大小都不一定相同）。心态倒是对态度有长期的作用，而且，我们知道控制好心态对我们身心很有利。

完美主义者的心态会很差，因为，所有的差都是预期完美与现实不完美之间的负差；而追求进步则不同，预期是现实的不完美，只要比现在好，因此，行动会带来很多的正差。

心态只是我们内境能量动态基准的变化，结果会积聚能量或者自我消耗，达成不同的效率。区别只是观念上绝对和相对的取向。

中国有句俗语“退一步海阔天空”，这并不意味着退二步退三步一直退下去，退到天涯海角无路可遁。

《菜根谭》：“交友须带三分侠气，作人要存一点素心。”“处世让一步为高，退步即进步的张本。”“待人宽一分是福，利人实利己的根基。”

所以，“退步即进步的张本”才是“退一步海阔天空”完整的意思。

年广九：“我卖瓜子的时候，别人买一包，我就会另抓一把给他，他要是不要，我就硬塞，所以别人都叫我‘傻子’。”

反过来说，是别人占便宜造成了大卖。同样，别人赚钱的希望和驱动，力量是非常大的，淘宝就是这样。

刘永行：“东方希望为什么能挣钱？因为我们帮助千千万万的农民赚到钱，所以我们才能赚钱。所以，我一直在企业内部树立一种这样的文化，一定要把自己赚钱建立在别人能赚钱的基础上，这也是希望集团从川中一个小城慢慢发展到全国、走向世界的一个基石。”

调整态度、调整心理能量的关键是差别，而差别一直在变化，所以，态度也一直在变化，但我们可以通过行为的反复提高我们调整心理能量的能力。

第四步

态度（Attitude）—知识（Knowledge）—技巧（Skills）—习惯（Habit）。

这是卡内基训练所推崇的成功步骤，有意思的是他们向你介绍，技能是成功的重要因素。

根据福特基金会调查，企业成功人士认为他们成功的原因，专业知识只占15%，而态度与技能占85%。（专业知识仍然很重要，只是职位越高专业运用比例相对会越少。）

而他们培训的却是技巧。

第一阶段：学习态度
第二阶段：正确知识
第三阶段：技巧
第四阶段：习惯

“Skills”可以翻译成技巧，也可以翻译成技能。技能和技巧是有区别的：技巧能够体现非常的巧妙，难者不会，会者不难，也许一下就学会了，也许怎么样也学不会；技能则强调等级，一点一点提升。

这样的翻译也许只是无意之作，不过也反映了一定的现状：是倾向于学习投入少产出多的技巧呢，还是训练有多少投入就有多少产出的技能呢?

这只是一个小问题，还有一个大问题，就是：态度、知识、技能可以改变行为，你可以不断地改，但是，不是所有的行为都能化成习惯。

只要有感受，你就会有改变行为的动力，而行为成为习惯必须有足够的对这一行为的正向感受积累。但是，前面这个感受很容易获得，所以，我们经常有行为的改变；而后面这个感受，也就是色受想行识里的“识”，并不是那么容易获得。通常在没有积累到足够的必须的下限的时候，我们就坚持不下去了，或者，这种行为根本就不可能产生正向感受，还有投入大于收获，或者技术难题，总是问题多多。

不过，这个感受没有谎言。一些不好的行为很容易产生足够的“识”，而好的行为产生足够的“识”却异常的困难。

在习惯产生的过程中，态度、知识、技术这些意识因素占了多少百分比？不知道。行为的感受占了100%，少1%都不行。

这是习惯产生的根本原因，也是行为重复的本质。

你有别人没有的有效技能，你马上能获得足够的行为感受。
你有别人学不会的技巧，要看多少价值。

你有别人没有的知识，要看能不能派上用处。

你有别人没有的态度，要看能产生什么样的行为。

你的行为很有效，很快会成为习惯。

态度、知识、技术这些都只是准备工作，可以帮助你一点一点增加行为的有效性，但它们不是行为的本身。

态度、知识、技能影响习惯的质量，而行为（Behavior）及行为反馈（Behavior feedback）决定有没有习惯。

态度的位置排在了第一，一切的开始，没有能量不会有改变。认知模式和心智模式都会改变态度，但它们完全不一样：认知通过建立新点、新联系、新通道改变态度，而心智是提高能级引起流动改变态度。

在实际操作过程中，知道做不到的，或者没做，和不知道相差不远，没反馈；而锻炼身体和锻炼心智是不同的，身体指标很容易测试，而心智很难，心智非心非智，既心于智，也智于心。

无论如何改变态度、知识、技术、行为都不会产生习惯，**直到在方向上积累了足够的正向感受（足够的负向感受会中止习惯），哪怕这个“感受”是错觉也无妨。**

两个成功学大师加一个管理学大师：

拿破仑·希尔（1912—2004），代表作《思考致富》《人人都能成功》。特点是强调积极的心理态度。

彼得·德鲁克（1909—2005），代表作《管理的实践》《卓有成效的管理者》，特点是目标管理。

戴尔·卡内基（1888—1955），代表作《如何赢得朋友和影响他人》。特点是注意人际关系。

他们正好对应了态度、知识、技巧这三个领域。

美国的拿破仑·希尔特别强调成功最重要的因素就是要有积极的心态："成功的态度最重要，有积极的态度就有积极的人生。"一份由研究机构所进行的万人调查显示：决定一个人成为成功者的最关键要素中，80%属于个人自我价值取向的"态度"类要素，如积极、努力、信心、决心、意志力等；13%属于后天自我修炼的"技巧"类因素，如各种知识和能力。7%属于运气、机遇等因素。客观环境固然很重要，它决定一个人暂时的成败，但如果一个人有积极的心态，激发高昂的情绪，克服抑郁、消除紧张，就能凝聚成功的行动力量，从而实现人生的进步及事业的成功。

拿破仑·希尔开创了态度调整动力，后人经过继承发展，产生了许多有效的方法。积极的心理态度，是使用态度来对情绪能量二维方向进行增幅。但是，《态度决定一切》这本书是牧师（神父，罗曼·皮尔）所作，也就是说它在神学范围内有效。

现代管理学之父，大师中的大师——彼得·德鲁克的关于自我管理的理论，他在《二十一世纪的管理挑战》等书中写道："事实上，管理不等于企业管理，正如医学不等于妇产科一样。妇产科是医学的一部分，同理，企业管理是管理的一部分。""有伟大成就的人，向来善于自我管理。然而，这些人毕竟是凤毛麟角。但在今天，即使资质平庸的人，也必须学习自我管理。"关于目标管理的理论"不是有了工作才有目标，而是有了目标才有工作"，关于时间管理的理论"如果不对时间进行管理，那么任何管理都没有必要了"等现代管理理论十分精辟。

目标管理之意，在于一个复杂的目标经过分解，由不同的人在不同的时间简单完成；或者，不同人的目标，经过整合优化，达到效率的提高。而成功学的目标，通常是一个人的目标，分解不是主要的，只是借名而已，主要是夸张目标与现实之差，促进自己的行为。也就是说执行并不是重点，重点是应激。

戴尔·卡内基《如何赢得友谊与影响他人》（中译名《人性的弱点》）英文版销量高达1500多万册，被译成许多语种出版。他的著作之所以如此受读者欢迎，在于书中讲述的故事真实，说理性强，阐明的法则简洁而具有普适性。

他有两句著名的格言："相信你成功，你就能成功""学会喜爱、尊敬与欣赏他人"。他的另两本书《如何克服忧虑开启新的人生》（中译名《人性的优点》）和《如何充满自信地进行公共演说》（中译名《沟通的艺术》）一直是全球自我教育与成人训练的范本。

这些书名的翻译多少有点离谱。

"伪"能把实用的东西变得不认识自己，把有效的东西变成美丽而表面的面目全非，失去了本真，也失去了发展的可能。重点在怎么做还是重点在怎么说，不仅是态度，还会是思想流派，面对现实或回避现实。

人性的误区，在于只看见一面，而且总是喜欢看好的一面。但是另一面肯定是存在的，如果想要回避而不去面对的话，它反而会扩大，因为没有了处理的经验和能力。现实是相对的，思想也是相对的，臆想是绝对的。一元的世界，它只可能出现在想象中，它绝对是不现实的。它一旦出现在现实世界中，现实世界一定会为它配出另一端。

科马克·麦卡锡·路："世界没有悲剧和喜剧之分，如果你能从悲剧中走出来，那就是喜剧，如果你沉缅于喜剧之中，那它就是悲剧。"

态度、知识、技巧、习惯是一种方案，还有很多种方案，各有各的侧重。这里有一个简单的新人四步骤：

第一是鼓起你的勇气，创造你的活力。

第二是持续，也就是控制。

第三是经验。

第四是团队，或者说是人际关系。

有人有活力，但控制不住，兴一时，败一世；有人有控制力，但却没什么活力，也许能稳定地做些事情，却不能获得好的机会。接下来，经验通常来自于比较的对象，好单位、顶级单位锻炼人；而团队能力的积累都在于环境（合作与对抗）。这其中有心无心，进步的效率相差很远。

如何管理控制欲望？这是我们改变陋习常见的困惑。

你最擅长什么？你最不擅长什么？为什么？

答案通常是：经常。

那么经常锻炼是否能提高控制力？

不一定。

我们的行为是欲望驱动的，欲望是有方向的，经常会增强某一方向的活力，不常则会衰减，这是与控制力相左的规则。正向欲望经常锻炼会更合意，负向欲望则会更糟，所以，回避或他向消耗也是有效针对。

习惯是行为的聚合，也因此是最有力的行为。改变习惯有两个方面的因素：一个是动力，我们改善对态度主动和被动部分的控制，以期增强和合理心理能量；一个是操作方法改进，是做好而不是知道，我们需要磨练。两者不可缺其一。

理入和行入

读万卷书，行万里路。

达摩："夫入道多途，要而言之，不出二种：一是理入，二是行入。理入者，谓藉教悟宗，深信含生同一真性，但为客尘妄想所覆，不能显了。若也舍妄归真，凝住观壁，无自无他，凡圣等一。坚住不移，更不随于文教，此即与理冥符，无有分别，寂然无为，名之理入。行入者，谓四行，其余诸行悉入此中。何为四行？一报冤行，二报缘行，三无所求行，四称法行。”

理入和行入是佛教用语，意为修持佛法有很多很多的途径，归根结底不出思想和行为。通常情况下思想决定行为，而行为通过潜意识一样决定思想。

读万卷书是理入，理入是没有感受的，或者说完全的字符感受，通俗的说法就是不理解。不理解的东西是不能成为行为支持的。

行万里路是行入，行入是没有复杂结构的，通俗的说法是流于表面难以深入。

如果不读书，行万里路也不过是个邮差。

所以，理入和行入，一定要在一起。

行者无疆，行者的驱动力是强大的。人是动物，**一旦行动起来，能量系统一定会有一个自然跟随，活力也随之而来**。行走是人的最基本的行为，只要会调速行走即是活力。行走比慢跑强大的地方是持续能力和稳态（运动不足和运动伤害的标准是促进还是损伤“微循环”），行走也意味着阅历，不同的地方、不同的时间，意味着不同的感受。行走的力量意味着越走越强大。现代人非常需要行走，因为，读书（或网瘾）之毒。

“读书破万卷，下笔如有神”，这句诗前面的句子“儒冠多误身”也被辛弃疾引用，一方面玲珑机巧，一方面无动手能力。

“书是人的良师益友”，那要看作者是谁？读书就是和作者交流，不是和任何人交流都可以获益的，所以，书不一定是人的良师益友，只是和不同的人交流而已。只有部分人是良师益友，有些人只是发发牢骚，有些人编编幻觉，有些人还是损友。书有一个大优势就是和伟人交流，因为，伟人不易见，偶见也交流不出深度。但是，那些为写而写的目的不正的垃圾，不止是浪费读者的时间，还是精神麻醉品，脑残书，越读越残。

所以，先要判断书是促进行为的，还是抑制行为的。

接下来，不只是什么书的问题，还有怎么读的问题。把所有的书当《论语》读，就僵掉了。

现代生活中，影视是一个比书更普遍、影响也更大的全方位思维意识及非意识的交流媒介，更高的能耗和干扰，并且现在多数人是从小看起的。

西方的动漫主流夸张行为，给人的感受是促进行为的正值；岛国的动漫主流夸张意识，给人的感受就是负差，对青少年沉重残害。

一个社会过度的演戏，如同一个企业过度的广告，真实不如戏那么精彩，而且还难，真实就会流失。

电影通常被人称为成人动漫，银幕英雄远比生活中的英雄战无不胜，但那是假的。角色比你强得多，但演员就不一定了（除了挣钱难度），歌神、歌王除了唱歌，也未必有什么其他的强项。个体的实际能力强度与偶像的虚拟强度之差是社会能力基础的表现。通俗地说，越把偶像当回事，你自己就越不是回事，自我认定值低还没有上进心。引动神一样的感觉，虽然，能量位置很高，在幻梦的范围无往而不利，但也只是一种感觉。

如果没有能力超过你所崇拜的明星，哪怕是你的强项明星的弱项，那么，这个崇拜多数是有害的，单向的设定是通向意识奴隶的道路。如果虚拟的英雄扫清了现实的英雄，那么，这是一种扭曲。电影里拳头硬的是英雄，现实生活中拳头硬的是痞子，对面不存在子弹的英雄能满足心理虚幻却虚弱了现实（有一次看一部西藏公路建设的纪录片，当那些英雄们大口啃着馒头的时候，发现原来他们就是偶然发点牢骚的父亲和他的同事、一群参加过抗美援朝或援越的非常普通的老人，他们不是电影英雄的对手）。当然，作为色彩的音乐，调节情绪还是不错的，但是，一旦偶像产生，一方面说明你自己动得太少，另一方面说明负作用就要升起了。

电视本可开扩眼界，但一旦成迷，自控能力会大幅下降，易受外界因素摆布，且恒心也要全靠外界了。这其中，臆造剧和纪录片的吸引力与作用相左。上文曾提到过的俄国女士，亦为此例。

过度地读小说和上影院的习惯，会在这个方面制造出真正的恶人。一名俄国女士为剧中虚构的角色而哭泣，而她的马车夫却冻死在了剧场外面他坐的地方……

这样的人内心充满了习惯性地经过却不能促成任何行动的情绪。[7]

相对的崇拜角色，是一种尊重；而绝对的崇拜，是错觉，是这一方向的被动能量增长越过了主控的能力，幼稚。

演员的智力和心力主要都是用于务虚的，就是说比医生更像医生，但只会看医生而不会看病，其知识结构主要就是装，专业和职业的。

表像的吸引力总是存在的，特别是在从无到有或者接受机械教育的阶段，只是，玩虚的结果是更虚，停留在浅薄还是回现实，这是成长的问题。

一般来说，社会地位越高、能力越强的人越不容易产生偶像崇拜，而是更加相信自己，分辨作假的能力也强；反之，则容易拜倒，迷失于脱离现实的期幻。当然，这也是社会结构的问题。

同样的现象，还有高大上的领导，也是被扭曲的。有很多人喜欢骂领导，认为是领导给自己带来了不幸，而其中的一个原因，是下属的依赖和被动以及一切皆为赏赐的心理，使领导对下属最基本的尊重变成了多余。

传统媒体的特色，就是单向，并且会培养被动的习惯。而有作为一定是双向的，不仅有主动的习惯，还能应变而不自我中心（媒体经常虚拟自我中心代入感，这也是一种“神奇”的培养）。

思想建立在行为上，诸子百家；思想建立在思想上，文人墨客。诸子不再有，不完全是因为“罢黜百家”，而是，没有了思想的基础。

韩非子《五蠹》：“今人主之于言也，说其辩而不求其当焉；其用于行也，美其声而不责其功。是以天下之众，其谈言者务为辨

7 威廉·詹姆斯《心理学原理》，中国城市出版社，2003 年，173 页。

而不周于用，故举先王言仁义者盈廷，而政不免于乱；行身者竞于为高而不合于功，故智士退处岩穴，归禄不受，而兵不免于弱，政不免于乱，此其故何也？民之所誉，上之所礼，乱国之术也。今境内之民皆言治，藏商、管之法者家有之，而国贫，言耕者众，执耒者寡也；境内皆言兵，藏孙、吴之书者家有之，而兵愈弱，言战者多，被甲者少也。”

书是人类进步的阶梯，没有书你无法与古人交谈、无法与异域的人深谈，但是，有些书真害人，制造战争，杀灭思想。

绝对的理入和行入都是畸形的。理入没有行入的配合，只是花言巧语加胡言乱语；行入没有理入的配合，有可能徒劳无功。那么先有鸡还是先有蛋（鸡蛋问题其实很简单，基因突变肯定是从蛋开始的），进入角色行入有优势，进入角色以后理入有优势，之后循环步长和频率更重要。换种更通俗的说法，没有足够的感性认知，理性知识是空洞的、乏味的、无意义的；有了足够的感性认知，而没有理性的归纳、整合，就难以进阶。

从方向的角度，理入是长效的，行入是即时的；而从动能的角度，行入是长效的，理入是即时的。没有行入就没有动力，没有理入就没有结构，理入是由繁入简过程，而行入是由简入繁过程，殊途同归的是困难变得简单。

行入是在特定方向上激发能量，理入是将能量引向特定方向，各有所长，相辅相成。

最终，行入没有足够的重复不能产生理入的基础；理入没有足够的重复积累不出行入所需的技术，行入理入没有足够的反复交替就不会提升。

活力来自心脉系统，定力来自中枢神经，这是人行为的两个能量中心。

人因动而有活力，因想而高级。

行上之想需智力，想上之行需动力。个人的强大在于行想之间，在于心智之间，在于历练，知之为白知，用过是知也，善用是大知。

定向与持续

我们的想法不一定马上就能改变，即使我们的想法马上改变了，我们的行为并不能完全马上跟随思想，主要是因为这个方向的动力不足，而且，在其他的方向也存在了能量的制衡（有时是助力）。通常，任何一种重要的重复行为，都是由行为积累感受所带来的，我们可以向所有方向积累，但优势只在少数地方。

一次行为和两次行为相差不大，一次行为和十次行为有点差别，一次行为和一百次行为很大差别，一次行为和一千次行为天差地别，一次行为和一万次行为完全不是一回事。

中国有俗语："心在哪里，智慧就在哪里"，或"心在哪里，收获就在哪里"。西方心理学"注意"主要指方向，而集中注意力就侧重能量调整了。传统中"心"的指向，用心——带上心的感觉（认真），其实是神经系统和能量系统的一个配合，是一个高能级的注意以及随之而来的高能级的积累构建，高能是动力也是能力变化的原因，反之，称为心不在焉。

只要有事做就会有锻炼，只要仔细做就会有经验，只要认真做增长就会高效，只要反复做就会有易化。

克里克原则："你经常谈论的事情就是你所感兴趣的东西。"

哪里有关注（能量定向）哪里就会有能量积累。能量定向有两种：一种是意识定向，一种是感受定向。意识定向趋向控制，感受定向趋向自然。但是，能量积累也有两个方向：正向和负向。这取决于反馈，也决定了持续与否。

第 4 章

人的潜力

人有没有潜力？没有和有，同时成立且不矛盾的理论。

人有没有潜力?

这个答案很简单，有或者没有。但这是个复杂的问题，它涉及你人生的经历和态度,同时,它也是成功学的基石(强制性选择“是”，否则，人没有潜力也就意味着成功学不成立）。不管选择否定的答案还是肯定的答案，我想你应该有一些理由或者仅是一个说法。好了，在回答这个问题之前，我们先来看一看下面这一系列假设。

假如，你发挥了你的潜力成为世界上跑得最快的人，把你放到非洲的草原上,你觉得你是能跑得过羚羊斑马,还是狮子或者猎豹?

假如，你发挥了你的潜力成为世界上游得最快的人，你觉得你是可以比河里的鱼游得快还是比海里的鱼游得快?

假如，你不仅游得最快而且耐力世界第一，现在要你和一只海龟来比一下横越太平洋，你认为谁会赢?

不过，我们知道，今天，要和一只海龟比横越太平洋，是很容易胜出的。

只要口袋里有一定数量的钱，我们可以坐飞机。

口袋里一定数量的钱，它的含义是什么?

首先，要有飞机，对不对?要有飞机，就先要制造飞机；要制造飞机，就要有技术和材料；要有材料，就要有采矿和冶炼等；接着还要有油，没有油飞机不能飞，就要有石油化工等。

最后，航班也很重要。

如果，一年只有一次航班会怎么样?

第一，挤得上这个航班吗?

第二，一年只能在某一时，赢一次。

如果，一年只有一个航班，那么，你是否有这个能力就要打个问号了。

好，我们具备了超越海龟横越太平洋的能力，第一个原因是航班在重复，第二个原因是这个重复的后面有着更多的重复，对吗?

同样，如果我们有车，猎豹的 135 公里 / 小时不算一个很高的速度；如果我们有快艇，和鱼比一下也不一定会输。

也许因为，我们是智慧的动物，不应和动物们比初级技能。那么，如果你发挥了你的潜力成为世界上最聪明的人，把你放到一群最聪明的猩猩中，你是否能用你的智慧成为它们的首领?

即使是人类也不是按智慧来排定等级的。有句话叫“秀才遇见兵，有理说不清”，其实，人类也是按照力量来排定等级的。只有当智慧发挥出力量时，才会得到参考，否则，政治和金钱更管用。

再假如，有一天，你发挥了你的潜力成为世界上最聪明的人，并且成为这一群最聪明的猩猩们的首领，那么，你是否能带领它们去制造一辆汽车?

人类的强大能力是显而易见的，无论是航天器，还是日常如飞机、汽车、电脑、手机……同时我们也知道，每一种强大的能力都源自很多很多人很多很多的重复。但是反过来，很多很多人很多很多的重复却未必能产生强大的能力。重复——有什么不同?

一个人一定没潜力，很多人不一定有潜力。

一个人的潜力不会超越一颗心脏的总功率，不管他是什么大将大王大圣大师。体育运动冠军的成功来自他的观众和赞助商，放在一个荒漠的村落，世界第一和村落第一没什么区别，没多少人会付钱；帝王的威势来自其守护者的质量；圣人的影响来自其话语或经文追随者的数量。

一群人的潜力，不一定会有，也不一定没有。

他们的区别是什么?

第 5 章

群体结构

如果说，个人的重复是纵向的、时间经度上的，那么，很多人的重复就是空间纬度上的。最终，时空的经纬会给出一个答案。

第 1 节　个体和群体

因为不同我们合作，因为相同我们竞争；反过来说，
因为不同我们争斗，因为相同我们团结。

异同

我们通过他人延伸自己的能力，通常取决于我们与他人的异同。

第一是一技之长。

自我、自立是合作的基础，而这通常来自一技之长的建设。

如果一个人除了吃什么也不会，不知道有没有人愿意与其合作？

所以，首要的是个体之长。个体的一技之长在任何地方都不重要，因为，一技之长意味着学习的能力。在任何一个地方，都没有所长，合作就困难了，被利用的可能却增加了。

一技之长就是有质量地和别人不一样。

异重要还是同重要？

不同意味着思维方向上的丰富，而且，不同能造就更多的不同。生物多样性、种群多样性在生物学界就是真理。一旦跌入最低限值，灭绝是不可避免的。

达尔文主义明明是要保持物种多样性，社会达尔文主义搞成种族灭绝完全是读书不认真的结果。

自然的优胜劣汰与人为的刻意不同的是背后支撑的持续性，自然的多样性候机而发，而人为的多样性很难长期保持和延续。

不同更意味着驱动，不同的数量越多，驱动的次数就会积累，因为，人的感受受到自己内部能量结构的限制，外界的不同未必能

进入内部，所以，需要不同的外界刺激，以适合不同的内部，以及不同的阶段（同学的话好懂，老师的话费解）。因此，群体的驱动远大于个体。

沿街叫卖的小贩很了解聚合的效力，因为他们在人行道上排成一排，通过反复恳求的作用，过路者通常从他们中的最后一个人那里购买他在第一个人那里拒绝购买的东西。[1]

也可以说是差别比较的积累。

不同的概念相交也会产生新的方向和自动的推力。

原则如果没有细节的支撑，那就都是大话、空话、废话。细节如果不是原则的体现，那就都是小事、无所谓的事。（战略如果没有战术的支撑，那就是美丽的谎言。战术如果不是战略的体现，那就可能只是捡了一粒芝麻。）不要为了原则而原则，不要为了细节而细节；不要为了制度而制度，不要为了战略而战略。

细节能否决定成败?

细节是否魔鬼?

细节是有能量的，但很小，如果没有足够的定向堆积，什么也不是。

并非所有的细节都是关键的，关键的是那些背后隐含着巨大能量趋向的细节，通俗地说，是数量和频次。

一场大的战争成败与否，既不取决于战略，也不取决于战术，而取决于战略和战术之间的关系。

同样，一家企业的成败，也取决于战略与细节之间的关系。从战略到细节，我们通常叫执行；而从细节积累到更合适的战略，我们称为远见。

我们可以这样说，纯战略空，纯细节散。只有当细节积累出战略意图，战略有足够的细节支撑时，才是成功之道。

1　威廉·詹姆斯《心理学原理》，中国城市出版社，2003 年。

创新是一种不同，但是，不要为了创新而创新，因为，那个创新往往没有什么存在的理由或者支持。

重复是一种相同，相同的重复，意味着落后和下坠。

所以，我们可以为了重复去创新，为了创新而重复。这样创新积累了支撑，重复获得了变化。

但是，求异重要，并不意味着异比同重要。

因为，我们大部分是相同的。吃草动物对草的感觉类似，吃肉动物对肉的感觉类似，存在我们群体中的是人的感觉。如果，我们大部分是相异的，我们可能无法沟通，更加谈不上合作。男女不同，实际上大部分是相同的。

神经系统强的少数人，不一定是非常好的事，因为，你不合群，你很多的想法是和别人不一样的，所以，很难在社会中获得比较好的位置。而心脉系统强的少数人，会非常幸福，想法和别人差不多，做法更积极，会比较容易取得好的位置。有句玩笑话说领导都是愚蠢的，也部分说明了这个情况，多数情况下，都是心脉强者升到了自己也把握不住的位置。有的 CEO 即使毁了公司，也不会认为是自己行为造成的，有很多这样无知者无畏的超人。而第一代的领导总是健康过人，有些 IT 领袖连计算机都学不会。

无级别赛车，马力大的优势很难被赶超，直至马力大到了自己也控制不住；而高级比赛，有很多人为的限制，操控才成为主因。

别于众心力，众于力智慧，心智是分开的。

第二是异同的效用。

相同容易集合，不同更易合作。

我会的，你也会；我不会的，你也不会；我有的，你也有；我没有的，你也没有，我们合作什么？

反过来，我们都是南方人，那么就很容易对北方人产生一致的看法。

然而中国人对美国的看法大体一致，而美国人对中国的看法和态度却千奇百怪。

从小学开始我们学的都是一样的，就会比较容易产生一致性观点和看法，在分数上只有竞争没有合作。而有些地方从小学开始就强调个性化教育，大家意见千姿百态，不容易一致，在成绩上倒可以合作。过度的相同会失去合作的条件，过度的不同会失去凝聚的基础，**而这两者本来并不矛盾。**

群体的驱动远大于个体，一方面，是因为有着丰富的不同，差别驱力；另一方面，却是因为相同，集合驱力。

因为不同我们合作，因为相同我们竞争，反过来说也可以，因为不同我们争斗，因为相同我们团结。

分合相群。

“不偏之谓中，不易之谓庸。中者，天下之正道，庸者，天下之定理。”中庸之道与异同之理是完全相背的，这里的关键就是变化。不偏不易就是不希望变化，而能差的相对还是叠加都是有可能的，异差变化趋同，同积变化向异，变化是根本，否则，异同都没有效用。

相同和不同都是具备能量因素的，但是，相同和不同都不一定能带来集合和合作，因为，级别不同。同质化可能是成本竞争，差异化可以产生协同合作。这有一个重要的前提就是水平相当，否则，既不是竞争也不是合作，而有可能是利用或者欺负，如把重污染转移等，推动或者榨干都是有可能的。所以，异同之前是自立、自强。

第三是一呼百应。

从自强开始，而效果只有形成有效的群体结构以后才会有。

能聚的结果是结构，能差的结果也是结构，而好的结构一定是能差和能聚的双重结果，是一种能差变化和能聚变化的持续过程。

中间变量

社会心理学本身有两派意见的对立，一派是社会学的社会心理学，一派是心理学的社会心理学。

从社会心理学诞生之日起，以罗斯为代表的社会学的社会心理学和以麦独孤为代表的心理学的社会心理学分别代表了两种不同的研究取向，后来又出现了文化人类学取向的社会心理学等。社会心理学不同研究取向有各自不同的基本特点。心理学取向的社会心理学试图从个人的人格结构中求得对人类社会行为的解释，强调个体变量的重要性；社会学取向的社会心理学通过社会地位、社会角色、社会化等“塑造群体”的因素来研究人们的社会互动，并进而达到对人类行为本质的解释，强调社会群体变量的重要性。文化人类学取向的社会心理学是从文化因素入手探索有关人类行为的解释，强调文化变量的重要性。但是，个人、社会、文化是紧密联系而不可分割的，彼此之间的互动是持续不断的。要充分准确地描绘人的社会行为，单一的研究取向是难以实现的，必须建立一种综合的研究取向才有可能。从 20 世纪 40 年代末和 50 年代初开始，欲图将社会心理学的不同研究取向加以整合的努力得以具体实施，尽管许多人做了大量工作，但学科间的联姻却未能获得预想的成功。

社会心理学和群体心理学相比较，社会心理学可以包含一些群体的内容，而群体心理学会把社会当作一个特殊的大群体对待。

社会心理学是研究个体和群体的社会心理现象的心理学分支。个体社会心理现象指受他人和群体制约的个人的思想、感情和行为，如人际知觉、人际吸引、社会促进和社会抑制、顺从等。群体社会心理现象指群体本身特有的心理特征，如群体凝聚力、社会心理气氛、群体决策等。

社会心理学的名字比较有气派，但这个比较气派的名字虚化了那些能够对心理起作用的重要因素，显得泛泛而谈。换种说法，看上去很丰富，但社会对个人心理影响一旦具体化就非常的皮毛，所以，至今也没有形成有影响力的理论体系。

元首和市长都是社会影响力最大的人之一，对个体心理起的作用却不一定比上司多。

我们的研究表明，这些标准并未切中要害。我们并不否认这些针对员工的举措的重要性。而只想强调，你的顶头上司——经理才是重要的。[2]

群体心理学的名称显得比较小气，群体只是社会—群体—个体的中间变量。但这个中间变量并不是简单地承上启下，**而是社会最大力量的原因**。

对绝大多数的人来说，个体很难撼动社会；对极少数举足轻重的人来说，说一句话，威震四方，但就是这些人也是要通过一定的小群体的层层传递才能发挥社会作用。

人是社会性动物。对我们来说，社会是通过一部分人和我们相互作用。我们受这部分人影响，也影响这部分人。这部分人重点在于心中占位，而心中占位的原因是其结构化。跳过这部分人研究社会心理学，能够比较容易地寻求分类差异，但也容易丢失因由。

所以，有了群体这个中间变量以后，产生两个区别：

变化的群体，产生变化的个体和变化的社会——动态。

组合、构建金字塔——群体心理是心理力量之最。

人群和人群有什么不同？

为什么在西方有效用的方法，到了东方就不行？

反之，亦然。

或者更小的范围，山北、山南、江东、江西。

更小的范围，朋友、闺蜜。

只要两个人以上，心理就会有变化。

由于人生理结构相同、感观近似，而且生活环境相近的人连感观积累都是相近，所以，人对人很容易有共感，也最容易受影响，

---

2 马库斯·白金汉、柯特·科夫曼《首先，打破一切常规》，中国青年出版社，2002 年。

而且一旦形成群体，影响力是倍增的。

亲属、同事、领导、朋友、导师、偶像（不一定认识但在心中占位极大）、服务人员、媒体、上下链、陌生人群（村和城市大大不同），最终，不同群体的影响。

如果没有社会，群体就自建一个，如果有社会，一定会通过群体，点滴反复，作用甚大。

在现代社会心理学里，从众是一个比较著名的群体心理学名词。

从众是在群体影响下放弃个人意见而与大家保持一致的社会心理行为。

什么样的情况下人容易产生从众心理

一、当情境模糊不清时

这是最关键的变量，决定着人们在多大程度上会以别人作为信息的来源。当你不确定什么是正确的反应、适应的行为、正确的观点时，你将最容易受到他人的影响。你越是不确定，就会越依赖他人。

二、当情况处于危急时刻

危急是另一个促使人们以别人作为信息来源的因素，而且常常与模糊情境同时发生。在危急时刻，我们通常没有时间停下来思考应该采取什么行动，但我们又需要立即行动，因此我们就很自然地去观察别人的反应，然后照着做。

三、当别人是权威人士时

一般而言，一个人在他人眼里越有权威，则在模糊情境下别人越可能跟从于他。例如，一名乘客看到飞机的引擎正在冒烟，他可能会去观察飞机乘务员的反应，而不是他身边乘客的反应。

四、个人在群体中的地位

个人地位的高低可在群体结构中得到反映。居于较低地位的群体成员常常感到来自高地位者施加给他们的从众压力，人们往往愿意听从权威者的意见，而忽视一般成员的观点。高地位者之所以能影响低地位者，使之屈服于群体规范，是因为他被认为有权利和能力酬赏从众者而处罚歧异者。此外高地位者比低地位者显得比较自信能干、经验丰富，能得到比较多的信息，这样，就赢得了低地位者的信赖。因此，一般来说，群体中那些地位越高的人，越不容易屈服于群体的压力，反之，个体的地位越低，就越容易发生从众行为。

五、群体凝聚力

一般情况下，群体的凝聚力越强，群体成员之间的依恋性、意见的一致性以及对群体规范的从众倾向就越强烈，个体越有可能为了群体的利益而放弃个人的意见，与群体的意见保持一致。相反，如果群体是一个松散群体，群体成员之间的意见存在分歧，则群体中个人的从众行为就会大大下降。

六、群体规模

群体规模影响从众行为，但也并不是群体规模越大则群体带来的压力越大。研究表明，群体规模一般在 3 ～ 4 人时对群体成员的从众行为影响最大。

从众是最省能量的通道。在一个未知的领域跟随大多数人，是比较节省力气的，学习资源相对较多，同时，也会取得同向支持与逆向冲突在数量上的优势。

在最初的选择以后，群体对个体始终存在着抑制和支撑，主要是抑制和支撑的多少。群体在数量上的优势，即使不针对对抗，消耗也足以完成抑制；反过来，就是隔三岔五地不断施加。另外，群体中的高能量个体总是特别主动。

想象一下，大男人穿着比基尼走在大街上的感觉。当然，在苏格兰的盛典上不穿裙子才是不合群。

但是，在专业领域或者已经积累了大量经验的时候，不太有人从众了，因为，最省能量通道，并不意味着最好或者最合意的通道。

群体的一致性，心理构建也是一种说法。大家的建材相近，很容易建造相近的结构，这个建材是感受的近似。这与从众有关，又有区别。

荣格的集体无意识是个好名字，是重要却因意识不到而易忽略的领域，只是其内容并不是望文生义的这个。

集体无意识是瑞士心理学家、分析心理学创始人荣格的分析心理学用语，指由遗传保留的无数同类型经验在心理最深层积淀的人类普遍性精神，在1922年《论分析心理学与诗的关系》一文中提出。荣格认为人的无意识有个体的和非个体（或超个体）的两个层面。前者只到达婴儿最早记忆的程度，是由冲动、愿望、模糊的知觉以及经验组成的无意识；后者则包括婴儿实际开始以前的全部时间，即包括祖先生命的残留，它的内容能在一切人的心中找到，带有普遍性，故称“集体无意识”。

高出水面的一些小岛代表一些人的个体意识的觉醒部分；由于潮汐运动才露出来的水面下的陆地部分代表个体的个人无意识，所有的岛最终以为基地的海床就是集体无意识。

荣格注意到了意识的条件，但仅指向了“婴儿实际开始前”，而中枢神经的生物结构功能靠下固定、靠上可塑，因此，需配合地域社会环境的因素才是意识条件的全部。意识前提条件制约了群体意识的方向和大小，集体前意识力量是无意识的，但只是无意识力量的一种。

第二种是群体组合无意识力量，因个体意识方向和大小的各自不同，一经群体组合，方向和力量都会变化，其中一些力量会倍增，多数则是分散边缘化，就是有意识也无效，自我反馈的动态增强和一哄而散都是有可能的。并且方向还可能出现与所有人的意识相左或错位，如劣币驱逐良币。这个组合后的属性经常越出人们的意识范围，而成为无意识。

这个群体无意识盲区的力量非常大，大家都是这么想的，却造成和想不一样的结果，并在意识之外成为社会问题的主因。

比如西门豹之死，原因是他在兴办十二渠时，征用了大量民工，加重了百姓负担，引起了民怨。当地乡官豪绅乘机大进谗言，千方百计陷害他。魏文侯轻信谗言，西门豹用事实说服了他，免了要害之罪。但魏文侯的儿子武侯继位后，西门豹却仍惨遭杀害，含冤死去。

祭河伯时行为利益的群体意识与社会等级地位同向，而修河渠时付出收益与群体意识不同向，接下来还有静惯性与动惯性。总之，不仅是个体的方向、大小各不同，而且是不同组合，力量结果不同。

需要注意的是，群体感性意识与群体理性意识都不会是纯的，而是一个百分比的问题，故群体意识的方向强度和力量大小也是矢量的。

无意识总是费解的，因为，它不等同于没意识，也不等同于前意识、潜意识、超意识、暗意识。意识属性，有效无认。

接下来还有第三种，群体潜意识力量，来自于个体意识与潜意识的冲突。意识问题既容易认知也容易确定，但游离在主控之外的潜意识一旦集合，会变成说起来是这样，其实不是这样。

群体前意识力量、群体组合无意识力量、群体潜意识力量分别来自内外环境、组合、集合，各不相同，但都是**动词意识不到的名词意识的隐秘**。

归因是社会心理学里另一个著名的个体心理学名词。

归因是指人们对他人或自己行为原因的推论过程。具体的说，就是观察者对他人的行为过程或自己的行为过程所进行的因果解释和推论。自海德提出归因概念和理论至今，归因始终是社会心理学的热点研究领域。

如同动机理论对动力的淹没，归因理论用少量的思维表象掩盖了态度的主体，也就是说**我们一直在有意无意地调整能量流**，而归因只是特殊的高级控制和调整。

我们对动物的群体很有研究，并把这个称为动物社会行为，而人的特殊在于意识延伸，也因此产生了不对称性和不确定性。群体是个人心理变化的重要因素，群体心理又是社会变化的重要因素。社会对心理的作用是什么？虽说社会细分是群体，群体组合就是社会，但心理和社会之间含糊的关系，不仅在于脱节，而且在于被动，在心理形成过程中主动和互动才是主因。

人们热衷于强大的自上而下的统治力，但不管是社会底层还是顶层，都是通过群体来影响社会的。反过来，社会却是自下而上的金字塔堆建，这其中少见社会心理学理论，企业的团队建设理论中也少有心理学的影子。但是，近似的个人如何会形成不同的群体，近似的群体又如何能形成不同社会？这个过程不缺乏心理，且是原动力。

第一个实例：

工程师：我昨晚想，这几天我们装配X零件所遇到的困难，可能是由于在装配前没有先把零件洗干净。

工人：这个意见可以试试。

工程师：我挑选了几种洗涤溶剂。这里有50个零件，你是否试一下，看看结果怎样？

工人：我试了以后，将结果告诉你。

事情很顺利地得到解决。

第二个实例：

在另一个场合，该工人碰到一名陌生的工程师，手里拿着几个零件，做了个手势，意思要这工人改用新零件来装配部件。

工人即随便拿了个新零件，漫不经心地进行装配。结果通不过检验，于是她退给了工程师，带着胜利的口吻说："它不顶用。"[3]

3 张德《组织行为学》，清华大学出版社，2000年。

对抗和叠加是永恒的话题，是人和人之间的心理。**不同的群体结构不但力量可以不相等，智力也能不相等，选择与强迫，主动与被动。**

自然影响和社会影响作为因很容易区分，但是作为果很难界定，因为这不仅是一个定性的问题，而且还是一个定量的问题。在某一方向的影响，要看谁刷得更多，谁刷出的差更多？

生活在封闭的原生态社会、生活在小镇和生活在大城市的自然和社会的影响大大的不同，而生活在同一环境下，如果位置不同、地位不同，所受的影响也是不同的。所以，到底是自然因素还是社会因素刷出的更多？社会因素中又包含了社会的物质因素和社会的精神因素，两者也不一定绝对分得开，比如我们的传统文化有时就是通过文物来施加精神影响的。当然，这样分类并不利于心理分析，因为对心理来说，是不是文物不是主要的，能量因素的多少，才是主要的。

社会影响中社会关系无疑是很大的变量。其实，用群体结构来代替社会关系，更能体现关键的因素。社会关系通常把握不住重点，也缺乏量化对衡。

比如，父亲在社会关系中始终占据重要位置，但在群体结构中，父亲随着人的生长周期对心理的影响权重是不断变化的。去社会定义后，我们可以更好地排除意识刻板的影响，分析人际间意识和感受的不同作用。

再来看一看著名的霍桑实验。

照明实验：

时间从 1924 年 11 月至 1927 年 4 月。

当时关于生产效率的理论占统治地位的是劳动医学的观点，认为也许影响工人生产效率的是疲劳和单调感等，于是当时的实验假设便是“提高照明度有助于减少疲劳，使生产效率提高”。可是经过两年多实验发现，照明度的改变对生产效率并无影响。具体结果是：当实验组照明度增大时，实验组和控制组都增产；当实验组照明度减弱时，两组依然都增产，甚至实验组的照明度减至 0.06 烛光时，其产量亦无明显下降；直至照明减至如月光一般、实在看不清时，产量才急剧降下来。研究人员面对此结果感到茫然，失去了信心。

从 1927 年起，以梅奥教授为首的一批哈佛大学心理学工作者将实验工作接管下来，继续进行。

福利实验：

福利实验是继电器装配测试室研究的一个阶段，时间是从 1927 年 4 月至 1929 年 6 月。

实验目的总的来说是查明福利待遇的变换与生产效率的关系。但经过两年多的实验发现，不管福利待遇如何改变（包括工资支付办法的改变、优惠措施的增减、休息时间的增减等），都不影响产量的持续上升，甚至工人自己对生产效率提高的原因也说不清楚。

后经进一步的分析发现，导致生产效率上升的主要原因如下：

1. 参加实验的光荣感。实验开始时 6 名参加实验的女工曾被召进部长办公室谈话，她们认为这是莫大的荣誉。这说明被重视的自豪感对人的积极性有明显的促进作用。

2. 成员间良好的相互关系。

访谈实验：

研究者在工厂中开始了访谈计划。此计划的最初想法是要工人就管理当局的规划和政策、工头的态度和工作条件等问题作出回答，但这种规定好的访谈计划在进行过程中却大出意料之外，得到意想不到的效果。工人想就工作提纲以外的事情进行交谈，工人认为重要的事情并不是公司或调查者认为意义重大的那些事。访谈者了解到这一点，及时把访谈计划改为事先不规定内容，每次访谈的平均时间从 30 分钟延长到 1—1.5 个小时，多听少说，详细记录工人的不满和意见。访谈计划持续了两年多。工人的产量大幅提高。

工人们长期以来对工厂的各项管理制度和方法存在许多不满，无处发泄，访谈计划的实行恰恰为他们提供了发泄机会。发泄过后心情舒畅，士气提高，使产量得到提高。

群体实验：

群体实验是银行电汇室研究。

梅奥等人在这个试验中选择 14 名男工人在单独的房间里从事绕线、焊接和检验工作。对这个班组实行特殊的工人计件工资制度。

实验者原来设想，实行这套奖励办法会使工人更加努力工作，以便得到更多的报酬。但观察的结果发现，产量只保持在中等水平上，每个工人的日产量平均都差不多，而且工人并不如实地报告产量。深入的调查发现，这个班组为了维护他们群体的利益，自发地形成了一些规范。他们约定，谁也不能干得太多，突出自己；谁也不能干得太少，影响全组的产量，并且约法三章，不准向管理当局告密，如有人违反这些规定，轻则挖苦谩骂，重则拳打脚踢。进一步调查发现，工人们之所以维持中等水平的产量，是担心产量提高，管理当局会改变现行奖励制度，或裁减人员，使部分工人失业，或者会使干得慢的伙伴受到惩罚。

这一试验表明，为了维护班组内部的团结，可以放弃物质利益的引诱。由此提出“非正式群体”的概念，认为在正式的组织中存在着自发形成的非正式群体，这种群体有自己的特殊的行为规范，对人的行为起着调节和控制作用。同时，加强了内部的协作关系。

1933 年，梅奥出版了《工业文明的人类问题》。

实际上访谈不只是发泄的作用，还有克里克原则中的激发和凝聚的作用。

另外解释一下霍桑效应：

所谓“霍桑效应”，就是指那些意识到自己正在被别人观察的个人具有改变自己行为的倾向。

被不同的人观察，比如老板、同事、下级、异性、视觉感较好的陌生人、视觉感较差的陌生人、熊孩子，甚至是老虎、狼、羊等，人会有不同感觉。因为，在被观察过程中，人可能自动产生一些心理预期和防卫，重要的时候产生意识预期和防卫，而不重要的时候产生无意识预期和防卫。这些大大小小的预期和防卫是**觉知外界能量体引起内部能量的变化，当然会改变行为。**

没有意识到被人观察（偷窥），不会有霍桑效应；但没有人观察而以为有人观察也会产生霍桑效应。

传统文化一定是通过群体这一媒介来传承的，而这一过程就是反复地施加，反复地施加一定有其背后的能量因素，或者说能量结构的因素，最典型的是宗教。

延伸

自工业社会起人类的知识和技术就呈指数级的爆发，从飞机到手机。就是中性笔、保温杯，也没几个人搞得清如何生产；就是大头针、剪刀，也没几个人会制造。

数数自己身边使用的日常用品，有多少是自己的知识和技术的结果？

随着知识和技术的累积，我们所能掌握的越来越多，但是，占比越来越少；我们所能做的越来越多，越来越好，但是，不能做的更多。我们对别人知识和技术越来越依赖。

狩猎采集、农耕游牧，集结意味着战争，进攻防御远多于工程水利的占比。

对对抗来说，集结同类比集结异类无论是执行还是效果都要容易和有效；对交易来说，异类更好，但对发展来说，力量和变化的需要是同等的。

没有平等自由是困难的，但是自由创建的却是不平等，这个矛盾由来已久。

自由创建不同，平等创建相同。

但是，自由和平等都可以趋向于合作与对抗。

自由趋向合作可以得到创造，自由趋向对抗能得到什么？

平等趋向合作可以得到合力，平等趋向对抗能得到什么？

劳动分工是不同，而通用配件是相同，由简入繁，由繁入简，它们都能提高效率，为什么？

其实，我们还可以从操作的角度来看，一个以做官为目标的群体，和一个以做生意为目标的群体，会如何对待平等这一问题？

我们行为的改变，从方法上来讲是非常容易的，只要能够理解过程和优势，我们就可以去实施。但是，我们行为的改变，从推力上来说是非常困难的，因为，人类漫长的历史，现在进阶的大多数行为都是超难的，没有足够的推力根本无法坚持。比如，从幼儿园到大学，如果一个人或者一对一教学的话，是不可想象的。我们比成绩、斗意气、随大流，都是源源不断的动力获取，所以，行为的改变，特别是向进阶的方向改变，离开群体是不可想象的。群体会提供横向和纵向的区别，为延时的反馈提供中间参考。

以退为进，可以暂时离开群体，退化倒是可以完全脱离群体，还可美名归隐世外桃源。

当然，群体动力存在着两种发展方向：利用的、被利用的。

利用促进自由、公正、发展，被利用促进欺压、腐化、堕落。

战争是野蛮人的愚昧，合作是文明人的智慧。有些人无法合作，也无法战争，因为，一边倒了：就像在一个天平的一边放一只大象，而在另一边放一只蚂蚁。

这是和社会发展水平有关。在一个发展水平较高的社会群落，你很容易找到合作的人员和人群，而在一个发展水平较低的社会群落，你很容易找到可利用的人员和人群；在一个腐化的社会，你很容易找到虚伪的人，而在一个混乱的世界，你很容易找到敌人。

第 2 节　能级进阶

人性之善恶？现今世界有四种理论：善、恶、白纸、相争。这里将陈述第五种。

项羽和刘邦的力气

听说过“鸿门宴”吗？

刘邦为什么要去赴宴，是不是因为项羽人多势众？

那么，最终获得胜利的是不是人多的一方？

汉高祖刘邦说：“夫运筹帷幄之中，决胜千里之外，吾不如子房；镇国家，抚百姓，给饷馈，不绝粮道，吾不如萧何；连百万之众，战必胜，攻必取，吾不如韩信。三者皆人杰，吾能用之，此吾所以取天下者也。项羽有一范增而不能用，此所以为我擒也。”

刘邦的话意思是，我有三个人才，而且用了；项羽只有一个人才，且不能用。所以，我赢了。

这里要问两个问题。

第一，刘邦不如张良、萧何、韩信，为什么他们三个要为刘邦所用？

第二，为什么韩信在项羽那里是草（执戟郎），到了刘邦这里就是宝了？

（有没有人才在别人那里是宝，在自己这里就是草？）

首先，要知道这段文字只是一半，还有另一半。

帝置酒洛阳南宫。上曰：“通侯诸将毋敢隐朕，皆言其情。吾所以有天下者何？项氏之所以失天下者何？”高起、王陵对曰：“陛下 而侮人，项羽仁而敬人。然陛下使人攻城略地，所降下者，因以与之，与天下同利也。项羽妒贤嫉能，有功者害之，贤者疑之，战胜而不与人功，得地而不与人利，此其所以失天下也。”上曰：“公知其一，未知其二。夫运筹帷幄之中，决胜千里之外，吾不如子房；镇国家，抚百姓，给饷馈，不绝粮道，吾不如萧何；连百万之众，战必胜，攻必取，吾不如韩信。三者皆人杰，吾能用之，此吾所以取天下者也。项羽有一范增而不能用，此所以为我擒也。”群臣说服。

“公知其一，未知其二。”
“一”是什么？
“一”重要还是“二”重要？

《汉书·高帝纪第一·下》：上已封大功臣二十余人，其余争功，未得行封。上居南宫，从复道上见诸将往往耦语，以问张良。良曰：“陛下与此属共取天下，今已为天子，而所封皆故人所爱，所诛皆平生仇怨。今军吏计功，以天下为不足用遍封，而恐以过失及诛，故相聚谋反耳。”上曰：“为之奈何？”良曰：“取上素所不快，计群臣所共知最甚者一人，先封以示群臣。”三月，上置酒，封雍齿，因趣丞相急定功行封。罢酒，群臣皆喜，曰：“雍齿且侯，吾属亡患矣！”

刘邦用人的第四个特点是不计前嫌。汉六年的时候，刘邦已经得了天下，刘邦已经封了一批功臣，但是还有很多功臣没有封，因为功臣他这个功怎么样计算，封一个什么样的爵位比较合适，这个事还很费商量，就把封功臣的事，一直这样拖下来。有一天刘邦在宫殿里面走，远远地看到一群人，坐在地上，在那儿嘀嘀咕咕嘀嘀咕咕，交头接耳，窃窃私语。刘邦就问旁边的张良，说子房，那些人在说什么呢？张良说，陛下不知道啊，他们在商量谋反啊。刘邦说子房不要乱讲，天下刚刚安顿，谋什么反啊。张良说陛下不知道啊，陛下得了天下以后，封了一批功臣，大多数都是你的亲信，像萧何这些人，还有一些以前得罪过你的人，受了处分，现在这些功臣们都在想一个问题，说这个天下还有多少可以封赏的，是不是可以拿出来封赏的东西已经不多了，像我们这种和陛下关系不密切的，甚至以前得罪过陛下的，是不是就得不到封赏了，或者甚至于会被陛下找一个岔子，给咔嚓了呢？他们想来想去想不明白，所以他们在那儿商量谋反。刘邦马上醒悟过来了，知道这是一个严重的问题，那“为之奈何”，子房你说怎么办呢？张良说请陛下想一想，在这些功臣当中，有没有这样人，他的功劳非常大，而他和陛下的关系又非常地恶劣，有没有这样的人？刘邦说有，有一个雍齿，雍齿这个人非常地可恶，他一而再、再而三地侮辱朕，朕早就想杀他了，可是他功劳太大，朕又于心不忍。张良说好了，请急封雍齿，以示群臣，请你赶快把雍齿封了。刘邦马上接受这个建议，立即封雍齿为什方侯。雍齿一封，所有的功臣都安心了。你看雍齿都封了，大家都知道这个雍齿是皇上最讨厌的人，他都封侯，我们这些人，都放心了。这叫什么？这就叫不计前嫌。[4]

我们通常认为刘邦之所以能够战胜项羽，是因为刘邦的用人之道远高于项羽，那么，刘邦的用人之道高在什么地方？

刘邦并不想封雍齿，封雍齿也不是因为他有功，而是为了欺骗，而欺骗的最后结果是：

《史记·越王勾践世家》：“范蠡遂去，自齐遗大夫种书曰：‘飞鸟尽，良弓藏；狡兔死，走狗烹。越王为人长颈鸟喙，可与共患难，不可与共安乐。子何不去？’种见书，称病不朝。人或谗种且作乱，越王乃赐种剑曰：‘子教寡人伐吴七术，寡人用其三而败吴，其四在子，子为我从先王试之。’种遂自杀。”

《史记·淮阴侯列传》：“果若人言，‘狡兔死，良狗烹；高鸟尽，良弓藏；敌国破，谋臣亡。’天下已定，我固当烹！”

4　易中天讲座《汉代风云人物》，中国国际电视总公司，2005。

第一个结果是："飞鸟尽，良弓藏；狡兔死，走狗烹。"

第二个结果是：白马之盟——"非刘氏而王，天下共击之"。当然，同姓王也造反。

七国之乱是发生在汉景帝时期的一次诸侯国叛乱，参与叛乱的是七个刘姓宗室诸侯王：吴王刘濞、楚王刘戊、赵王刘遂、济南王刘辟光、淄川王刘贤、胶西王刘昂、胶东王刘雄渠，故又称七王之乱。

刘邦的力气没有项羽大，战胜项羽是因为计谋，好多计谋。

暴力和欺骗

人性之善恶，这是个问题吗?

人性之善恶的有关论点

性善论

我国最先主张"性善论"的是战国中期人孟子，他是孔子学说的继承人和发展人，是他创造了儒家哲学的唯心主义理论体系。他认为人生来就具有天赋的"善端"，具有一种先验的道德观念的萌芽，这是人异于禽兽、高于禽兽的本质的特征。所以他说："人性之善也，犹水之就下也。人无有不善，水无有不下。"孟子的性善论作为儒家的正统思想，传播广泛，影响深远，以致宋代启蒙读物《三字经》开篇就云："人之初，性本善。"

国外持这种观点的代表人物有古希腊的斯多葛学派和法国哲学家卢梭。古希腊斯多葛学派认为人虽然有自利要求，但人具有理性，能把自身利益与他人利益按照理性的原则进行协调，从而取得和谐。18 世纪法国思想家卢梭则认为人性原来都是善的，原始社会的人都是生活在自由平等之中，快乐、天真而自由，只是由于历史发展与社会制度等原因才变恶。

性恶论

我国最先主张“性恶论”的是战国中期人荀子（荀况），他认为人生来性就是恶的，后天教育可以由恶变善。他认为由于人人都有欲望追求，这是性中自有，这种对物质利益的追求就决定了人的性恶。所以他说：“人之性恶，其善者伪也……今人之性，生而有好利焉，顺是，故争夺生而辞让亡焉；生而有疾恶焉，顺是，故残贼生而忠信亡焉；生而有耳目之欲，有好声色焉，顺是，故淫乱生而礼义文理亡焉。然则纵人之性，顺人之情，必出于争夺，合于犯分乱理而归于暴。故必将有师法之化，礼义之道，然后出于辞让，合于文理，而归于治。用此观之，然则人之性恶明矣，其善者伪矣。”荀子的两个著名的门徒李斯、韩非子，是性恶论的坚定支持者。尤其韩非子，更是坚定地认为人性本恶，并由此毫不余力地主张用严刑峻法来安民定国。

国外持这种观点的代表人物有欧洲思想家奥古斯丁、马基雅弗利、霍布士、叔本华等。基督教的原罪说也是一种典型的性恶论。它认为人类的祖先亚当和夏娃因违背了上帝的意愿犯了“原罪”，亚当和夏娃的子孙们，自从来到这个世界即负有深重的罪恶——“原罪”。因此，人要用忏悔和良好的工作以及服从某种禁忌、戒律等来获得全能全知上帝的救恕。否则，人的灵魂就不能进入美丽的天堂，而只能沦落于苦难的地狱。

无善无恶论

我国最先主张“无善无恶论”的是战国中期人告子（告不害）。所以他说：“性无善与无不善也……性犹湍水也，决诸东方则东流，决诸西方则西流。人性之无分于善不善，犹水之无分于东西也。”

国外持这种观点的代表人物首推英国近代思想家洛克的人心白纸说。该说认为人之初始，人心都是空如白纸的，根本不存在善与恶的问题。他认为，善与恶的心理观念和道德品质，都是后天的因素造成的，尤其是教育因素造成的。后来的美国哲学家詹姆士和杜威，也可以说是性无善恶论者。杜威站在实用主义的立场上，认为善绝不是什么玄而又玄的东西，它仅是能满足人们的需要的事物而已，是相对的价值判断。而人性都有发展成善的可能性，只要有适当的教育，人是能养成善良的品性的。

有善有恶论

我国最先主张“有善有恶论”的是战国初期人世硕，他主张人生来就具有“善”和“恶”这两种不同的自然属性，这两种属性是先天具有的，与生俱来的。他虽然认为人生来就有善与恶的不同本性，而要保持和发扬这种先天的本性，则在于养。后天养之善性，则是善性不断增长；养之恶性，则是恶性不断增长。

国外持这种观点的代表人物有柏拉图、亚里士多德、康德。柏拉图认为人有欲望、意志和理性。当理性能驾驭欲望和意志时，就能获得善。反之，就是恶。亚里士多德也认为人有理性和情欲。人生的目的在于用理性节制情欲于一个合理的状态，恰到好处，以获得人生的幸福。康德则认为人有两个我，一个是“实我”，一个是“真我”。“真我”是理性主导的我，“实我”是情感主导的我，“真我”因为善性的约束而高于恶性欲望的“实我”。

无论善恶都是人类自我意识的评定，所以，总有这样那样的道理，总有这样那样的例证，总有这样那样的出入和反例证。

但是，人性是意识之外的，意识只是其中的一个因素。

人性是变化的、能级的。

第一是暴力。

我们征服自然第一需要的就是暴力，我们征服别人第一需要的也是暴力，我们征服自己第一需要的也是暴力。这和动物没有什么区别，无论是食物还是同类，第一种力量就是暴力。所以，历史似乎就是战争史。但是，暴力并非我们的本性，只要有更强的能级，暴力就可以消失。

暴力和强力有时只是一体两面，拿破仑对法国人来说是强力，对普鲁士和俄国人来说就是暴力。暴力也不一定是负面的，自卫和侵略是方向的不一致。而奴隶社会要比原始社会先进，因为，力量更大，也更凝聚了。

当然，暴力意味着冲突和对抗，赢也不是完全的。

欺负和被欺负是一个级别，被欺负不易了欺负也就少了，人类早期、幼童及延伸，无视他人存在感。

第二是欺骗。

这是刘邦战胜项羽的力量。我们和动物最大的区别是智慧，因为智慧，我们有别于动物们低劣的骗术。欺骗比暴力更强大。这里所指的欺骗和骗子不是一个概念，通常说骗子骗傻子，实际上，骗子的成功通常是建立在幼稚的想当然教育的基础之上。傻子是失衡的人，在教育过程中付出和收获之间失去关联，在社会生活中人海的孤立，所以，正常情况下骗子不能普遍成功。诈骗犯能量等级是很低的，是负的。

人是智慧的生物。欺骗对人的社会性要求很高。西方人喜欢说政客都是骗子，他们只是一种结构上的扭曲，说得不好没人选，做得不好还没发生，说得好的和做得好的，并无线性关系。公司内部也是这样，得高薪的都是擅长摘果的，而起作用的往往是种树的。

说简单点，欺骗的普遍，比如迷信、电影、华尔街等。

“迷信”讲故事给你听不是为了让你高兴，总是有政治和经济的企图。

欺骗以人的智力标准至少要达到电影那样，电影就是真的东西也要夸张到假，假的东西反向拟真，不管是以假乱真，还是以假替真，反正没有什么东西是真的。但是，它用假的东西换了真钱（从这个角度电影和迷信差不多）。我们有几个真人的收入超过了电影上演假的人？人类用在科幻电影的费用远超过了真实登上月球的费用。虽然电影是非常艺术的，但糊弄人一样赚钱，而且更多。假比真赚得多，纪录片相对真实，价值也真实，但是虚的成分少了，所以票房如何？在真假之间，在高能构象和起哄之间有什么区别？通常电影情绪迷幻和意识迷幻的作用是同时的。

只是，比起华尔街来，电影也只是小巫见大巫。华尔街不生产东西，把别人的钱搬过来搬过去（把别人创造的价值转过来转过去），成就了自己世界最有钱。

全是假的不是好的欺骗，真真假假才是好的欺骗。真真假假用一个字来表示就是“伪”，我们最常见是假广告。

在人脑中幻想和现实的映射能量结构是一样的，只是注释不一样，因为，大脑太发达或者不够发达，有时分得清，有时分不清。

善恶之根在于权贵之念，但权贵并不等同善恶之为。个体之恶很快会走向覆灭，而结构之恶却能维持一段时间，这是群体无意识力量之作。

欺骗比暴力所获更舒适，也更多。秦二世而亡，接下来两千多年都是进化版的汉政，主体思想法家到儒家。

刘邦比项羽更有凝聚力，所以，能级高于暴力。

人类创造出的欺骗术，能量等级可以远高于暴力。当然，第一能级，还是要比第二能级易用，也就是说第二能级发挥出来比第一能级强，发挥不出来，没用。

欺骗和被欺骗也是一个级别，学童及延伸，人我不等，利用他人。

竞争与合作

第三是竞争与合作

理论上，竞争与合作能级远高于暴力和欺骗。

与暴力和欺骗不同，竞争与合作增值，而暴力和欺骗主要是转移价值。

转移价值总体不会增加，一些人得，一些人失，快移慢移，短痛长痛。转移价值特征是周期性的运转，胜利之时，失败之始，比如经济危机就是周期性的。当然，转移价值还要包括高成本的消耗或对抗的两败俱伤。

制造价值包括创造价值，对智慧和技术都有很高的要求。如果条件满足，合力就是增值。

如果竞争和合作的价值远高于暴力与欺骗，人是智慧的，人性就是竞争与合作。

竞争与合作从长期看，能级远高于暴力和欺骗，短期就未必。文明被野蛮灭了，史上有过先例。君王已经存在了几千年，才有了普遍民主，因为，人们合作的能力提升了、技术提升了，将来应该还会有提升。而古时的民主，不管是希腊还是罗马都不是暴力的对手。

人性总是趋于最大能级，不是比善恶，而是比大小。

善通常意味着智慧远见，理论上或者说预期值：善的互助比恶的互损从长期来看有优势，但是，实际上技术不到位，就会吃恶的苦头。恶也有自己的方法，伪善也是高能级的。满嘴礼义廉耻的，大都是心狠手辣之徒；满口仁义道德的，一般都很缺德。言行一致的人，吹牛有心理障碍，说不过人家。这是儒家强大的一个原因，另一个原因是说比做容易。同样，做假广告的通常比做真广告的有着更多的动力，而且还没什么实体的限制，经常精彩得离谱。自费药没有医生的力量是不会盛行的，但发财的却是药商而不是医生。另外还有一种特别的“积极”，积极的电话骚扰没有人会喜欢，但电话骚扰加上电信诈骗广泛的流行成功说明了我们的弱势。

商鞅说：“人生有好恶，故民可治也。”这句话的意思是，标准是可以改变的，所以，人主观的好恶，并不意味着客观的好恶。而另一种说法：“人生有好恶，故民可欺也。”意思是感观并不精准，欺也是建在此。

恶离不开善，否则，欺负谁去？善可以离开恶，但不可无视恶。只是现实中还有很多问题，恶经常在算计善，但善却很少思考恶，也思考不出来，这是向善之人的思维特性，而给恶有可乘之机。

道德关注人与人之间的关系，从而创造美好生活。伪德关注有没有高大上的规则可以压人一头。

至善至伪的多数。把一些意识之对，顶在前面让人无法反对，然后，重新组合排列换个意思，以达到“没有画皮的恶”达不到的目的，这是伪善最基础的套路。外善内恶效果远大于外内皆恶，且久，故伪善者恶之极。

荀子的伪和荀子说的伪不是一个概念。别人一定是恶的，需要教育，别人是好的呢？自己不打算创造价值，一心要教育别人，凭什么？（这话不针对荀子。）

当然人性既然本恶，你要以为人类从此不再杀伐肯定会失望。还会打。城邦之间的战争，国家之间的战争，几千年来没断过。口号是越来越好听，为了消灭邪教，为了爱国，为了某某主义，反正都很崇高。其实说到底大家都为的多抢点东西而已。当然这么说话俗。咱应该说是为了开发资源。[5]

人死了什么资源都没用了，战争的暴力和欺骗都是幼稚的，可以参考一下戒备森严的边界和只有一个路标的边界的对比。但是，得不偿失的事还是会发生，好战必亡，忘战必危。

理论上有好的途径就没必要走差路，不过实际中，社会虽然在发展，但还是要有个过程的，而且人的心智也是有高低、**有阶段**。

人的认知和心理预期是人智力的体现，本身也是有能量的。表面上能左右人性，但总会存在一定的误区，而这些误区人自己是无法意识到的，但一样会起作用。除此之外，自然环境、社会环境同样存在能量因素，在意识中分离，在能量中却是一体的。

普遍印象中银行是最讲信用的，但这个信用是讲别人的信用，银行自己的信用是怎么样的？

100个人存，100个人贷，都是一元，银行获利差是3元；如果，有5个贷款人不讲信用，结果就是98元，这还不包括银行体面的费用。换句话说100人被讲信用，95个人讲信用，5个人不讲信用，

---

5 苦丁山《斗争哲学》，http://club.kdnet.net/dispbbs.asp?id=8689998&boardid=1。

银行的信用就会有问题。

现实社会里银行的运作没这么简单，利差也只是银行的收入之一，不过，银行倒闭，别人的损失总会比银行多。

银行的信用不是因为大讲特讲信用讲来的，是把每个人都当不讲信用的人来防范的技术，所以，防范能力也是合作的技术必需。

讲信用不是问题，对付不讲信用的能力才是问题。

一旦信儒，对一切儒家经典会自然产生好感或兴奋，哪怕是从来都没看见过的，无视、淡化、转化缺点；一旦反儒，“子曰”怎么这么弱智，还空谈误事，这是在晕轮之上的流向问题。宗教是这样，广告也是这样，着重点在于正向的兴奋还是反向的兴奋。

好人、坏人，一旦接受某种新服务，防范诈骗台阶就会降低；一旦上当，对好人也会排斥。**人的认知系统往往只朝向一个方向，这是人性真正的弱点。**

比如西方人值不值得尊重的问题。东方有老子，西方有亚里士多德。但是时间向后一推，西方还有欧几里得、达尔文、门捷列夫、居里夫人、亚当·斯密、洛克、迈尔、胡克、爱迪生、贝尔、本茨、戴姆勒、冯·诺依曼。我们使用的单位有牛顿、帕斯卡、焦耳、库伦、瓦特、伏特、安培、西门子、欧姆、赫兹、开尔、法拉、坎德拉。

当认为西方人值得尊重的时候，八国联军和东印度公司又怎么说？

当人们需要尊重“英国唯物主义和整个现代实验科学的真正始祖”弗兰西斯·培根时，真正面对他的人却要小心被他坑。

东方文化值不值得尊重也会碰到同样的情况。凡是不能发展的理论都是死理论，死守旧理是不会发展的。文艺复兴、宗教改革、启蒙运动，一定是超过前人的。希腊文明的特别主要是被超越而不是继承，亚里士多德因被超越而骄傲。

而高唱继承发扬则是另一个意思，名为继承，实则制约，于己附势，于人挑刺。无敌权威对付别人的同时把自己也挡住了，名人之后除了道貌岸然再无其他。所以，继承还是超越不是对错的问题。

我们需要尊重值得尊重的，尊重就会发展。但现实中，那些骗子有时反而能得到尊重，因为他们是有钱人。

不是所有的人都值得尊重，问题是很难甄别。当该尊重的没有尊重，不该尊重的反而得到尊重时，自尊就不能成为主流，而社会问题就会很多。

接下来就是，不是所有的人都可以合作，任何一方有问题事情就会糟。有时好人难以合作，坏人却合作得很好。当然，这只是战术层面，从战略层面来看坏人一定是对抗的。

最终，能改变对方并合作的都是大师，而对普通人来说把标准定成至善，大家就都达不了标。恰好恶也是不达标的，所以，把标准定在中间，才是有效识别。

没有竞争合作趋向依赖，没有合作竞争趋向损耗。

竞争不仅能让自己更强，也会激励别人更强，总之，都是差别的变化。

当然，也有一种竞争损别人使其弱，这同样是一种战术层面却没战略意义的方式。

自强的竞争，竞争的对抗与合作的倾向是同时存在的，局部合作全局对抗，局部对抗全局合作。

合作意味着自强指数级的增长，一方面是技术问题：分工合作的技术、防止投机欺骗的技术、分配的技术、沟通的技术、互益的技术、互相促进发展的技术；**另一方面是精神意识的富余程度。**

实际上，竞争与合作能级要高于暴力和欺骗，是需要智慧和能力的。

人性总是在臆想的不现实与现实的能力之间反复，而进阶却是非常现实的。

科技是现实中最大的促进，高能级总有很强的依他性，也就是说条件，发挥得出来还是发挥不出来是个问题。在市场经济里，一旦发挥出来，不管现存竞争公司有多大，人有多少，无可避免的只有一条路。

人们总是在意分配，成为日常的主要争端，好的分配可以促使每个人发展和安康，而差的分配阻碍多数人的发展。当不劳而获多多，贫困痛苦多多必随，社会将动荡堕落。分配的主宰也不是人的意愿，而是人的意识加成各种政治经济能量的对衡，在相近的物质水平的情况下，不断互损（战争和欺争）和不断互助，幸福指数相差很远。这是社会人群的精神水平，也影响了以后的走向。

但是从历史上看，改朝换代资源和财富的重新分配，社会都不会进步。社会进步明显的是科技（包括社会科学），而政治经济有能力阻碍它。

个人的创造能力，没有群体的支持，既无基础，也不易发展，也就没有了深度，虽然，很多情况下群体也是阻力。

个体能力总是希望增强和延伸，**竞争是外在表现，内在是自我发展**。个体和个体之间的组合是个体能力变化最重要的因素，互损还是互助，结果是显而易见的，只是全局还是局部的问题。而**自我发展的阶段**与组合性质的关系是非常隐性的，却是决定性的。合作不是想合就能合的，只有群体中足够数量的个体的合作意识延伸成为能力后，才会有实质的提升。

个体和组合都会因传统和发展水平呈现社会性和地区性。现今世界主要有三大文化因素：第一，是现代西方的，伴随着工业、企业分布最广，特征代表人是霍布斯、洛克、亚当·斯密、马克思、牛顿、达尔文、泰勒等；第二，是各种宗教；第三，是传统文化，比如儒家、希伯来文化、南亚文化、印地安文化、非洲文化、拉丁文化等。它们都是现今各地区内影响人性能级的因素。

第 3 节　集体和团队

个人主义也是集体，只是不是用集合的办法，而是用交错。

集体主义和个人主义都可以对个人的发展带来提升和抑制，反过来，集体主义和个人主义也可以对群体的发展带来提升和抑制。

集体主义和个人主义

如果没有集体，我们不是老虎、狮子的对手。而现在老虎、狮子只能在动物园，甚至，还要划定一个保护区，免遭因人的原因而灭绝。

集体的强大在于集合的力量，而个人主义的强大，现在也已有了非常好的体现。个体差异意味着驱动力，持续的变化在时间轴上能够进阶。**个人主义也是集体，只是不是用集合的办法，而是用了交错。**

集体主义和个人主义相对。

集体主义是无产阶级世界观的内容之一，调节个人利益与集体利益的原则。指一切言行以合乎无产阶级及其广大人民群众集体利益为根本出发点的思想。集体主义是共产主义道德的核心，是社会主义精神文明的重要标志。它同资产阶级个人主义是根本对立的，是共产主义道德区别于一切旧道德的本质特征。

这个定义不完全对得上，这是共产主义的集体主义，而不是集体主义本身。

纳粹德国和日本军国主义也不能被称为个人主义，其实，中国历史上的封建王朝都是强调集体主义的。

集体主义就是为了集体的利益牺牲个人利益。

但是，如果集体的利益得不到技术或者权力上的支持，就会变成：

以集体的名义牺牲多数人利益达成少数人利益。

个人主义是一种道德的、政治的和社会的哲学，认为个人利益应是决定行为的最主要因素，强调个人的自由和个人的重要性，以及“自我独立的美德”“个人独立”。个人主义反抗权威以及所有试图控制个人的行动——尤其是那些由国家或社会施加的强迫力量上。因此个人主义直接反抗将个人地位置于社会或共同体之下的集体主义。个人主义经常被人与利己主义相混淆，但事实上个人主义与利己主义是不相同的，而个人主义也是古典自由主义的构成要素。

个人主义是西方文明的精髓。

哈佛大学教授亨廷顿曾说过：“在西方被视为最重要的价值，在世界范围内最不重要。”这句话所指的就是个人主义。[6]

个人主义是个人利益同等，平等和自由，没有集体这一概念，大家都是一样的。

但事实是大家都是不一样的，有钱人欺负穷人分分秒秒，结果变成：

以自由的名义达成少数人欺负多数人。

所以，总是少数人占便宜，多数人吃亏。

为什么会这样？

因为，少数人强大，这句话反过来说，多数人不够强大。

不管是民主国家还是独裁国家，少数人总是强大的，多数人的情况是怎么样的？

6　现代西方的个人主义也是从文艺复兴始，中世纪也没有什么个人主义。

美国、俄国、中国、德国、印度，非洲、拉美，还有斯堪的纳维亚。

社会是各个群体的结构力量博弈的结果，不管是什么社会，统治者都是博弈的结果。这是一个金字塔的结构，下面的基础是否有力、上面是否有爱？上面是上面的，下面是下面的，上面决定方向，下面决定推动，最终是上下。

马基雅维里《君主论》的第四章中有问："为什么亚历山大大帝所征服的大流士王国在亚历山大死后没有背叛其后继者？"同样的情况出现在近代几个侵略兵可以押解好几千号人。底层人群的衰弱，整体也不会好。鲁迅从个体角度分析了这一问题，另一位伟人从群体的角度论述了这一问题："正是你们打了这一仗，教育了中国人民，把一盘散沙的中国人民打得团结起来了。"当然，战争的压力只适合战争，和平的团结则需要智慧和技能的普遍。

中国这次的改变是从茶一杯报纸一张开始，有了美式、日式、德式、法式的行为重复，接着有了民式、央式行为重复的跟进，还有一些金房式、贪腐式。

历史也只能记住少数人，也是因为少数人是强大的，而他们的强大在于促发了多少多数人。

事实上人类几千年以来尝试过各种各样的群体结构，现行的群体结构有非常古老的，也有非常年轻的，总的一句话，合和斗。但是，合和斗本身并不解决结构问题，科学技术可以解决一些问题，而群体结构如果能延续，一定有其力量的支撑，符合适者生存的原理。

亚当·斯密从个体的角度述说了分工合作能效的增强，马克思从整体的角度分析工厂能产生集体力量的原因。现在，最多的不是工厂，而是公司，只是有好的公司，也有不好的。

群体结构是一个发展个人（集体）的结构，还是一个限制个人（集体）的结构，集体主义和个人主义都可以做到。在历史发展过程中，是限制大于发展，还是发展大于限制，总是反复交替更迭。在名称不变的情况下，变化着实质。

人的思维易固着于名称表象，为正向和反向争执不休，而实际上起作用的是双向：个人对群体的和群体对个人的，平衡与失衡。

方法论的差别

求大同存小异的求同存异，首先，就是限制行为，大的限制好了，小的就不重要了。

求大同求大异的存同求异是在相同的基础上构建不同。

知道寺庙和教堂的建筑学区别吗？参观过宫殿和城堡吗？

这也是一个有关自上而下，还是一个自下而上的问题。通常自上而下，方向明确；自下而上，动力十足。

这是集体主义方法论的问题，也是个人主义方法论的问题。

近代方法论的奠基人是英国哲学家培根。他推崇科学，反对遏制科学的宗教神学和经院哲学。培根在《新工具论》中，总结了科学实验的经验，提出了新的认识方法即经验归纳法。培根用他的方法体系武装了科学，推动了科学的发展。

集体主义是否注重个人发展，个人主义是否注重合作？

集体主义方法论侧重于集体的利益还是集体的发展，个人主义方法论是侧重于个人的利益还是个人的发展，就会有不同的表现。侧重利益的要打压另一方，而侧重发展的没有另一方根本无法成行。

理论上利益和发展并不矛盾，实际上，技术要求大不相同。欺负人比求发展简单得多，而且，种树的并不一定能摘到果。

通常，我们自己发展难也要做，而发展别人容易也未必去做。因为，最终的驱动是自己的感受。

自私无私就一意识之坑，陷进去就幼稚了。

亚当·斯密说过："由于追逐他个人的利益，他经常促进了社会利益，其效果比他真正想促进社会效益时所得到的效果为大。"你能分得清这句话中自私无私的界限吗？

反过来，无私是极端的吗？为名去利怎么算？另外，无私排斥自私，同时，也影响了感观自我及动力反馈，但最大的问题是伪善以无私的名义行自私之事。

动物都是自私的。人比动物聪明，动物的自私是为了自己的利益不顾他者的利益，而人可以做到（也可以不做）为了自己的利益兼顾他人的利益，这超越了自私的范围，既不是自私也不是无私。

自我从来都是相对他人而存在，迷失自我不是看不见自己，而是人我不知、人我不等，通俗地说，太把自己当回事和不把自己当回事。

群体关系对于个人自我态度来说，通常有两个倾向：一个是尊重他人，尊重自己；一个是尊重自己，尊重他人。无论何种态度倾向，对自己的态度，都是与对他人态度的相对。

第一种态度，我们通常会把他人分个三六九等，根据重不重要来决定我们的尊重，结果除了尊重领导以外就不需要其他的尊重了。人不会尊重没有能量感的地方，如果不是表面文章的话，权力和金钱是最具能量的。在稳定的社会体系中领导意味着权力和金钱的长期机会，接下来的问题就是，是领导和不是领导。所以，实质就是自我和权力、金钱的关系。

第二种态度，尊重自己，尊重他人，第一是自己是否值得尊重？第二是尊重他人还是压制他人？这是个技术问题，也是一个社会发展的问题。

以上两种态度最大的区别在于对待同级。

因尊而重，因重而尊。

人特别需要的进阶行为反馈就是尊重，“士为知己者死，女为己悦者容”，尊重是非常大的心理力量源泉。在群体和社会发展不同的阶段，尊重的量是个标尺。

个性促合作、合作促个性的反面是什么？个性促对抗、对抗促个性，还是共性合作和共性对抗？

友好相处和有效相处是两个概念，称兄道弟有助于酒桌上的气氛，却有损于交流合作的技术提高。酒有一定的推动作用，却没有变化的能力。交换利益和互助提高是两个级别的相处之道，而后者是有技能要求的。

方法论意味着效用，而不是说得正确又好听。

哈耶克："只有在自由主义时代，法治才被有意识地加以发展，并且是自由主义时代最伟大的成就之一，它不仅是自由的保障，而且也是自由在法律上的体现。"

康德："如果一个人不需要服从任何人，只服从法律，那么，他就是自由的。"

如果，法律的存在主要的用途是为了钻空子，或者说很多人以钻法律空子为常，自由还在吗？

第二个问题，谁的法律？

法治有两种概念。

一种是用法来治你。法家理论就是典型的做法，不仅有限制性条款还有强制性条款（不许做加必须做），而结果经常是对抗升级。

韩非："二柄者，刑德也。何谓刑德？曰：杀戮之谓刑，庆赏之谓德。"

韩非并没有集法家的大成，而是把商鞅治理国家的法度、慎到的天下势、慎不害施政措施，变成了压制、权势、权术等朝中内斗的权谋。他是另类法家，而不是法家大师。法家除了他，都是有政绩的实干家。

另一种是大家合起来的法，或许是避免冲突，或者有共同利益，当多数人把法当自己的法时，在马路上一有违章，马上有人干预。众人治，众人是基础，冰山的高度取决于水面以下的部分。

不管多自由，法可以体现个人主义的思想，但一定不是个人主义的行为。

集体主义的极端否认个人、个人主义的极端否定集体，但集体主义也可兼顾个体、个人主义也可强调合作，四个方向。尧舜禹汤的道德公正与秦皇的暴政背后都有力量对比平衡的影子，看问题静止还是动态，表面还是本质？

统治者和组织者

人都喜欢当领导，通常能干的人当领导。但最初的能干通常指自己能干，而自己能干并不意味着具备让别人能干的能力。让别人能干意味着最基本的组织能力。

领导并不能为下面直接提供什么。

> 一个国家一个天下有多少事情。哪个国家的事情是一个人做完的。有吗？他是做不完的。既然全国的事情你君主一个人做不完，那你做他干什么。你做了也是白做。你既然做不完的就干脆把事情交给大家做。你只要掌握了最高权力，然后你又做一个合理的分工。[7]

领导主要是定向和分配。

定向意味着合力，分配意味着权力。

领导是让一部分下面为另一部分下面提供所需，从而互相提供。

领导是一个双向学问，让别人做更多和让自己得更多是单向的，会减少跟随者；而让自己做更多和得更少也是单向的，完不成的。所以，是别人的所做和所得的统一，而核心是合力的增值部分。如果没有这一部分，单纯的分配意味着内斗。

所以，领导为大众谋福利是不可思议的事，而是让大众为大众谋福利，简单说就是如何增长和发挥群众的才能。

被领导的态度通常取决于对所获的认知，倾向于恩赐者和倾向于自立者，对领导的态度完全的不同。这是一个传统文化的问题，也是一个社会基础的问题，虽然，可以改变，但不会一下子改变。

7　易中天《先秦诸子百家争鸣》，上海文艺出版社，2009。

同样还有，金钱是合力，金钱也是分配。

领导在中英文里意思不完全一样，带头的意思或上头的意思。同样的，英语中的管理和中文中的管理意思也是有所差别的，至于侧重“理”还是强调“管”，这和上面的管理技能和下面的基础都是相关的。

在群体结构中，虽然同样被称作领导者、管理者，**但是内核却可以是一个统治者或者组织者**。虽然组织者也需要统治力，统治者也会有组织方式，但是，这些只是技术枝节，其核心完全不一样。通常组织者关心的是合力，而统治者关心的是合意，也因此造成了不同的群体结构。虽然，都是聚合，组织者变化和发展群体的力量，而统治者集结和约束群体力量。

“用师者王，用友者霸，用徒者亡。”

郭隗先生对曰：“帝者与师处，王者与友处，霸者与臣处，亡国与役处。”

师比自己强的人、友和自己相当的人，徒比自己差的人。能用比自己强的人是有技术要求的。

通常统治者会获得走狗、奴才、反抗者，而组织者会获得什么？

蒋介石的管理受传统文化因素影响很大，在技术角度上说，以忠诚为第一要务，所以，有了一大堆听话的部属（水旱蝗汤）。当然，有些只是表面听话的蛀虫，因为，表面者做表面，表面更易做好。而他对手的管理技术，最能体现的是三大灵魂“群众路线、实事求是、独立自主”，都从另一个方面揭示了群体的结构。虽然，部属像龙，但那只是冰山露出的一部分，下面的基础其实更好，目标的一致性、信息共享程度，比现代管理有过之而无不及。

劳伦斯·米勒《美国企业精神》：“目标、共识、一体、卓越、成效、实证、正直、亲密。”

数一数有多少听话的下属或者数一数有多少有进步的下属，能够明示管理的类型。虽然，它们并没有严格的分界。

重视精英，重视高管，剩下的都是垃圾吗?

重视群众，就意味着力量。众人推动的领导就是有力量的领导。

群众用上中下来分意义并不大，而是需要根据有效重复的多少来分。

不管主动的还是被迫动的，如果把组织内部定义为对抗，那么个人的能力有限就需要干将来辅助；如果把组织的主调定义为统一或者说合力，那么人才总会有冒尖的，而且是可替换的、流动的、变化的，这是群众路线的力量。

其实，走群众路线的一个原因，是你和群众不一样。如果一样的话，无差别很难管理，这就好比老师组织活动和学生自己组织活动的区别。从群众中来，到群众中去，说明来去的都不是群众，但也不可离开群众。

精英之于群众才是精英，群众之于精英才是有效群众，反之，假精英和散沙。虽然，精英优于变化，不过，结果是群众决定的。

统治者在社会基础差的地区会突现强力的优势，而组织者的优势在于变化和积累，能使其在可持续发展方面获得优势。

统治者通过压制整合群体的力量，整体力量的增强建立在个体损耗上，并且抑制活力和发展，最终，把上下定义成对立。对抗是对立，顺从也是对立，因为，一方被牺牲掉了。

在一个紧密的统治集团和松散的被统治群体中，被统治群体内部的互斗是受欢迎的。

统治者的优势在于绝对力量，而组织者是非常考验技能和经验的，也就是说如果不能够转化出力量，组织者并没有什么优势。换种说法，组织者对统治者的结构优势只是理论上的可能，而在各种群体管理中，特别是企业下层管理中，这是个常见的现象。

组织者通过技术整合群体的力量，一致性是有难度的，凑一块并不会自动增强。所以，只有善长激发个体或者善长互补优势增强的组织者，才能获得优势力量，因为对抗小增益长，这个力量是有优势的。

群体内部的差异会自然产生竞争和合作，而群体文化（企业文化、组织文化）也会自然产生群体的定向。强胜弱的法则强迫症似的胁迫着不同个体的趋势，而优秀组织者则能有意识组织别人对别人的助力，从而引导整个群体的变化。

统治者和组织者的目标都是受局限的，一个在于成本，一个在于内因。对群体素质的要求也不尽相同，统治的特点是对上面能力的要求越来越高，高到不现实；而组织的特点是对下面的要求相对高，否则没有增益。

从局部细节角度，统治者和组织者都有可能限制行为和促进行为；但从全局总体角度，统治者是以限制行为为主的，而组织者是以促进行为为主的。

西方民主比较幼稚的地方是希望用同一种方法组织独居动物和群居动物，而东西方的独裁则都用同样的方法对待羊群和虎群。思想是会变化的，能力也是会变化的，但变化并不一定是正向的，如同碰到这样的问题：如何和平地对待要伤害你的人群？

从历史上看，上下一体的统治者和组织者都能带来成就，而领导和下属对抗分离的都是走向衰败的。

团伙和团队

继承从来都是件大事，也从来就是件做不好的事。

打天下通常是一个团队，而经过继承这一手续，团队消失了（不是人员消失了，而是结构变了）。

因与他人能力的差异，一代们主要是促进行为，而后代们主要是限制行为。

物质可以继承，团队无法继承。

类似的情况，打天下时多数是组织者，得天下后自动转成了统治者。

实干排斥投机，而说空理需人数支持，所以空理与投机如影随行。且伪理总是比道理好听，当伪理多起来的时候，道理无人听，起哄则大有人在，就成为机会主义的天下。

机会主义的特点是吹捧你的和诋毁你的是同一人，所以，即使理论上反感机会主义，现实却喜欢，因为，在上只能看见吹捧，在下只能看见妖言惑众。

机会主义者对规则的作用远大于他们本身，效应可以扩散至整个群体并成为主导，破坏内部平衡，增益投机行为，阻碍建设性行为，既隐蔽又威力惊人，**是一切群体效率之敌**。

团伙经常是机会主义之合，而团队多少会产生一些对机会主义的自然抗力，因为，团队建设的长期目标与机会主义的短期利益总是格格不入的，相互侵占也有悖于团队的核心原则。

当然，没有团伙称自己为团伙，一般是以团队精神之名，发扬团伙精神之实。团伙成员虽然会合作，但需有外部红利的前提。团队团伙并没有明显区别的外表，甚至也没有明显区别的界线，却有着明显区别的结果。

机会主义即使数量庞大，却也很难找得到，因为他们总是会披着伪装的皮，寄生于德、真、美、善之下，借众、借势、借权也是必须的，暗箭难防。没有群体结构和文化是以机会主义命名的，但那些群体结构和文化特别在意名，而不在意实，机会主义就会上升到顶尖，成为机会主义的群体结构和文化；而实在的群体结构和文化天然排斥机会主义，主要是因为行为反馈方式的不同。

金融、娱乐是比较容易赚大钱的，但是，金融、娱乐是寄生的。如果大家都进入这一领域，不仅行业利润率降低，还会造成对耗、底线降低、剥夺优质人力资源、抬高实体门槛、价值观扭曲等。

当然，从技能上来说，合作与对抗都是团队所需要的能力，合作能提高效率，对抗能对付破坏效率。

团队精神强调：团队对个人发展的作用以及个人对团队发展的价值。

团结就是力量，怎么个团结，什么方向的力量？

大能量和高能量是不同的。

乌合之众、人多势重算不算团结？

团结、分散、合作、对耗是四个维度。

其实，每天我们都在享受着各种团伙的产品和服务，生活在各种团伙中。团伙和团队的不同在于：团伙强调借光，位置至关重要，能借到多少光取决于位置；团伙强调表面的忠诚和奉献，但是没有群体规模所带来的光，忠诚和奉献的依据是什么？

而团队更有意识地强调促进个人和个人促进。因为，群体力量足够大，促进个人并且产生效果是件很容易的事；而在这个效果下，个人的促进才会有力量。这是一种动态的 1 + 1 的效果，1 要变化，凑在一起的不一定大于 2（因为内耗），这也是分配平衡和变化平衡的区别。比如一个好公司，用不了多少时间就会把一个大学生变成一个优秀的员工，而且不用怀疑其奉献，这是强有力的团队力量；而差公司总是宣扬员工要多奉献，但差员工奉献又能有多少？

团队精神是通过合作提高个人能力，从而提高整体能力以至利益。如果合作不能提高能力和利益，那么无效团队就没有竞争力了。

组织结构是框架，同样的框架之内，可以存在不同的群体意识，也可以存在不同的协作技术。个性化可以趋向分裂，也可趋向合作，共性可以趋向团结，也可趋向对耗。去中心化，聚趋势；中心化，分倾向。**群同分之，有潜力，群异合之，有力量，分合相群是一种行为，是一种方法，是始终变化的结构，是一个积累没有终点的过程。**

一个和尚挑水喝，两个和尚抬水喝，三个和尚没水喝。

一个人做生意，两个人开银行，三个人殖民地。

最后有这样一个问题：团队精神和集体主义精神有什么区别？

第 6 章

企业的重复

企业是现在社会最多的重复，企业的优劣又是由它自己的重复决定的。

通常我们总是注意有意识的重复，然而，习惯是处于意识和潜意识之间的重复，特别是有些坏习惯和好习惯都容易产生于潜意识的部分。好习惯不是想有就有的，坏习惯也不是想改就能改的。

第 1 节　第一技术

你的动力是你的，我的动力是我的，答案不会传递动力，问题却会。

开会的问

最有效的教育方法不是告诉人们答案，而是向他们提问。

——苏格拉底

东西方企业的会议有很大的区别。

东方企业无论大小会议，几乎都是领导作报告，讲话意味着资格，没有资格镇不住场面；会议并不是要传递内容，内容发文就可以了，而是要镇一镇。当然，上有上的说法，下有下的办法。

开会再开会，不开怎么会，本来有点会，开了变不会。
有事要开会，没事也开会，好事大家追，出事大家推。
上班没干啥，一直忙开会，大会接小会，神经快崩溃。
销售我不会，企划又没学，问我啥本领，专长是开会。
……
唱了大半天，到底会不会，你若还不懂，就要多开会。

下面意见相同是马屁，意见相左是冒犯。下面最好是见机行事，见机行事意味着主动权在手。

西方企业的大会通常很简单，三至七条，多了不是记不住就是搞不清，越多越不重要。

西方企业的小会则是管理的精华。

把答案变成问题，这样，会有很多答案。不管是自由回答还是轮流回答，主会讲话超过百分之四十就是失败。

人数在6—24之间，人数少意见少，互动不够，人多就要分组，每个问题最好都有六到八组意见。

你的答案是你的，我的答案是我的，即使方向完全一样，推力也不一样。如果方向不一样，就有了择优的机会。

你的动力是你的，我的动力是我的，答案不会传递动力，问题却会。

只有一名领导者才能提出比较强硬但每个人都需要回答的问题……只有领导者才能左右组织中对话的基调。[1]

问题意味着意焦（意识的焦点），西方体现的是以人为本，用道家的话说无为之无不为。“无为”不等于“不为”，“无”和“为”两个字要分开，通过“无”这个方法达成“为”。

老子《道德经》：“反者道之动。弱者道之用。”

人是不需要管的，也是管不好的，不是对抗，就是奴顺。但如果能把控能差，既会出现拦也拦不住的自觉，也会出现挡也挡不住的智慧。

“问”不是因为没有答案，而是为了不同的答案，需要准备好基本的答案再去问。如果没有基本的答案就去问，就无法比较答的优劣，也控制不住局面，甚至会没有像样的答案。

“问”不是因为没有答案，而是需要每个人的答案，是合力，也是合智。

---

1 拉里·博西迪、拉姆·查兰《执行：如何完成任务的学问》，机械工业出版社，2003年。

曾经流行的会

喊口号、讲道理、定措施。

喊口号，意味着目标明确，更意味着目标一致。喊得响意味着提升的感性力量多。

讲道理，意味着目标分解。

定措施，意味着执行和落实。

这是个方向和动力结合得很好的会议，现在，很多公司的晨课用的也是这个原理。问题在于目标和结果是否一致？不一致，用不了多久就喊不下去了。

“晨课”在英语中，不是“morning class”而是“morning call”。

布道传教把喊变成了唱，人越多效果越好。

这因为是工具性的，所以用在第二能级和第三能级都是没问题的。

第 2 节　区别

在西方，管理者口中经常说的管理就是沟通；在东方，下属要能意会上级的意思，而上级总是话中有话。

给我们造成麻烦的不是我们不知道的东西，

而是我们已知的东西不是这样。

——斯蒂芬 · P · 罗宾斯

行为和数字

从行为到数字是一个在方向上变化的好方法，而从数字到行为则需要强大的动力，这个动力的根本原因同样是感受，而它们分别在外面和里面——**客户感受和员工感受**。习惯在方向上的原因需要技能，习惯在动力上的原因需要内外的积累。

算术和数学在企业中的区别，算术总是追求不等式，而数学总是追求等式；算术总是避开非数字的部分，而数学离不开非数字的部分。

从行为到数字是数学、统计学，基于事实而非编造的数字意味着可能的更好的方法，并且也易于认知，所以存在可能的效率区别；从数字到行为是技能和动力，因为区别，所以区别。

这份 40 年前我得到的标准涨幅工资也许将我的行为推向了极端。不过区别对待本身就是非常极端的行为。奖赏那些最好的人才，同时剔除那些效率低下的。严格执行区别对待的措施确实可以产生真正的明星，这些明星可以创建伟大的事业。

有些人认为区别对待太过分了，这样做会影响到士气。

这些人说区别对待的做法会严重影响到团队精神，但在我看来这是不可能的。你可以通过区别对待每个人而建立一支强有力的团队。

我们造就了不起的人，然后，由他们造就了不起的产品和服务。

尽管我们有制度，有书面的规定，有明确的日程表，但它绝不是静态的，除了日程表和提前认真准备以外，人事评估程序从来不是有规定有矩的。

不管我们在书面上写了什么——实际上我们所有的内容都写到书面上，我们所期望的绝不只是这些白纸黑字，我们所期望的是每一个带到讨论桌上来的激情和意志。当经理们不惜承担风险地陈述他们的报告时，你就既弄明白了他们所讨论的内容，也弄明白了他们这些人。

有时我们会为一页纸争论一个小时。

为什么这些会议如此紧张激烈？

一句话：区别。[2]

区别既是动力，也是方法。

区别本身并不一定能产生正向效果，内斗的原因也是区别，分割的标准是不易察觉的，过程性的还是结果型的。

一个人和另一个人的区别是一份区别。

一个人和一百个人的区别是一百份区别。

指数级增长，拦也拦不住。

而一百个人之间的一万份区别的效用却等同于零区别。

这是管理的大课题，也是群体心理学的大课题。

不要为了区别而区别，真正有效的区别，是动态区别和区别的动态。

也就是说那些能产生变化的区别和产生区别的变化。

---

2 杰克·韦尔奇、约翰·拜恩《杰克·韦尔奇自传》，中信出版社，2004 年。

员工努力是因为反馈的区别，干和不干都一样（多少好坏）的话，谁干？

顾客选择也是因为区别，买谁的都一样，就没必要选了。

人员行为的改变无疑在管理中是非常有效果的，但是，一个封闭的群体，如偏远小村，既无可改变的动力（见识），也无可改变的基础。所以，城郊差别是动力，特别是在意识上，而相近可借光，人员、技术、资金、市场、环境等都是如此。而国外与国内的差别是个更大的差别。

群体重复和习惯的改变，无论是方法还是动力（包括阻力），主要都是因为差别。而这其中，有人为的创造，也有自然的产出，个人力量的大小取决于借势还是逆势，识别是一种智慧，运作是一种能力。

为什么要统计行为？

因为，每个人都是不同的，统计意味着横向差别。

因为，改变是重要的，统计意味着纵向差别。

企业总是充满各种数字，财务似乎是数字最多的地方，也是最喜爱数字的地方。但是，那个地方是结果，而不是原因。产品也是数字很多的地方——同样是结果。企业通常不缺乏数字，但缺乏成因的数字，它们是行为的数字。

NBA有各种行为数字，不知道是否是因为行为简单容易统计，而结果大家都知道，每个人都想改变数字，为什么？差别——差别不只是存在在数字上。

把行为的数量统计出来，可以改变数量；把行为的质量统计出来，可以改变质量，只是，这个统计有点难。（人员行为变化周表的纵横向比较，是直观的好工具。）

中国人、犹太人的算术很好，但是数学不好。

在不等号和等号之间，赚钱和制造价值是不同的。

在西方的天文学课堂上少有照片，只有开普勒公式、牛顿公式各种各样的演算；在人体解剖学课堂上也要算各种口径血管的压强；甚至在心理学课堂上也有各种各样的假公式套用。

牛顿不知道万有引力，但他会算万有引力。

从行为到数字，数字会放大或者说明显差别，只要，别把差别和数字的关系搞颠倒了，数字还是很管用的。

数字背后有没有东西是关键，什么东西？

钱是高能的，技术是高能的，有些人是高能的。

钱和技术不会单独存在，人也不会单独存在，是个人意念的体现还是群体意识的作用？

想当然的计划通常意味着失败，而且越好看越理想越容易走向反面。

基于改进的计划，不那么完美，但是，它有基础，不只是物质基础，还有精神基础，我们通常称之为经验。

全新的项目，我们通常也要去寻找相关的参照，所以，先从行为到数字，然后，才是数字到行为。

从数字到行为，不能为数字而数字（除了财务），因为，数字不能直接产生行为。产生行为的一定是其他的原因，特别是在有关行为质量的方面。

财务是一种非常特别的统计方式，基本和行为分离，也不能解释事务的实情。比如账面上的一个数字，一百万和一百万之间没区别，运气的一百万和努力的一百万，投机的一百万和实力的一百万，发展的一百万和最后的一百万，都没有区别。看出数字后面的问题，是件非常不容易的事，你必须非常了解运作的核心。而财务预算非常容易就数字进行修饰。基于远离实际的人有着共同想象，往往能和官僚高层高度一致。

老子《道德经》：“图难于其易，为大于其细。天下难事必作于易，天下大事必作于细。是以圣人终不为大，故能成其大。夫轻诺必寡信，多易必多难。是以圣人犹难之，故终无难矣。”

大多数企业的暴发都基于一个良好的微循环，大多数大企业的衰败也始于微循环。不赚钱的业务要砍掉些，结果是，钱没以前好赚了。反过来的问题是，那些有吸引力的特别的产品和服务并不一定是那些最赚钱的，上升企业和大企业的思路基本不同，价值取向和价钱取向表面上是很接近的，我们要做得更好和我们要赚得更多表面上也是很接近的。

戴尔·卡内基："我们不追求在一件事上比别人好百分之一千，我们要在一千件事上比别人好百分之一。"

这句话在一本卡内基的书上，因为版本的关系，以至于搞不清是不是卡内基先生说的，只是想改一下，**我们要在十件事上比别人好百分之十**。

跟踪最重要的十个左右的行为数字。数字太多，意味着不重要；数字太少，则无法对比。百分比太少，则没有感觉；一次性百分比太多，投入产出比划不来，改变百分之十左右。从数量向质量积累，从质量向数量扩展。

是否能循环，在于是否能反馈感知。

人的方向是理性的，但动力不是。所以，绩效在行为之后是必须的，而在行为之前不那么管用。

赫茨伯格说，人类不会被未来所推动，他们只会被目前的成就所推动，一项小小的成就，会成为"想要试着达成多一点"的动机。[3]

事后我们会有很多感受，事前通过预期或意识调用，感觉有限。

管理的目标，是在事前加强感觉，如商鞅立木，但更重要的是事后调整好感受。

管理的基础在于数学和心理动力学。但核心问题都在于关联。数学是数字与其他非数字因素发生的关联、统计以及最重要的变化的反馈。心理动力学的要点就是群体。

偏数学的泰勒的科学管理，忽视心理动力，以致组织及成员的

3 费迪南·佛尼斯《绩效！绩效！》，中国财政经济出版社，2002年。

发展都受到抑制；而重视心理动力，忽视数学，就会演变成权谋，机会主义就有了机会。

要领导不要管理意味着不要把想当然的数字代替现实，数字不会带来变化，人会；**要管理不要领导**意味着不要用权威代替反馈的实效，没有好的反馈，好形势不会长久，而这两者并不冲突。

数字在命令系统中是虚的，数字在反馈系统中是实的。命令系统数字化会好看，但不等于实现，过分的数字会成为实现的阻碍，也会成为玩数字游戏者的机会和漏洞，而一旦行为反馈系统数字化，动力和方法都会进阶。古时东方的领导喜欢听汇报，而现代西方管理者喜欢看报表。奏折和报表的不同在于主观和客观的标尺，坏事的上传速度与主客观的技术是相关的，而好看的报表通常是一种新式的奏折。听言观行，听懂汇报是下面的技术，看懂行为是上面的技术。

数字权的位置，代表了从上到下的控制或者从下到上的累积，团伙还是团队，这也是一种形式。

政策有利于机会主义者，你会得到吹捧，吹上天；政策不利于机会主义者，你会得到谩骂，骂入地。不管政策是否有利于做事的人，你得到的可能都是静默，用行动说话才属于他们，所以，有些政策说过来说过去都没什么用，而有些政策用不了多久，情况会变得让你大吃一惊。

侧重命令还是侧重反馈是技术，也是政治。

企业领导力和下层的动力是拉动和推动的不同，而企业驱动力（上下合力）是独立于制度流程单独存在的，相同的制度流程会有不同的驱动力。

企业中的方法和技能通常是意识的，而动力通常不完全是意识的。对意识部分我们容易控制和重视，而对非意识部分的控制和反馈是困难的也容易被忽略。所以，同样的流程会产生不同的习惯，意识部分是一样的，潜意识部分是不一样的。

企业的重复和企业的习惯区别是：重复强调程序和结果，而习惯强调自动化和内驱力，它们是一件事的两个角度。

如同汽车一样，企业中的方向管理（效率、方法、技术、数学）

和动力管理（心理）也是分开的，但是它们的结果同样是一体的。

从行为到数字意味着方法，从数字到行为意味着动力，两者循环意味着提升，两者分离意味着想当然。

从行为到数字有两次，一次是事前，一次是事后。这两次之间的关系，不是计划有没有实现，而是我们取得了什么样的变化。所以，事前的数字是大局观，事后的数字是管理经验。有些数字是没用的，有些数字至关重要。

从行为到数字，从数字到行为，再到数字，分别意味着基准、变化、反馈以及可能的区别。这不是一种理论，而是一种技能，说起来差不多，做起来大不一样。

只会制造漂亮的数字，还是在数字和行为之间具备独到之处，正是企业管理咨询公司实力强弱的体现。

咨询的提问

SWOT 是管理人员很基础的工具，但是，很少有地方用出实效。不会用是一个原因，另一个原因是没人想自找麻烦。

优势、劣势、机会、威胁，死板的分析会使 SWOT 成为把运气变成功绩、为失败寻求借口、把机会变成投机、把威胁转成嫁祸的好工具，其实，不是这样用的。

SWOT 的问与答

优势（Strengths）：

你擅长什么？

你的组织拥有什么新技能？

你能做些什么别人不能做的事？

你如何能够重复最近的一次成功？

什么使你与众不同？

你的顾客为什么要到你这里?

劣势(Weaknesses):

你不擅长什么?

你的组织缺乏什么技能?

别人在什么事情上比你做得好?

你最近的一次失败是什么?为什么?

你尚未完全满足哪一个顾客群体?

你最近失去了哪些顾客?为什么?

机会(Oportunities):

市场上是否发生了你希望的变化?

你学会了什么技能?

你能够提供什么新产品/服务?

你能够接触到哪一个新的顾客群体?

你如何能够使你与众不同?

你的组织在未来5—10年中的情况怎样?

威胁(Threats):

市场上是否发生了什么不利于你的变化?

你的竞争对手正在做些什么?

你的顾客的需求是否发生了不利于你的变化?

是否发生了任何会伤害你的政治或经济变化?

是否存在威胁你的组织存在的任何事物?[4]

知道不等于做到,SWOT的意义并不在于知道,而是问与答的变化。如果问答都以己腹执,上下的问答一定是有偏差的,而且

4 格拉斯《管理宗师——卓越管理的新思想》,中国标准出版社,2000年。

失去了发现问题、解决问题的机会。

咨询公司的咨询一般都是从访谈开始。访谈通常都是了解情况，而且访谈的原则是在访谈过程中不可加入访者的意识倾向，只问不参与。但是，访谈却是释放心理能量的过程，因为，每个人的区别都将会被面对。

有两个方向和两个界面上的望、闻、问、切，两个方向是指技能和动力，两个界面是指意识和潜意识，换种说法是意识方向和意识能量的跟随。

在动力方向上的问题：

1. 曾经最美好的经历？最有价值的过去？
2. 最感兴趣的目标？最在意的事？
3. 最在乎的群体中的人还是个人的群体结构的排序？
4. 最想要提高的技能和培训？
5. 最容易的变革和最难的变革？

触发克里克原则中“最能讲的地方，是你最多的意识能量和技巧的地方”，而接下来的就是发扬和改变。要知道胡萝卜加大棒，员工都是被动的，而有些员工是可以**条件**（需双方的意愿和技术）合作的，可以合作的员工是主动的。

条件意味着可能，而不是一定，主动和被动两种管理方式也可以很好地组合，其中主动不仅是力量，还是智慧的基础，这是现代管理的两个重要特征之一。另一个是反馈系统数学化，动力效率持久的原因。

同样的问题在西方管理中非常的常见。当然，侧重有所不同，比如马库斯·白金汉和柯特·科夫曼认定的 12 个问题：

1. 我知道对我的工作要求吗？
2. 我有做好我的工作所需要的材料和设备吗？
3. 在工作中，我每天都会有机会做我最擅长的事吗？

4. 在过去七天里，我因工作出色而受到表扬吗？
5. 我觉得我的主管或同事关心我的个人情况吗？
6. 工作单位有人鼓励我的发展吗？
7. 在工作中，我觉得我的意见受到重视吗？
8. 公司的使命／目标使我觉得我的工作重要吗？
9. 我的同事们致力于高质量的工作吗？
10. 我在工作单位有一个最要好的朋友吗？
11. 在过去的六个月内，工作单位有人和我谈及我的进步吗？
12. 过去一年里，我在工作中有机会学习和成长吗？[5]

对这些问题的答案，在意识的技巧上和潜意识的能量上，都需要一定鉴别能力，否则，会觉得这些和企业管理相距甚远。（善长管理员工技术的企业管理咨询公司和善长激发员工技术的企业管理咨询公司之别。）

你必须寻找答案，而一个不错的方式就是直接问员工：

1. 你怎么知道自己的工作绩效如何？
2. 你如何衡量你的表现？
3. 当你做错事时，你怎么知道？
4. 叙述一下怎样才叫好的表现。
5. 叙述一下怎样才叫不好的表现。[6]

回顾也是为了寻找区别，而不是写流水帐。现状分析不管怎样分析都不会改变现状，其价值有两个方面：一是现在与过去的区别以及原因；二是执行者、决策者的认定与沟通：

1. 你最感兴趣的有哪些？

5　马库斯·白金汉、柯特　科夫曼《首先，打破一切常规》，中国青年出版社，2002 年。
6　费迪南·佛尼斯《绩效！绩效！》，中国财政经济出版社，2002 年。

2. 你觉得最有价值的是什么？第二有价值的、第三……
3. 有什么特别？
4. 有什么变化？
5. 最有效的行为列表？
6. 最多的几个行为？
7. 最有潜力的易难列表？

当然，不要报表和只认报表，都是初级的。

西方管理中类似 PPT 的排列非常值得借鉴，这也是横向阵列思维的体现。波特的五力模型、麦肯锡的 7S、大前研一的 3C 以及 PEST 等模型，但是，这些通常都是知道而没法用。东方的本地化，通常有两个方向：一个是趋于更加华丽的刻板，另一个则是通过纵向思考寻求因由，核心就是这一方向上可能的区别。

用人之道与管理之道

孟子告齐宣王曰："君之视臣如手足，则臣视君如腹心；君之视臣如犬马，则臣视君如国人；君之视臣如土芥，则臣视君如寇仇。"

——《孟子 · 离娄 · 下》

我们首先关注的是控制力。

第一种控制力，只要嗓门大、力气大就存在天生的控制力。当然，也只能控制较弱的人，相近的人就很容易形成对抗，而较强的人就镇不住。

第二种就如孟子所说，待人接物。但是，世上误事者奸人十之有一二，蠢人十有八九，不管待奸人如何，特别是待蠢人如何，结果都是差不多的。(反过来不成立，对值得尊重的人尊重，结果是惊人的。)

第三种就是拉拢一些人，拉帮成伙，增加自己势力。

第四种挟天子以令诸侯。

第五种让下面斗起来就好控制了。

总体来说倾向于压制。

力量压制是绝对的，但是抗力一直会存在，只是如何发作的问题。通过好方法改进力量的效率是相对的。好方法包括平台、团队、激励、技能、培训、策划、执行、反馈、竞争等，很多很多，总之，都是倾向于提升。

用人之道与利用他人之道有什么区别？

是人员长期发展与控制力之间的矛盾，短视或控制力不足都会形成对耗。

从历史角度看善用他人之道和利用他人之道很容易区别，但当局者很难区分。

仅从操作方法上对比用人之道和管理之道：一个模拟一些，一个数码化一些，用人之道以人为基准，而管理之道似乎更关心效率和改变。用人之道关心长期稳定的人际关系，而管理之道着重于现在一定范围的事务。

有些企业，“会做人”压倒一切；有些企业，“不会做事”就只好饿死。

其实，用人之道包含管理之道，管理之道也包含用人之道。我们的用词只是为了区别传统与现代、长期与短期，两个不同的角度，两层不同的含义。

传统用人之道与现代管理之道的核心区别是什么？

驱动方式：命令与约定。

反馈方式：主观和客观（凭感觉和数学等式）。

“管”和“理”，国内企业管人比较多，外资企业理事比较多。如果，**把目标管理、绩效管理策划执行到位，大家都有自己的工作，服不服的事会很少。策划是经验和实际之间的数学问题，而执行则是意识和潜意识（意识潜能量）的问题。**

管人最大的问题，缺乏一致性——会有很多投机的人。

理事好像很少关注控制力的问题，当然，控制力的问题也是存在的，只是，其控制不在于听话，而在于反馈。

管理之管是管人，管理之理是理事，这句话完全不对。把反馈系统做好了，表现好，高回报；表现不好，低回报，理事也把人管了。听不听话从某个意思上来说，与业绩无关。管得人很听话的，业绩未必上得去。

用人之道的目标是对领导有用，管理之道的目标是对组织有用，领导目标有时和组织一样，有时不一样，但它们一定是两种目标，个人的和群体的。很多国外的管理方法不那么有用的原因是不同的目标和前提，也就是说管理方法在用人之道的内核上作用是很小的。同样，用人之道在现代管理中，也存在了很多格格不入的地方。

企业中有人做加法，有人做乘法。通常一线人员做加法，而管理人员做乘法。但管理人员不一定都能做大于 1 的乘法，所以，要以一线人员的工作来衡量管理功效，否则，就会有越管事情越多，无事易生非。

> 作为一名经理人，你是否有足够的能力，取决的重点是在于你员工的表现，而不是你做了哪些事。[7]

这是用人之道和管理之道区别的内因，思维的方向不同，一个大我小人，一个大人更大的我。

长期用人之道与短期管理之道的区别在哪里？

用人所长、审时度势等于数据处理，而数据处理是工具、是效率、是方法。但这只是表面现象，内在的问题是，方法没有动力就没有意义，而动力问题往往是隐形的。

命令员工、带领员工、奖罚员工、协商员工、谈判员工、分配员工、支持员工，各种形式都代表了一种理念。而任何方法都是理

7　费迪南·佛尼斯《绩效！绩效！》，中国财政经济出版社，2002 年。

念的延伸，这些理念代表了两种基本的实质：XY 理论。

很有意思的是学了众多的管理方式，我们却都用不上，好像管理界把重要的技术都隐藏得很好，而把不重要的拿到外面给大家看。

我们通常在实际中学习管用的管理技术，有几招以后，不管什么情况，我们都只用这几招。

通常，员工区分成依赖性强的和独立性强的，管理人员区分成强硬的和协商的。强制是一种技能，协作也是一种技能。但在目前大多数实际情况中，不是根据情况变化，而是以不变应万变。高明比蛮力高效，却没有蛮力易用。

管理方法最容易在同行的对比下传播和发展，一方面是由于竞争压力；另一方面，相近的环境提供了抽象理念中不存在的可行步骤和克服困难的细节。

管理总是和权力、分配混合在一起，以致非常的复杂。从下向上不缺乏动力，从上向下不缺乏条理，反过来说，就是总缺失另一方。

把管理、权力、分配三者分开理清可以互助，把三者混淆则可以把官僚游戏玩得如鱼得水。马克思 · 韦伯的科层制度通过绩效反馈可以提高效率，但通常会演变成权力的反馈。而矩阵、网络系统又会演变成命令有人下，反馈、报酬、长效发展无人管。

管理是效率的问题，但是无法回避的是权力，接下来就是分配。

利用他人之道要解决分配问题，管理之道也是要解决分配问题，只是一个在于权力，一个在于效率。分配不当会权力变异或失去效率。

效率的提高可以产生权力，而已有了权力，是否还要重视管理？虽然长远会有问题，但是，短期反而能取得急功近利和表面的辉煌。

垂直结构的群体，最大的问题就是限制发展。水平结构的群体，易竞争或者争斗，而促进群体的发展，是在变化中求稳定，在稳定中求变化。

历史上摩西和管仲都做过全民的分户分组行动，提高了整个群体的效率。一开始，总是从下向上组，十成百，百成千。而到了后面，也许就变成了从上向下的占位，从凝聚力量变成了分散力量。

人体的神经系统让人的命令系统和反馈系统分开工作，结果是因各司其职而完整。组织的命令系统和反馈系统通常是一体的，一般都是偏执一方的本位。科层和矩阵的实质都是分组，而命令和反馈是另一个维度。领导的强力和长久并不一定成正比。封建王朝都关注强力，却没有帝王能把反馈系统做好，所以，王朝都不会永久。负循环比强力强大得多。

绩效管理有一个重要的技巧就是把维持反馈和变化反馈分开。

沟通与听话

心理学史上，那些长相英俊的心理学家，对人性往往持比较悲观的看法；而那些对人性充满期待的心理学家，往往又长得比较悲剧。前者如弗洛伊德，华生；后者如阿德勒，马斯洛。

男人的好长相，有时会有一种负面作用，就是长相和能力之间并没有必然联系。因而产生自己对自己和别人对自己的要求的过渡，而丑相却可以转化出积极的因素。靠脸吃饭的男人是奇怪的也是困难的，现今，社会上那些靠脸吃饭的男人，主要依赖的不是脸，而是依赖于背后的团队运作，使其实什么也不行变成感觉上都行。然而，女人长相的作用，却跟这个不一样。

另外，体质被中医定为阳性的心理学者，认为不能做实验的理论不科学；而体质被中医定为阴性的心理学者，可以认同生理实验，却无法认同心理实验，认为那只不过是些笑话（碎蚯蚓）。阴阳体质的学者之间的感受差得天上地下，所以，威廉·詹姆斯看威廉·冯特不顺眼，对弗洛伊德却很好。

身体好的人感受少而强，身体弱的人感受多而弱。身体好的人很多感受是没有的，身体弱的人很多感觉弱到表达不出来。身体好的人很难理解身体弱的人那么多事，身体弱的人也很难理解身体好的人怎么就不明白。当然，除了身体，地区环境也会造成类似的情况，比如沙漠、雨林、北方、南方等。感受少而强与感受多而弱表面并不很显露，但形成的思维基础不一样，却会影响思考和交流。

不同的语言，会造成无法沟通，但更多的问题，却是来自同样的语言。同样一句话，领导说、下属说分量不一样，这是大小属性；而同样一句话，说的人和听的人意思也会不同，是学识、经历、背景、利己角度、重视程度、感受等诸多因素的影响，是方向属性。这些都能在意识之外成为沟通的困扰。

庄子《外篇·秋水》："井蛙不可以语于海者，拘于虚也；夏虫不可以语于冰者，笃于时也；曲士不可以语于道者，束于教也。……仲尼语之以为博，此其自多也，不似尔向之自多于水乎？"

企业的行为如同个人的行为一样，动力和方向也是分开的。同样，许多特征也会延伸至习惯，而不同的是群体的作用。

有些人原生动力强大，有些人善长变化。多样性是很好的竞争力，但如果组织技术或统治力量出了问题，这些竞争力的主要作用就是在各个方向上的作对。

虽然，不管是客户管理还是员工管理，动力和方向从结果作用的角度是一体的，但是，从操作角度是分开的。西方管理侧重于不同的方法，而东方传统侧重于动力的构成（也许因为西方人本身动力比较大，而东方人不乏机巧）。但动力和方向技能脱节肯定会出问题。不管动力还是方向，总是要落实在执行上，而话语权的位置，正是东西方技术最明显的区别，也是中世纪西方与近代西方显著的区别。

话语权不仅是权力，群策群力还是独断专行意味着不同的群体力量。

听话在企业中的意义，不同的领导有不同的认知。

说话在企业中的意义，不同的领导也有不同的认知。

领导的认知是绝对权力。

上说下听的结果，多数是上说和下听越差越大。

下说上听的结果，就是绝对反馈。

好习惯容易产生在说话者身上，听话的容易产生坏习惯。

上说下听，总是事前很着急，事后很健忘。

下说上听，事前很放松，事后很仔细。

同样的原理在企业发展中也起作用。很多企业产品，事前很夸张，但用户体验感很差，最后，积累出无可救药的差评。而用户体验的积累正是企业莫名变化的主因。

但如果你想知道一个人在想什么，你必须让那个人开口说话。[8]

对统治者来说一切从上说开始。

对组织者来说一切从下说开始，而下说正是激发的开始。

要在动力和方向上取得动态平衡肯定是双向的，只是，现实中多数情况都是上说下听，因为，领导发言拍手称颂是容易的，而下属发言要称得上分量没有业绩支持是困难的。马屁不是下属的发言，而是领导自我意识的一种镜像，是一种心理依赖。

对领导的评判通常是“能力”二字。心虚和拍马通常形影不离，而拍马又能形成小集团，这也能形成力，但不是能力。真正能体现领导能力的是下属的效率，而长久的效率是通过下属的变化和进步来表现的。

听话是否重要，主要考虑的是下属不听话，领导的作用就体现不出来了。但是，领导东南西北，下属要听话也是很难的。

一旦约定，干好干坏的反馈，事情是下属自己的，上级主要就是检查反馈是否真实，听不听话就不那么重要了。

人性的特点：一是在**被动**的情况下很难把事情做好；二是光说不做一旦形成群体，这个群体非常容易**退化**。

在西方管理者口中经常说的是**管理就是沟通**，而在东方下属要能意会上级的意思，而上级总是**话中有话**。

8　费迪南·佛尼斯《绩效！绩效！》，中国财政经济出版社，2002 年。

警察和法律

罪犯怕警察还是怕法律?

如果只有法律没有警察的话,你能否运用法律条款把罪犯说服?

如果没有法律只有警察的话,是执法困难还是随便乱来?

关于制度管理,先来看看“蓝皮书”的例子:

1951 年,通用电气首席执行官拉尔夫·考迪勒组织了一帮经理、顾问和教授(包括管理大师彼得·杜拉克),让他们在纸上写出改进通用电气的建议。

在研究了通用电气和其他 50 家公司,并对其做了大量研究之后,他们写出了“蓝皮书”。该书于 1953 年编辑成功,共 5 大卷、近 3500 页。该书的目的是使决策过程中“人的因素”最小化,其中还包括了数以百计的帮助通用电气管理者处理不同经营环境的理论和建议。

书中的言语和思想规定了通用电气官僚体制的决策过程、程序和规则。对韦尔奇来说,这本书应该被用来代替思考的说法是无法忍受的。他改写了通用电气的管理方法,用一个参与性更广泛的管理代替严格的科学管理和泰罗主义(这种管理偏爱命令和控制模式)。他的学习型组织建立在这样的假设之上:是思考和思想帮助组织实现自我实现的需求,而不是规定和书本。[9]

现代的学究们曾经非常推崇制度创新,大讲法治比人治的优势,这和孔子心中的周礼并没有什么区别。因为,执行不是学究们的思考,也不需学究们去做,除非他们碰上兵。

务虚的人和务实的人认知有很大的差别。学究们“很傻很天真”,也会被需要,现代势力集团经常利用他们制造一些美妙的“真理”,

9 杰弗瑞·克雷默《韦尔奇管理宝典》,中国财政经济出版社,2001 年。

比如高喊自由却不知道如何应对金融打击；高唱民主，却不知道松散、盲目、弱软、好钱、恶劳、迷信在大众中的比例是**变化的**（比较容易知道的是地区内信教比例超过 51%）。大众的可塑性是很高的，而且权贵也是众的一部分。

制度往往都是带着无限美好的意图，制定得极为完美，只有我们的美梦可以比拟，但也同我们的美梦一样难以实现。

存在着这样一个假设：如果大家都遵守制度，情况就好了。你们应该这样做，他们应该那样做。这根本就是把人当机器。上溯历史上数不清的繁复的制度，同时也会发现数不清的对策。站在自己角度设计的制度本身就不会考虑别人也是有大脑的，制度出来就是对抗。

靠守规矩来建设企业其实是一种认知误区，规矩看上去很美好，做起来就不是那么回事了。规矩约束人的行为时效率很高，而在促进人的行为时效率很低；约束自觉的人很有效，约束不自觉的人要么对抗升级；对好的单位可以暂时性地转移出更多的价值并束缚，对差的单位并没什么用。

有规定死，没规定乱；规定多枝节淹没核心，规定少不全面。其实，规定遵守本身就意味着自我意识的屈从，而自觉则是另一个方向，其基础是共同。

制度本身就分两种性质，由上向下的规定和协作的约定。

同时制度还要分限制行为作用和促进行为作用。限制的要稳定而促进的要变化，限制的不稳定就弄不清，促进的稳定了就失效。当然，后者我们本来就不常用制度这一方法，所以，指望制度来完成管理的只有学究。

学究们单纯的从上而下的思考，法治（不是法制）、人治都是治，强调死守规定和死听命令一样是压制。对企业来说独裁限制发展，但众多的权力均等的合伙人除了争吵一样无事可成，制度是表面的，实质都是上下力量的对衡，只有强有力下层才有合作的资格，也容易取得上下一致性。**管头管脚则体现了学究的智慧，却产生了上下的对耗。**

（规则是开放的，制度是封闭的，很多规则创新却能被学究理解成制度创新。）

狮子领导羊和羊领导狮子都是笑话。所需要考虑的是群羊如何变成群牛，羊只产羊领导，牛才能产牛领导。

订制度并不意味着法制，把法制做成长治久安的，不管是从上到下的，还是从下到上的，**都是人的合力的威慑**。

什么人？怎样合力？多少威慑？

第 3 节　练剑

企业战略：为了将来，我们现在做些什么？

我们练的都是剑，碰巧又都是华山派的，所以，乍眼看上去差不多，但是，我已练剑十多年，历经大小搏杀无数回，而他只练了几个月，又从未与人交过手……

此剑非彼剑。

剑是一种境界，是磨练和感悟的结果。

学会了姿势，并不等于你就会用剑了。

同样，还有我们的管理。

知道了管理也并不等于你会管理了。

经常听到这样的说法："这些办法我们都采用过了，没用。"

但事实上，这些办法一次也没有得到真正的使用。

此管理非彼管理，就像大学里学习的大多数东西，学的时候太多，而用的时候又不够；说起来太懂，做起来又太不懂。

差在什么地方？

修炼不是学习。

学习会有 100 分，修炼从 0 开始，却没有封顶；我们总是学习正确的东西，修炼的不一定都会正确；学习不太重复，修炼只是重复。

强大的动力控制不好固然不会有成就，优秀的方案没有动力也不过是纸上谈兵。在特定方向的动力和控制的得心应手（神经构建）是历练的结果。

战略管理，你有了，我也有了，你的有效，而我的却没有用。

企业制度，你有了，我也有了，你提升了企业，而我却管得企业没了活力。

老子《道德经》："道可道，非常道。名可名，非常名。"

战略

战术层面是管理跟随业务，而在战略层面则是业务跟随管理。所以，企业的开创发展规模都会取决于管理和业务之间的互动。

企业战略 5P 模型

明茨伯格借鉴市场营销学中的四要素（4P）的提法，提出企业战略是由五种规范的定义阐述的。

计划（Plan）：

战略是一种计划，是指战略是一种有意识、有预计、有组织的行动程序，是解决一个企业如何从现在的状态达到将来位置的问题。根据这个定义，战略具有两个本质特点：

（1）战略是在企业发生经营活动之前制定的；

（2）战略是有意识、有目的地开发和制定的计划。与其他计划相比，战略计划有决定全局性、使用时限长的特点，通常决定了企业的发展方向，其目的是实现企业的基本目标。

计谋（Ploy）：

战略是一种计谋，是指战略不仅仅是行动之前的计划，还可以在特定的环境下成为行动过程中的手段和策略，一种在竞争博弈中威胁和战胜竞争对手的工具。例如，得知竞争对手想要扩大生产能力时，企业便提出自己的战略是扩大厂房面积和生产能力。由于该企业资金雄厚、产品质量优异，竞争对手自知无力竞争，便会放弃扩大生产能力的设想。然而，一旦对手放弃了原计划，企业却并不一定要将扩大能力的战略付诸实施。因此，这种战略只能称为一种威胁竞争对手的计策。

模式（Pattern）：

战略是一种模式，是指战略可以体现为企业一系列的具体行动和现实结果，而不仅仅是行动前的计划或手段。即，无论企业是否事先制定了战略，只要有具体的经营行为，就有事实上的战略。

定位（Position）：

战略是一种定位，是指战略是确定一个组织在其所处环境中的位置，对企业而言就是确定自己在市场中的位置，并据此正确配置资源，形成可持续的竞争优势。战略的定位观认为，一个事物是否属于战略，取决于它所处的时间和情况，今天的战术问题可能成为明天的战略问题。

观念（Perspective）：

战略是一种观念，是指战略表达了企业对客观世界固有的认知方式，体现了企业对环境的价值取向和组织中人们对客观世界固有的看法，进而反映了企业战略决策者的价值观念。这个角度指出了战略观念通过个人的期望和行为而形成共享，变成企业共同的期望和行为。

企业战略：**为了将来，我们现在做什么？**

对战略本身来说，如果战略只对将来起作用的话，战略因会随着形势的改变而改变，那么将来的战略现在不必定。

对战略的使用来说，有战略和没战略对我们的现在会有什么不同？如果没有不同，那也就没必要有战略了。

为了将来我们现在要做什么？

为了眼前我们现在要做什么？

这两个问题答案一不一样，如果一样，那战略是什么？

忘记那些所谓的大师们所告诉你的战略方法吧，因为它们只是烦琐而费力的数据堆砌。忘记所谓情景规划、冗长的研究过程和厚达上百页的报告吧，它们徒费人们的时间和精力，生产你不真正需要的垃圾。

……

当然，理论可能是很有趣的，图表也可以做得漂亮，一张张彩色的幻灯片，能让你以为自己出色地完成了任务。但是，你不能把战略搞得太复杂，你考虑得越多，陷入数据和细节越深，你在真正做事的时候就越有可能捆住自己的手脚。[10]

为战略而战略本身就是个问题，比战略、战术更重要的是战略和战术之间的关系。

杰克·韦尔奇的战略是“五张幻灯片”：

幻灯片 1：今天的竞技场是什么样的？

1. 在你所属的产业里，都有些什么样的竞争对手，无论它们是大是小、是新企业还是老牌企业？
2. 在全球市场和每个国家的市场里，这些企业各自占有多大的份额？你的企业在哪个市场上更擅长？
3. 这个产业有些什么特征？是大众化的，还是高附加价值的，还是介于这两者之间？是长周期的，还是短周期的？它处在产业增长曲线的什么位置？决定利润率的主要因素都是些什么？
4. 每个竞争者的优势和劣势都有哪些？他们的产品是否出色？各自在研发上花了多大力气？各个对手的销售能力如何？其企业文化在多大程度上是业绩导向的？
5. 这个产业的主要顾客有哪些，他们有怎样的购买方式？

幻灯片 2：最近的竞争形势如何？

1. 过去一年里，各个竞争对手都有哪些可能改变市场格局的

10 杰克·韦尔奇《韦尔奇，赢》，中信出版社，2005 年。

举动？

2. 是否有人引进可以改变游戏局势的新产品、新技术或者新的销售渠道？
3. 是否出现了新的进入者，它在过去一年的业绩如何？

幻灯片 3：你的近况如何？

1. 过去一年，你的表现对市场竞争格局有何影响？
2. 你是否收购了企业，引进了新产品，挖走了对手的主要销售人员，或者从某家创新企业得到了一项新技术的特许权？
3. 你是否失去了过去的某些竞争优势——一名杰出的销售经理，一种特殊产品，或者一项专有技术？

幻灯片 4：有哪些潜伏的变量？

1. 在下一年，你最担心什么——竞争对手有没有可能做出什么事情，把你封杀出局？
2. 你的对手可能采纳什么样的新产品和新技术，甚至改变游戏规则？
3. 会不会发生针对你的兼并收购？你必须假定对手都是些非常出色的，或者至少与你自己同样出色。他们的动作也非常快，甚至更快。

幻灯片 5：你有什么胜着？

1. 你能做些什么来改变竞争格局——企业兼并、新产品，还是全球化？
2. 怎样做才能让顾客保持黏性，比以前更忠实于你，比依赖别人更依赖你？[11]

韦尔奇的战略有两点与众不同的地方：第一是活的；第二，战略在下属那里。

---

11 杰克·韦尔奇《韦尔奇，赢》，中信出版社，2005 年。

当你有答案的时候，问题在下属那里；当你有问题的时候，答案在下属那里。

实际上，下属的答案通常会让你目瞪口呆，头脑风暴和群策群力并不会带来神奇的事情，让一群厨师头脑风暴制造汽车，很难会有可行的方案。所以，至少自己要有一个够水准的答案，然后，才会有差异比较所产生的效果。群策群力如果大家都差不多，并不会产生激烈的讨论，上级的关注才是群策群力的原动力。

他们的答案正是我想告诉他们的话。最大的差别是，开口的人是他们，不是我。[12]

管理者是有答案的会问问题的人。

和别人有什么不同？

这是竞争战略的核心问题，但是，知道和别人有什么不同，不代表能和别人相同与不同。通常大学教授弄得清楚各个企业过去的状况，但是，在竞争中的一方并不容易完全了解市场的状态。所以，是否有足够的不同和是否准备好足够的不同都是企业的核心竞争力，而不是分析和知道。

通常我们在战略问题上花了非常多的功夫，而那个只是战略分析，如果没有联系现实，甚至有时连战略分析都算不上，但是，**实际上能真正起作用的是战略能力。**

毛泽东《井冈山的斗争》：“对敌人的宣传，最有效的方法是释放俘虏和医治伤兵。敌军的士兵和营、连、排长被我们俘虏过来，即对他们进行宣传工作，分为愿留愿去两种，愿去的即发路费释放。这样就把敌人所谓‘共匪见人就杀’的欺骗，立即打破。杨池生的《九师旬刊》，对于我们这种办法有‘毒矣哉’的惊叹。红军士兵们对于所捉俘虏的抚慰和欢送，十分热烈，在每次‘欢送新弟兄大会’上，

12 费迪南·佛尼斯《绩效！绩效！》，中国财政经济出版社，2002年。

俘虏兵演说也回报我们以热烈的感激。医治敌方伤兵，效力也很大。”

战术分析、战术安排、战略分析、战略组织、战略准备、战略培养。

这里有四个维度，从战略到战术，从战术到战略，是一个层面；而从战术到战术，从战略到战略，是另一个层面。

从战略到战术，四野不仅有战役技术还有这样的细节，把理论在形式上化成基层语言（士兵语言）：

六个战术原则："一点两面""三三制""三猛战术""三种情况，三种打法""四快一慢""四组一队"。

其中，一点两面、三三制、四组一队用在企业中也是高明的人员策略。

"一点两面"：集中优势兵力于主要的攻击点上，反对各点平分兵力；至少两面包围敌人。

"三三制"：1个班内划分3、4个小组，每组3、4人，副班长为当然小组长，另选政治较好、战斗勇敢又有经验的战士当组长。战斗时，以班长为核心，根据敌情、地形，散开距离，间隔作战，相距以听到班长口令指挥为准。既能有效地发挥战斗力，又避免拥在一堆，造成较大伤亡。

"四组一队"：即火力组、突击组、爆破组、支援组，突击队。这里强调突击连队要有分工，组与组之间互相配合，协同作战。也可根据具体目标，划分3个或5个组。

从战术到战略，“北方的天狼星”很善长，打着打着，鸟枪换炮：

用的是地方三流部队+破旧武器，在一年半时间，以6万地方部队起家，全歼山西敌军近30万。

队伍数量、质量增长可以从战术进度进阶到战略进度。

运动战、持久战与阵地战、闪电战的指挥员在**心理状态**上有很大的区别，在队伍发展的态度和技术上也有很大的区别。

小卒子在文艺作品中，通常被用来衬托英雄的光辉形象；在思维意识中被消灭的无名氏也无足轻重。但是，无论是刀砍剑刺还是子弹导弹，绝大多数必须通过小卒子，所以，小卒子的地位，通常能反映战斗力。虽然，领导层是重要的，而这个重要性必须通过一线人员才能体现。强调一线重要，会让二线更重要；忽视一线的重要，二线官高权大自己玩，会有什么结果？官僚主义的特色就是重心在己，上比下重要，权比事重要。

反过来说，一线没有二线，提高效率是困难的。

没组织的群众是一盘散沙，组织的人群也可能产生邪恶的力量，如恐怖组织。组织与外界可以是对抗，也可以是互助。还有方法上的维度，几十号人使用同样的大鼓是震天响，同样的人数也能组成一支交响乐团。

从战术到战术，胜也管不了多大的用。拿破仑在俄国，开始的战术胜利对后面的战略地位作用有限。

从战略到战略，在军事领域，是不战而屈人之兵还是空城计时效是不一样的，而在经济领域，确实厉害，不过是要有羊牯的。

在军事上的战略大致如此，那么在经营上的战略，不外乎三个方面：技术、群体、资金。战略竞争和战术竞争的差别，如同许多企业家形容的那样，战略是根本搞不清敌人在哪，就输了。

蒙古诸部慑于戚继光的才略，一直不敢在蓟镇一带生事。

不敢向戚继光进犯，并不说明蒙古兵从此与明王朝化干戈为玉帛了。万历三年（1575 年）之后，蒙古土蛮部避开戚继光，不断进犯辽宁东部一带，常与辽东总兵李成梁打个不亦乐乎。李成梁也并非无能之辈，在与土蛮部的作战中，总是胜多败少。因此，戚继光的防区内数年没有战事，而李成梁这里却捷报频传。隔上一段时间，朝内便有了李成梁表功的捷报。人家立了功，当然要封赏，于是李成梁不断得到赏赐，官衔也越来越高，直至被封为宁远伯。

与李成梁的“养寇”不同，戚继光防卫蓟镇十余年，并未立下多少战功。

善战者无赫赫之功，而戚继光最后的结局不是很好。他的书没有儒党们写的好看，他的变化之道是读书人看不懂的。人以群分，做事的人和脱离实际的人不会有共同语言，且多数还冲突。战略能在“不法古，不循今”时得以实施，之后，哪有唱仁义礼智信重要？（孙子兵法对戚继光来说是**有价值的参考**，有认同有反对。同样，如果把古代十大兵书之《纪效新书》和《练兵实纪》当四书五经来用，既枯燥又僵化。兵者力量速度变化，当书是参考时增加方法，当书是圣言时是约束。独立自主者内心强大又博采众长，意识之奴依赖圣人圣言，缚己束人。）

为什么战略容易吸引空谈的人？

纸上谈兵如那些武打电影，用看不见的钢丝绳克服了地球引力，天马行空不是一般的好看。所以，避免或远离现实和行为，把战略分析当作战略能力是他们最佳的选择。

实际上，大多数运作企业和健身一样，是件枯燥和细节的事。

企业文化也存在相同的问题，企业文化引导出行为后才会产生效果，而行为养成习惯后，才会有大的效果。但通常那些谈企业文化的人都是为了好听，而没有看见其背后通过潜意识延伸的积累。历史上宗教是很大的文化现象，它们并不完全处于意识范围，而其推力正是其力量所在（所有文化的魅力之一）。所以，产生不了有效行为的企业文化都是废话。

学习型组织是战略能力，而组织性学习相当于模拟游戏，自娱自乐是不错的。

组织性学习和学习型组织

组织性学习和学习型组织是不同的，而且在大多数情况下组织性学习是学习型组织的敌人。其中，关键的问题是组织性学习是自上而下的强迫，而学习型组织是一体的自觉，必须同时具备自下而上的自发和自上而下的整合。

学习型组织有别于组织性学习是一种组织，而不是学习，是组织的一种特征，是组织运作的一种方式。组织的自强意识和组织的自新能力是学习型组织的特征。

学习型组织的理论是 1990 年随着彼得 · 圣吉的《第五项修炼——学习型组织的艺术与实务》开始传播的，而学习型组织早就有了。中国工农红军是学习型组织，工业革命时期英国大量的企业也是学习型组织。

外部压力是原动力，但是压差并不等同于驱动。

开玩笑地说，细菌、病毒也是学习型组织，但它们是不学习的，它们突变。问题是同样的情况，绝大多数不会突变，只有少数会突变；细菌、病毒也是能量体，只是它们是寄生在别的能量体之内的。

组织的学习能力意味着组织的自动变化，所以，评价的标准是会不会自变，而不是学没学。学也不等同于自学，通常企业领导都热衷于自学，但组织学习效果通常取决于底层个体自觉学习的合集，而底层个体通常有必要考证，没必要自学。

驱动是必不可少的，合力也是必不可少的。

一个多年静止的团队，如同高山上的积雪储备了巨大的势能，也许因一个小小的动静而触发。多年的平均主义对一点不平就会引发巨大的冲动，而多年的不平，即使发生很大的差异，也不会引起什么波澜。

一切改来改去改不掉的陋习，如同钟摆，你向左推，它向右摆，你推得越高，回得越快、越反。除非你能发现微妙隐藏着的“地心引力”，并改变其方向。

第一项修炼，自我超越（Personal Mastery）：

除非组织里每个层次的人都有自我超越意愿，否则无法建立学习型组织。

第二项修炼，心智模式（Improving Mental Models）：

传统的组织并不在乎人们是否真正的投入或奉献，整个指挥与控制的组织层级只要求遵从。

第三项修炼，共同愿景（Building Shared Vision）：

这必须是你们的愿景，不是我的，否则它将永远不可能实现。（我的愿景对你不重要，惟有你的愿景才能激励自己。）

第四项修炼，团队学习（Teaml Learning）：

必须有一名“辅导者”来掌握深度汇谈的精义与架构。[13]

第五项修炼，系统思考（Systems Thinking）：

系统思考意味着全面，至少在中文里意思是这样。全面有两个维度：一个是横向，意味着更多的细节；还有一个是纵向，意味着反馈修正。通常中文的意思是指前者，而第五项修炼，更强调**反馈环路**。

过多的横向细节有悖于要事第一的原则，而纵向的则需要经验和敏感。

宝洁公司因其坚持一页便笺作为书面交流的惟一方式而著名。[14]

类似的还有综合治理。综合治理通常意味着表面文章，因为，综合治理既没明确的目标，也无明确的反馈，什么都可以做，什么都可以不做，是伶牙利齿辩论的好武器，是官僚搪塞转移话题的好方式。

---

13 彼得·圣吉《第五项修炼》，上海三联书店，1998。

14 托马斯·彼得斯、罗伯特·沃特曼《追求卓越：美国优秀企业的管理圣经》，中央编译出版社，2004年。

系统思考、双向思考、反馈思考、环路思考都是用词的问题，任何时候意识只是一半。（表6.1）

表6.1 五项修炼的区别

区别	学习型组织	组织性学习
超越自我	我要学	要我学
心智模式	说法和做法的统一	想当然
共同愿景	整合不同的观点，每个人参与	向下传输个别人的想法
团队学习	分工而合作，个性和共性统一	凑一块
系统思考	训练同时实战、反馈、循环	为学而学、插曲

最后，当已经成为好的企业，外部的压差和学习的标杆都没有了的时候（小的优点通常不能成为标杆），向谁学就是个问题，学习型组织还会不会存在？

当然，更多的问题是学习型组织的理论被好学习的孔子门徒用学习型组织的名义发扬光大了组织性学习理论，最后淹没学习型组织的理论，形成了众多的组织性学习。

营销

营销是指，企业发现或挖掘准消费者需求，从整体氛围的营造以及自身产品形态的营造去推广和销售产品，主要是深挖产品的内涵，切合准消费者的需求，从而让准消费者深刻了解该产品进而购买该产品。

营销是什么？这个问题，搞营销的人说法众多。

定义1（AMA[15]，1960）：

15 AMA，此处指“American Marketing Association”，即美国市场营销协会。下同。

“市场营销是引导货物和劳务从生产者流向消费者或用户所进行的一切企业活动。”

这一定义将市场营销界定为商品流通过程中的企业活动。在此定义下，“营销”等同于“销售”，它只是企业在产品生产出来以后，为产品的销售而做出的各种努力。

定义 2（AMA，1985）：

“市场营销是计划和执行关于产品、服务和创意的观念、定价、促销和分销的过程，目的是完成交换并实现个人及组织的目标。”

根据这一定义，市场营销活动已经超越了流通过程，是一个包含了分析、计划、执行与控制等活动的管理过程。

定义 3（格隆罗斯，1990）：

“市场营销是在一种利益之下，通过相互交换和承诺，建立、维持、巩固与消费者及其他参与者的关系，实现各方的目的。”

这一定义强调营销的目的是在共同的利益下，建立、维持、巩固“关系”，实现双赢或多赢。

定义 4（菲利普·科特勒，1994）：

“市场营销是个人和集体通过创造并同他人交换产品和价值以满足需求和欲望的一种社会和管理过程。”

定义 5(AMA，2004)：

“市场营销是一项有组织的活动，它包括创造‘价值’，将‘价值’通过沟通输送给顾客，以及维系管理公司与顾客间的关系，从而使公司及其相关者受益的一系列过程。”

然而营销和销售有什么区别？许多从事这行的人没有明确答案。

它们是两个部门，一个花钱，一个收钱。

这个答案虽然很普遍，没人会满意。

市场促销部常挂着营销部的牌子，或者还有销售计划部、销售策划部。

营销和销售共同关心的问题：怎样把产品卖掉？

怎样把产品卖掉？这个问题其实没有答案。卖得掉的产品，你不会问；卖不掉的产品，问了也没用。

所以问错了。应该这么问：

客户为什么要选择我们？

这个问题有三个答案：

一是你经常问自己这个问题；

二是企业内每个人都有不尽相同的答案；

三是我们有什么特别？

然而，这三个答案都只是前提，决定性的答案是：

客户认为我们有什么特别？

正向要求是不同、负向要求却是相同，不能比别人差，至少达到和别人一样的水准。

汽车不断更新换代，一方面是因技术发展；另一方面是新旧差异对客户的吸引，旧的再好，心理差别消化没了也就没有了推动力。

一个女孩和母亲吵架赌气离家。在外逛了一天，直到肚子很饿了，她才来到一个面摊，却发现忘记带钱了。好心的面摊老板免费煮了一碗面给她。女孩感激地说："我们又不认识，你就对我这么好！可是我妈妈，竟然对我那么绝情……"

面摊老板说："我才煮一碗面给你吃，你就这么感激我，你妈帮你煮了十几年饭，你不是更应感激吗？"女孩一听，整个人愣住了！是呀，妈妈辛苦地养育我，我非但没有感激，反而为了小小的事，就和她大吵一架。女孩鼓起勇气，往家的方向走，快到家门时，她看到疲惫、焦急的母亲正在四处张望。妈妈看到女孩时，忙喊："饭都已经做好，快回去吃，菜都凉了！"此时女孩的眼泪夺眶而出……

但是，这个循环有意思的是，在一个级别下的尺寸越来越大，以占有大的优势，结果，肿到了超过了人群关注的最佳尺寸，多余的感觉如同多余的肥肉，最热门的则向下移动，过去的 B 级是现在的 A 级。而这个循环另一个有意思的事是，在一个体系里总有所谓畅销的性价比好的，和滞销的性价比差的，哪怕这个最差的性价比比另一个体系里性价比最好的还要好，也卖不过人家。

什么样的客户愿意和我们打交道？为什么？

除了差别以外，同样也存在相同，相近的人，关注相近的事。

关于营销，其实只是三个简单的问题：

第一个问题是：企业是什么？（包括现实的和期望的定位）

第二个问题是：告诉用户。（如何告诉、怎样去？）

第三个问题是：用户感受的积累。（横向纵向的比较）

包装和伪装、宣传和欺骗就在于第二问和第三问的差距，当然，还有误差。

最终，企业的命运或者说寿命取决于用户对你和别人的感受的差别，短期在于营销，长期在于营销和产品服务之差（说什么、做什么）。

言行一致不止是品德的问题，更是效率的问题。说过了和不及都会有损失，言行平衡的技术是健康长寿的保证。

顾客满意取决于消费者所理解的一件产品的效能与其期望值进行比较。[16]

用户感受分意识部分和潜意识部分，而说不出来的那部分作用更大，换个角度说，态度被动的部分心理能量调控积累得更多。

战术成交在于挖坑，战略成交在于营销。

16　菲利普 · 科特勒《市场营销导论》，华夏出版社，2001 年。

挖坑会积累后悔的客户，而营销的成功就是那些排长队也买不到的产品。

质量和数量

是注重产品和服务的质量还是注重行为和团队的质量？

不同的注重，不同的做法，不同的结果。

条框可以提高质量，也可以把质量搞死。

ISO 竞争于乡镇企业是很好的，因为标杆可以提供进步的目标和动力；竞争于世界市场就太基础了，因为规定死了。

有差没差？

有差别的质量是质量的生命，因为，差别会带来不同的客户感受。

基本规则四："没有一套固定的步骤通向顾客满意。"[17]

首先，数量是质量的基础。

团队学习的修炼像任何的修炼一样，都需要练习。[18]

其次，在数量之上的变革是真实的质量。

事实上，微观经济学教科书和 MBA 战略规划的课程，经常教导学生有关沃尔玛成功的主要原因，而沃尔玛的人看了这些解释，总觉得多少有点好笑，就像吉姆·沃尔顿说的：一些作家把家父（萨姆·沃尔顿）看成伟大的战略家，说他靠着直觉设计出复杂的计划，并且精准地实施这些计划，对此我们都会窃笑。家父是靠变革发迹的，没有什么决定是神秘莫测的。[19]

---

17 马库斯·白金汉、柯特·科夫曼《首先，打破一切常规》，中国青年出版社，2002 年。

18 彼得·圣吉《第五项修炼》，上海三联书店，1998 年。

19 詹姆斯·C·柯林斯、杰里·I·波拉斯《基业长青》，中信出版社，2002 年。

没有数量，质量难以提升，而没有质量，数量是乏力的。

经验在于仔细看，而不在于多看。

可乐很简单，可乐的数量不简单。可口可乐有一个文化“写你所做，做你所写”，就是仔细看，并且把看升级。

仔细看不只是方法，还是一个驱动的问题，做、做好。惰性思维要么不做，要么不变。很多事第二次有变化才会更有效，比如沟通，趁记忆未消退的第二次拜访，才是消除紧张且有基础的良好沟通。

广告是感性的，质量是理性的。技术含量低的产品倾向于广告，技术含量高的产品广告作用有限。广告泛滥是金融无脑力量的显现，也是受众的偏好，造就了媒体的繁荣，却是对质量的挤压。

信任、欺骗关系非常微妙。“信任”是最基础的谎言，有信任才有欺骗，绝对的信任是纵容欺骗；信任没有怀疑的帮助会变成盲从，相对信任是要建立在不断变化中的。这有悖于广告，却是质量的评定。

广告主要是激活、转化、积累感觉，强化正觉和错觉都有可能，相信和不信是多向的。

如何让客户知道？是一个问题，而如何让客户相信？是另一个问题。

你是本地人，你会对本地人好吗？

这个问题答案却是人们对“本地产”态度的原因之一，另一个是技术。

决定企业重复质量的因素分意识因素和潜意识因素，潜意识因素我们往往很难掌控，但却能决定我们的成败。

下面三个问题独立于任何质量体系之外，这是质量的非数字部分。对于每一员工来说：

过去，你有哪些事是有别于他人的认真？举最重要的三件。

现在，你有哪些行为可以体现认真？举最重要的三件。

将来，你有哪些意愿是认真的，你愿意投入？举最重要的三件。

有一种质量不在于成本，而在于社会所积累的文化，即所谓的自身荣誉（少数人的还是大众的）。而这个文化上的质量又会给社会带来幸福感。这是一定群体范围人与人之间关系的体现。

第 4 节　正负

员工负责创造价值，领导负责提高效率：这个逻辑一点问题也没有。

我们精于研究什么样的管理方式更好，很少研究什么样的管理方式更糟。但是，有些管理取消后，效率就提高了。

我们经常会比较管理方法的优劣，但很少涉及好的方法是如何起坏作用的。

“伪”是那些有名无实的东西，人很容易受一个虚名的吸引，却不容易落到实处。

有些理论说起来不怎么样，做起来是对的；有些理论说起来好听，做即错。

虚有其表是容易的，但也是无用的，还是有害的。但人脑喜欢虚幻的美妙，而不愿意判别这种假美妙之后现实的恶果。

老子《道德经》：“天下皆知美之为美，斯恶已。皆知善之为善，斯不善已。”

人们热衷于管理名词的表象，却无管理的实质，就像叶公好龙。

这是同名意识之差在心理学上的一个普遍，无论是真相假相都能在人脑中成像，无论是道听途说还是亲身体验也都能在人脑中成像，所以，同一名称下内容完全可以不同，而且空名假名还具有排斥真实的能力。

认知的误区只是表面的现象。

不是认知误区的认知误区，是无意识的故意。

企业第一位的是什么

企业，第一位的是什么？

顾客、雇员还是老板？

对于企业这个系统通常我们以平衡来描述，但这是一种动态平衡，如同我们的呼吸，没一个呼和吸能同时发生，总是在呼和吸的过程中。呼吸间隙极度不平衡，最多和最少量，这一切看上去一定是不平衡的，而实际上是平衡的。动态平衡是差异和变化，而看上去就是平衡的，一般是静态平衡。

“客户满意第一”有错吗？

第一，企业中谁把客户满意放在第一位了？

是老板吗？

是雇员吗？

都不是。

如果没钱挣，老板会不会关心用户是否会满意？如果和自己的切身利益无关，雇员会把用户满意当回事吗？

这也是为什么大多数的“客户满意第一”都只是说说而已。

老板说给雇员听，雇员说给客户听，听完了不是那么回事。

第二，我们知道，有很多企业因为只在乎自己而被客户所抛弃，但只在乎客户也一样是问题。

你把客户放第一位，但客户不把你放第一位，你连机会都没有。

让客户把我放在第一位。

怎样才能让客户把我放在第一位？

我是很好的：客户要认可。

那么，到底是“我是很好的”重要呢，还是“客户要认可”来得重要呢？

对雇员来说，第一位的是什么？

对雇员来说，第一位的永远是他们对老板意图的诠释。老板的所做而非所说。

由于企业的结构问题，企业如何，与雇员并没有直接的关系，也没有直接的意义。所有的关系和意义都是通过老板的意图建立起来的，而老板一个小小决定关系着他们重要的切身利害。所以，问题就是老板希望把重心放在什么地方和老板实际把重心放在什么地方。

老板第一，容易出现“昏君”现象。不管老板对错，大家都趋之若鹜，只要老板高兴。事情让他去，错是老板的决策不好，对是我做得好。

客户第一，容易出现官僚现象，挟客户为自己利害作掩饰。

雇员第一，容易出现效率低的问题。

挣钱第一，容易出现目光短浅的问题。

如果企业没有了，老板、客户、雇员、挣钱都消失了。所以，企业的生存和发展才是第一位的，而企业的生存和发展即是广义的、客观的你和你客户之间的关系。

不同的角度，就有不同的第一。把企业作为一个整体，可以从外部看，也可以从内部看。一个是关注外部的因素，如“顾客满意是第一位的”“为内外客户提供充分满足其需求的创新产品和服务”等。另一个是关注于内部的因素，如“雇员第一”“挣钱第一”“资产回报率第一”“老板第一”“销量第一”等。

外部因素和内部因素，也就是说客户和你谁更重要。这个问题就像是讨论“呼”和“吸”谁更重要一样，有人强调没有“呼”就不能排出陈旧的废气，而有人强调没有“吸”就不能获得新鲜的空气，但是，你不可能在同一时刻“呼”和“吸”，也不能只“呼”或只“吸”。所以，重要的是每一次都会不同地一“呼”一“吸”——你调节呼吸的能力。

所以企业，第一位的——

既不是你，也不是客户，而是你和你客户之间的“**关系**”。

是存在于你和你客户之间的关系。

是你所期望的你和你客户之间的关系。

是你能建设的你和你客户之间的关系。

你不能直接改变客户，也就是说不能直接改变“关系”，可以直接改变的是自己。自己改变了，关系就改变了；关系改变了，客户也会改变。然后，反向作用。

最重要的是这样两群人：一群在外面，他们是顾客，核心是用户体验的积累，我们所要做的是经营；一群在里面，他们是雇员，核心是个人变化。**人类伟大的地方**在于只要认真地去做，自身就会因此而变化。我们所要做的管理，就是促使行为的变化。

待遇好（潜台词业绩好）是对员工好，那么提高员工能力呢？

直接关心客户的老板和关心雇员行为产生客户作用的老板是两个级别。

营销和产品服务存在着同样的关系，相互促进还是脱节？

岗位描述与岗位说明书

岗位描述与岗位说明书有什么区别？

岗位描述与岗位说明书

岗位描述

岗位描述是确定岗位工作的具体特征，是指对相应职位的人的职责与需要具备的资格、能力要求等的说明。

岗位描述包括以下几个方面的内容：

1. 岗位名称。即指岗位所从事的是什么工作。
2. 岗位活动和程序。包括所要完成的工作任务、工作职责，完成工作所需要的资料、机器设备与材料，工作流程、工作中与其他工作人员的正式联系以及上下级关系。
3. 工作条件和物理环境。包括正常的温度、适当的光照度、通风设备、安全措施、建筑条件，甚至工作的地理位置。

4. 社会环境。包括工作团体的情况、社会心理气氛、同事的特征及相互关系、各部门之间的关系等。此外，应该说明企业和组织内以及四周的文化和生活设施。
5. 职业条件。由于人们经常根据职业条件来判定和解释职务描述中的其他内容，因而这部分内容非常重要。职业条件说明了工作的各方面特点：工资报酬、奖金制度、工作时间、工作季节性、晋级机会、进修和提高的机会、该工作在本组织中的地位以及与其他工作的关系等。
6. 事故状态的描述。包括一般事故和紧急事故的处理，应急预案的启动。

岗位说明书

岗位说明书是表明企业期望员工做些什么、规定员工应该做些什么、应该怎么做和在什么样的情况下履行职责的总汇。岗位工作说明书最好是根据公司的具体情况进行制定，而且在编制时，要注重文字简单明了，并使用浅显易懂的文字填写；内容要越具体越好，避免形式化、书面化。另外，在实际工作当中，随着公司规模的不断扩大，岗位说明书在制定之后，还要在一定的时间内，有必要给予一定程度的修正和补充，以便与公司的实际发展状况保持同步。而且，岗位工作说明书的基本格式，也要因不同的情况而异。

岗位说明书应该包括以下主要内容：
1. 岗位基本资料：包括岗位名称、岗位工作编号、汇报关系、直属主管、所属部门、工资等级、工资标准、所辖人数、工作性质、工作地点、岗位分析日期、岗位分析人等。
2. 岗位分析日期：目的是为了避免使用过期的岗位说明书。
3. 岗位工作概述：简要说明岗位工作的内容，并逐项说明岗位工作活动的内容，以及各活动内容所占时间百分比，活动内容的权限，执行的依据等。
4. 岗位工作责任：包括直接责任与领导责任，要逐项列出任职者工作职责。

5. 岗位工作资格：即从事该项岗位工作所必须具备的基本资格条件，主要有学历、个性特点、体力要求以及其他方面的要求。包括必备资格和理想资格，其中必备资格是完成某职位工作要求的最低资格，理想资格是在具备必备资格的基础上，若具备某些条件更为理想。

6. 岗位发展方向：在部分企业的岗位说明书中还会加上岗位发展方向的内容，希望通过岗位发展方向不仅明确企业内部不同岗位间的相互关系，而且还有利于员工明确发展目标，将自己的职业生涯规划与企业发展结合在一起。

在中式企业中岗位说明书也包括了岗位描述的内容，但是，在西式企业中只有岗位描述，而没有岗位说明书。

它们的名称相差不大，具体内容甚至也接近，但是，方向完全不同。岗位描述提供的是参考性的基础标准，而说明书本身就意味着最正确的方法；岗位描述既可以是操作者本人所写也可以是有经验的上级所写，而岗位说明书通常是懂的人写给不懂的人看的，而这个不懂的人是操作者，而且，有些写说明书的人也不是有经验而是有愿望。

就内容来说，说明书通常要比岗位描述好看；实际使用起来，岗位描述有发挥的空间，有可能好，也有可能不好，而岗位说明书是不可违的。

据高校 MBA 老师说，岗位说明书就是岗位描述的引进，只是，穿西服的老夫子。

东方管理的问题在于如果没有“管”就无法“理”，但是，有了“管”以后还有必要“理”吗?

在这个框架下，“理”是多余的吗?

员工的薪酬到底是谁给的

员工的薪酬到底是谁给的？张瑞敏的解释是，客户。

这位海尔集团首席执行官正试图在一个老牌企业中实施革命性的薪酬体制改革。“薪酬不应该叫领工资，而应该叫收费。工资是企业对员工劳动工作时间的报酬；而收费是员工向用户收取自身的价值成果。”张瑞敏说，“薪酬制度太重要了，因为它是企业的一个驱动机制，薪酬制度怎么做，大家就会往那个方向走。”

张瑞敏认为，薪酬体系变革只是海尔集团战略和组织发生巨大变化之后相伴而生的必然结果。员工薪酬就是用户给的。平台上所有的人，都是生活在单里面，如果你没有单，就没有薪酬。也就是说，不应该是企业付费，而应该是用户付费。[20]

曾经人力资源有这样一个不是很好的问题，但是，我觉得它应该有很好的答案。

选择题：薪酬是谁给的？

A 客户；B 自己；C 老板。

参考答案：

选择 A 的比较重视客户；选择 B 的比较努力，不合群；选择 C 的注重人际。

钱是从客户那来的；自己不努力客户不会白给，自己努力了客户也给了，老板玩点小花招也就没有了。自己玩点小花招，借借老板力，少做多得，效果也不错。

所以，就有企业家说：“先做人，后做事。”

有不少老板总是认为养了一群废物和懒汉，不如别人的员工自

20　张瑞敏《重新定义薪酬》，http://finance.sina.com.cn/roll/20140905/235620228227.shtml。

觉，不如别人的员工有能力。

因为投资的原因，挣少了是亏，所以要多。

所以老板认为钱是从哪里来才是重要的。

老板认为人是我养的，就会树立分配权威，不服不行，听话的才是好员工。

老板认为契约对象，那就是绩效（绩效是刻板的反馈系统，需要不断修正）。

奴才还是人才，被动还是主动，依赖还是独立，XYZ 理论，这也是个答案。

X 理论认为人们有消极的工作源动力。

Y 理论则认为人们有积极的工作源动力。[21]

Z 理论强调管理中的文化特性，主要由信任、微妙性和亲密性所组成。[22]

XYZ 理论既存在，又不存在，这其中的关键是条件——人的自觉性是有条件的，不只是内在条件（在哪都一样的人），还有外部条件，比如韩信在项羽那里是 X 型员工，到了刘邦那里就变成 Y 型员工了。而最终是效率的比较。虽说自觉群体发展潜力无限，但组织不好的自觉群体可能比不过组织好的不自觉群体，还有一些被利用的自觉（传销），结果并不好。

契约分两种，一种为了更好的合作；而另一种则是勾心斗角的工具，这取决于社会基础和技术保证。

而盟约不只是约定的条款，还有约定之外的实效，会决定发展还是衰退。

21　道格拉斯 · 麦格雷戈《企业中人的方面》。

22　威廉 · 大内《Z 理论——美国企业界怎样迎接日本的挑战》。

企业凝聚力和员工忠诚度

员工忠诚度：

所谓忠诚，意为尽心竭力，赤诚无私。企业员工的忠诚度是指员工对于企业所表现出来的行为指向和心理归属，即员工对所服务的企业尽心竭力的奉献程度。员工忠诚度是员工对企业的忠诚程度，它是一个量化的概念。忠诚度是员工行为忠诚与态度忠诚的有机统一。行为忠诚是态度忠诚的基础和前提，态度忠诚是行为忠诚的深化和延伸。

员工忠诚可分为主动忠诚和被动忠诚。前者是指员工主观上具有忠诚于企业的愿望，这种愿望往往是由于组织与员工目标的高度一致，组织帮助员工自我发展和自我实现等因素造成的。被动忠诚是指员工本身不愿意长期留在组织里，只是由于一些约束因素，如高工资、高福利、交通条件等，而不得不留在组织里，一旦这些条件消失，员工就可能不再对组织忠诚了。

企业凝聚力：

是指企业全体员工团结的状况，全体员工对于共同的企业目标或企业领导的认同程度，是企业基本思想在每个人心目中的体现。企业凝聚力包括以下几个因素：职工对经营者的满意程度；全体员工积极性、主动性及创造性发挥程度；职工公平感及工作满意度；企业内部和谐程度等。企业凝聚力属于企业文化范畴，它的大小决定着企业员工的士气，影响着员工工作的精神状态。企业凝聚力高低，决定着员工是否能主动、积极、有效地进行创造性的工作，相互间是否能很好地配合提高工作效率，以及企业目标是否能够得以实现。

这两个词有多少区别，只有在两种风格企业都长时间呆过的人才会知道。

员工忠诚度第一取决于员工本人的价值观，在收获与付出之间的平衡；而这个员工本人的价值观，却取决于社会因素。

第二看忠诚什么，待遇（包括环境、名气等）、老板还是职位？对待遇的忠诚是不可靠的，总有高的待遇在等待，减少付出也是相对提高待遇的办法。对老板的忠诚从来都是一个无稽之谈，老板是利益的关键因素，靠不靠谱，取决于谁的计谋更胜一筹。忠诚的反义词是背叛，这个背叛是造反多一些，还是伪忠多一些？所以，老板只是利益的因素，忠诚不忠诚只是利益的多少。对职位的忠诚，有一点小小的地位，马上可以改变一个人。

孟子："孔子三月无君，则皇皇如也。出疆必载质。"

借力欺下可以获得足够的利益，但是，这种忠诚必须有足够的最下面可欺的部分。总体来说，价值会转移但不会提高，因为，要斗个明白。

欺下瞒上的地位最容易获得忠诚度，因为利益最大化，反之，是凭本事吃饭。

第三，下对上，称之为忠诚；上对下，称之为恩赐。员工忠诚度就是为了这个不对等关系。忠诚必须是无限的，有限的肯定不叫忠诚，恩赐多少就非常自由了。

从历史上来看无能和奸诈喜欢表现忠诚，才能更关心实效；喜欢高呼忠诚的和喜欢谈论战功或治理的也说不到一起去。

伪忠排斥真实对内危害，忠于邪恶组织则是对外危害。

企业凝聚力：

第一，就是企业之间的差别。

第二，企业凝聚力的目标是企业发展，企业发展反过来又提高。

第三，企业凝聚力方法是企业员工的一体，利益相关，地位等价。

所以，企业的凝聚力同样不能完全依赖于待遇、地位，而是，需要依赖于变化。

企业之间本身就是变化的。

企业内部也是变化的。

只要正向变化，说明员工的价值在增益，利益也很容易分配；负向变化，短期的话还会有办法，长期就无法解决。

所以，利益不是难在分配，而是难在**分配的**促进作用和抑制作用。

日本企业管理顾问酒井正敬提出：在招工时用尽浑身解数，使出各种方法，不如使自身成为一个好公司，这样人才自然而然会汇集而来。

点评：不能吸引人才，已有的人才也留不住。

其实类似的问题还可以是这样两个：

你是中国人，你爱国吗？

你是中国人，你会对中国人好吗？

昏君和太监

太监作为历史现象现在已经消失了，但是，昏君、太监作为管理的一种结构却在企业中非常普遍地隐性存在。现在的太监没有生理的扭曲，但是，心理上的就不知道了——当然，这个现象的主因从来都是昏君而不是太监。

员工创造价值，领导负责提高效率，这个逻辑一点问题也没有。问题是“没有我的领导，你们怎么可能创造价值”。马上就会有人说：是是是，英明神武。

投机的人群其实始终存在，只是，在昏君的时期大显身手。事情做不好的人，往往有另一手，就是阳奉阴违。昏君的控制力不足，所以，就要借助这些人。只是，短期的顺从会造成长期的问题。

通常，领导的能力有问题、自信心不足、对自我的认定反馈偏移，在心理上就会特别希望有人支持。而这就是太监的机会，表面无条件的支持就会形成一个内部的小集团。但是，这个小集团一定会引起整体内部的对抗，因为，天下无白吃的午餐，支持的原因一定是利益的偏向和转移。

当利益偏向和转移时，禁言、禁想是昏君集团很想达到的目标，愚民就可以顾己不顾民众。但愚民也等于放弃了发展。

因为昏君个体能力的问题，通过太监合成一个集团可以形成强力稳定的局面。而昏君和太监通常是一类人，做什么通常都搞不清，但说起来总是头头是道，在一些地方有着异常的敏感，并在一些事情上有着共同的看法和立场，也因此会存在共同语言。

昏君也有比明君强大的地方，因为，集团的紧密性，所以，有很强的搞事能力。而明君集团各有各的目标，在行为的随意性上有很大的限制。结果，从治国的角度，当然是明君集团更有效率；但是，从统治的角度，昏君集团也不差，可以做出很多出格的事情来获益。

通常，好领导都重视基层，因为要出效果；而差领导都不在乎基层，因为，对个人收获来说，分配才重要。看上市公司年报，固然，烂公司烂领导收入可以不错，那些让好公司变烂的烂领导收入更是惊人，反之，却难。

做昏君容易，好处又多，当然，只是鼠目寸光，因为，长期的结果就是大家都耗着，事情没人做，做也不好好做，利益大家抢，侵占成为常态。所以，总体都是负面的，长期发展更是没有的。

务虚、务实，这是说话和做事的区别，要求听话、激励自觉，这是奴与人的区别，内耗、齐心，这会在保位得利与业绩上体现。

企业的昏君一般看上去都不是笨蛋，实际上也不是笨蛋，是管理能力不足，需要利用内部矛盾制衡的人，所以，更好的称呼是奸君。

历史上的昏君太监，成因有主观的因素，也有很多非主观的因素：比如大量学问比皇帝及其后代高却不会做事的文官，皇帝说不过他们，所以，需要太监来制衡。崇祯借不到的钱闯王却拿得到，不管是阉党还是东林党，对自己都很好，对边关将士和百姓都很糟，只是，一个以忠的名义，一个以仁义礼智信的名义，正确的废话、漂亮的空话多得消耗掉所有人的精力，还能结群说话发财，要事、实事则脑萎缩，毁辽防逼西北反。

人为标准很好玩的地方尺度是在嘴上的，不合四书五经好也说死你，合四书五经坏也不要紧，至今，对明末断送国家的人才，仍可看见有两种相反的评价，至于事实，该回避时需回避。东林党是几个有才学的空理家，加上一大堆认字的投机分子，说它不好就拿空理家的文例给你看，说它好马上尽显投机本色，得势人众，失势人寡，皇帝有听无看难解。

虽然是很蠢的负向管理方式，但是，作为群体内部力量抗衡方式之一，还是会经常出现。

如果不知道昏君的优势，就会有更多的昏君；如果不知道贪官污吏的优点，就会有更多的贪官污吏。

为什么贪官污吏多？单向思维设定。官对谁负责？对上级负责。如果，上级的思维太窄，只关心自己任务或者没有团队思想，下级除了听命以外，其他事并不在关注范围，下级解决了问题后结果是什么？需要被打发。

贪官污吏和下级的最大区别是：你不用考虑贪官污吏的利益，他们自己能搞定。

在这种情况下，贪官污吏比下级好领导，当然只是表面。有人说，贪官污吏一定有个昏庸的上级和一群万事不关己的下级，下属表现如何，通常都会演变成下属表演如何，就是说种树无人做，果实大家抢，而且还会杀鸡取卵，效率为负。

贪官污吏的最大优点是表面超级听话。这是一个针对上面的优点，对下面来说是可怕的，慢慢消耗是隐秘的摧毁力量。当然，最后上面也会深受其害。

另外，企业也能沿袭官场的习惯，领导都是一个意思，管理只学表面功夫，核心的东西学不会，还非常排斥，因为，管理沟通对权术是有损害的。权术和打闷包很有关系，当然，贪污和打闷包也很有关系。权术其实是一种假权威：表面的听话意味着领导是好糊弄的，真正的听话是不可能出现的，你所关心的正是可以被利用的，而你不关心的恰是下面所关心的，这一切都取决于定位。

领导在和不在不一样，说明领导只能起表面作用；领导在和不在都一样，说明领导没用了。最好的方式就是我不在的时候让大家没法做事情，**就事论事的指令**既显得高明又权威，这样没我就不行了。就是整体和长期管理都有问题，这有时也是管理技能的问题。

封建统治当官最重要的就是上下听话，不听话万事都不存在了。而现代企业管理的理念有别于此，听话不是首要的，首要的是契约或者称为目标绩效，好坏依约定而行，官威随意性受到了限制。

强调领导的作用，可以出现很多没有我就不行的好领导，只是团队一塌糊涂；与此相反强调群众的作用，没有谁都行，有很多可备用的人，不但团队质量会提高，领导质量也会提高。

领导制定目标、计划、步骤，下属是**被动的**；下属设制目标、计划、步骤，是自我角度，是**主动的**。领导实施修正、反馈则是主动的主动。

做好事不易，做坏事易，这是个普遍的问题。做点好事又辛苦又困难，而做点坏事又享受又容易，唯一需要的是“伪”的技术。

为什么会这样呢？脱离群众或者说上下对立。

而且，这种思维还能升级成群体现象，管理层庞大的超过了被管理层，这是群体无意识力量造成的。

“耗”可能是一个比贪污更大的负面因素。贪污是犯罪，而耗表面没什么错，所以，可以数量巨大成为环境（反过来是人人有贡献的环境）。

总有一些机会主义者，有着非常好的口才，有着非常多的文凭，很能干，却什么也没干，作为优秀的人才，消耗着群体的优势，最终，能把这些优势变成劣势。许多创造型的大公司到最后都是这个趋向。

大公司对人员的限制是因为大公司所有的事情几乎都定型了。能力过高和过低者都会被淘汰，最终留下来的，是适应能力超强的人，也就是庸才，这也是个奇怪的悖论。

为什么庸官多？

能做官，多少都有点能力，问题是那是自己的能力，而不是对其他人有助力的能力。所以，虽然庸官多，但真去找，还真找不出几个。

拓展思考

1. 认知，是以自身是否感觉到为基础的。耳塞离开耳朵一米没感觉，但戴在耳朵上却能感到震撼。站在平地上被警告悬崖危险，与站在悬崖边上接受警告，认知完全不同。
2. 态度，是心理能量在有意和无意两种情况下，应激跟随意识并对意识起作用。先天的感知通道和后天的认知结构共同决定其倾向及大小。
3. 逻辑思维能力，是在知识结构基础上心理合理化的结果，所以，虽然大多数情况下人类的逻辑思维能够保持一致，但千奇百怪自认为很讲逻辑其实却一窍不通的人也不会少。此外，还涉及逻辑学之外逻辑的学问——逻辑陷阱。
4. 同情心，来自感觉的传递。他人的痛苦会触发同类的神经，引起不适，要消除这种不适，需要平衡的行动。当然，不同的人敏感度不同，处理方式也不同。
5. 没有了不起的人，只有了不起的（好坏）事。做了了不起的事，仅意味着其人在某一方面有所长，其他方面大多也很平常。创造了了不起的团队，团队力量巨大，可能成就了不起的事；一旦分散，个人的力量可能还是很微弱。
6. 1＋1心理效应。
7. 心理暗示，强大之处在于结论在对方那里（受暗示者会认为他所持的想法是自有而非接受暗示）。
8. 心理大师，是影响力大师，而非心理知识大师。其能力在于引导他人心理感知，特别是引导群体心理，换个角度说，其成功与否，取决于支持者的人数和比例。表现有两个方向：增强行为效率和增强期幻效率——一是调控雇员、客户的积极性；二是忽悠雇员、客户，使其上当。

第 7 章

易

老子《道德经》："道生一，一生二，二生三，三生万物。万物负阴而抱阳，冲气以为和。"

二是阴阳，三是差异或动能的结果，通俗地说就是变化，变化生万物。万物由能量制约和驱动，作用、发展、共同。

第 1 节　形而上者谓之理

人为什么活着？人活着为什么？这里有一个希望被挑战的答案。

哲学与宗教是人类意识的两端（理性的极限和感性的极端），在正确和效用上各持一方，而无实际效用和正确的一致性。

辩证法与阴阳

哲学是人类认识世界、建立正确世界观和方法论的科学实践活动，是人类生存发展社会意识的具体存在和表现形式，是以世界的各种事物作为研究对象，以创立基本概念、发现世界的一般规定和规律、确立系统化的理论体系作为基本任务的社会科学。

哲学是人类认识世界的科学实践活动，是社会意识和求知精神的表现形式。

绝大多数人的世界观的建立是基于哲学还是基于物理学、生物学、社会学、宗教、现实？

哲学家本人的世界观的建立是基于哲学还是基于物理学、生物学、社会学、宗教、现实？

哲学是世界观的学说，但是，和绝大多数人的世界观无关，就是哲学家自己也无法使用单纯的哲学来建立世界观。哲学是方法论的学说，通常论个明白时，很正确；但用的时候，正确和有效通常不那么一致。

造房需要建材，哲学是房子，不是建材，而且各式各样。

哲学是思考，当辩论时激发思想，学习时禁锢思想。英国经验主义和德国理性主义两个相反的角度是最激辩的地方，也是最有收获的地方。

亚里士多德在《形而上学》中说："求知是所有人的本性。人都是由于惊奇而开始哲学思维的，一开始是对身边不解的东西感到惊奇，继而逐步前进，而对更重大的事情发生疑问，例如关于月相的变化，关于太阳和星辰的变化，以及关于万物的生成。一个感到困惑和惊奇的人，便自觉其无知。"

黑格尔认为，哲学是一种特殊的思维运动，哲学是对绝对的追求。他在《小逻辑》中说："哲学以绝对为对象，是一种特殊的思维方式。"

18 世纪德国著名浪漫派诗人、短命天才诺瓦利斯关于哲学的定义："哲学是全部科学之母，哲学活动的本质原就是精神还乡，凡是怀着乡愁的冲动到处寻找精神家园的活动皆可称之为哲学。"

从现实上升到离开现实。

哲学自认为是一切科学的基础，但经常做的是给其他科学使绊子。事前很夸张，事后很有理。是介于理想和幻想之间的设想，是意识之意识的学问。

冯友兰在《中国哲学简史》中提出自己的哲学定义："就是对于人生的有系统的反思思想。"中外哲学的产生皆源于疑问。

西学东渐哲学进入中国后，学界发生了中国本土文化中有无哲学的论争。认为中国有哲学的人把哲学定义为：关于宇宙和人生的基本思想。胡适在他的《中国哲学史大纲》中指出："凡研究人生且要的问题，从根本上着想，要寻求一个且要的解决"，这样的学问叫做哲学。

东方哲学和西方哲学是两个不同的思想体系，当西方哲学在物质和精神之间较劲的时候，东方哲学在臆想和实效之间较量。

辩证法三大规律，即对立统一规律、量变质变规律、否定之否定规律。**这三个辩证法规律在哲学上普遍性达到极限程度**。这是黑格尔在《逻辑学》中首先阐述出来的，恩格斯则将它从《逻辑学》中总结和提炼出来。

辩证法即思辩与实证相统一的方法。

思辩性与实证性相统一的辩证法的发展有一个过程。辩证法发展的第一阶段是通过辩论达到真理，是辩证法发展的思辩阶段；第二阶段是揭示宇宙发展的普遍规律，是辩证法发展的实证阶段；作为思辩与实证相统一的第三阶段是前两个阶段的综合，即思辩性与实证性相统一的阶段。如果说第一阶段是认识论的辩证法，第二阶段是本体论的辩证法，第三阶段则是本体论和认识论相统一的对称辩证法。思辩性与实证性相统一的辩证法即对称辩证法，是辩证法发展的最高阶段。

思辩的局限性在于说得有理和做得有效之间并不一致。

对立统一规律是唯物辩证法的根本规律，亦称对立面的统一和斗争的规律或矛盾规律。它揭示出，社会和思想领域中的任何事物以及事物之间都包含着矛盾性，事物矛盾双方又统一又斗争推动事物的运动、变化和发展。对立统一规律的内涵体现在：矛盾双方的同一性与斗争性；矛盾的普遍性与特殊性；事物发展过程中的矛盾以及矛盾双方发展的不平衡性。辩证法是解决一切矛盾的方法论。

对立意味着阳阳平衡，统一意味着阴阴平衡，要么阳阳，要么阴阴，也就是说阴阳的作用，在这个定律的语义里是被无视掉的。对立和统一都趋向静态平衡，而转化和变化，通常产生于**对不住和统不了**。

高音和高音之间容易产生对立，低音和低音之间容易产生统一，高低音是差异，而不是对立，高低音硬凑一块多数是噪声。音乐不是统一，是合作。

矛盾的普遍特殊性及其所引出的对立统一，作为经院哲学辩无不胜。同一斗争语义趋向对抗，而阴阳趋向协调。阴阳是矛盾，也不是矛盾。斗争同一是存在的，差异和分合更有用。

正题反题合题有方向无大小，因呢？

对立统一双方模块是一样的，阴阳是不一样的。

质量互变规律，唯物辩证法的基本规律。它揭示了一切事物、现象发展过程中量变和质变的内在联系及其相互转化，又称量变质变规律。这一规律表明，事物的发展变化存在两种基本形式，即量变和质变，前者表现为事物及其特性在数量上的增加或减少，是一种连续的、不显著的变化，后者是事物根本性质的变化，是渐进过程的中断，是由一种质的形态向另一种质的形态的突变。在事物内部矛盾的作用下，事物的发展从量变开始，当量变达到一定的界限时，量变就转化为质变，事物的性质发生了变化，旧质事物就变成了新质事物。这是量变向质变的转化。在新质的基础上又开始了新的量变。这是质变向量变的转化。量变引起质变，质变又引起新的量变，循环往复以至无穷，构成了事物无限发展的过程。量变和质变，是事物发展变化的两种基本形式，二者既有区别又有联系，在事物发展过程中，它们是相互依存、相互渗透的。量变中有阶段性的和局部性的部分质变，质变中有量的扩张。

量变到质变，量变是多方向的，其质变的结果不一定都是一样的。质变到量变，新旧恒星之间只是内在不同大小质能的推动，而对生物来说是很特别的。对火星灭绝物种（如果有的话）来说新的量变的意义在哪？

否定之否定规律亦称“肯定否定规律”。唯物辩证法的基本规律之一。否定之否定规律揭示了事物发展的全过程和总趋势，是唯物辩证法基本规律的综合体现。事物的发展是通过它自身的辩证否定实现的。事物都是肯定方面和否定方面的统一。当肯定方面居于主导地位时，事物保持现有的性质、特征和倾向，当事物内部的否定方面战胜肯定方面并居于矛盾的主导地位时，事物的性质、特征和趋势就发生变化，旧事物就转化为新事物。否定是对旧事物的质的根本否定，但不是对旧事物的简单抛弃，而是变革和继承相统一的扬弃。事物发展过程中的每一阶段，都是对前一阶段的否定，同时它自身也被后一阶段再否定。经过否定之否定，事物运动就表现为一个周期，在更高的阶段上重复旧的阶段的某些特征，由此构成事物从低级到高级、从简单到复杂的周期性螺旋式上升和波浪式前进的发展过程，体现出事物发展的曲折性。否定之否定规律的表现形态是多种多样的。

从低级到高级、从简单到复杂的周期性螺旋式上升和波浪式前进的发展过程是能量堆积发展规律的一面；另一面，太阳每天在损失着它的质量和能量也是存在的。

理都是假的，是真实在大脑中的模拟重构，是镜像，不是真实本身，有些与真实比较对应，有些则与真实相悖；理都是真的，是大脑中的客观存在，哪怕是错的。脱离与真实关系的理都如同：扔掉吸尘器，用吸尘器的说明书吸尘，这种情况下说明书对不对有什么意义？

不过，实践是检验真理的唯一标准，有个逻辑上的疑问：

两个交战部落的神，都谕示了胜利，战胜方的神谕是真理吗？

南大哲学教授思辩有余，实证不足，取了一点断章，原义未必如此。理论上无懈可击的，在实践上一定正确的一定有情况。

马克思《关于费尔巴哈的提纲》：“人的思维是否具有客观的真理性，这并不是一个理论的问题，而是一个实践的问题。人应该在实践中证明自己思维的真理性，即自己思维的现实性和力量，亦即自己思维的此岸性，关于离开实践的思维是否具有现实性的争论，是一个纯粹经院哲学的问题。”

实践是检验理论效用的标准，而重复也是一种标准。很多事开始时是这么回事，经过重复就走样了。

看人看其主重复是最准的，而群体存在结构增益和制约。

会痛、会哭、会笑，这不是你能决定的，是生理学问题。

调整会哭、会笑，这是心理学问题。

讨论什么样的事具备会哭、会笑的意义，这也许是哲学问题。

最终，我们所要决定的是做会哭的事，还是会笑的事。

人为什么活着，人活着为什么

人为什么活着？

你的心在跳，心跳意味着能量供给。从原生动物到高等动物，活着的原因是一样的，**能量系统的作用**。

一方面，从原生动物的鞭毛、纤毛摆动，到水母整个身体的收缩舒张，到蚯蚓的多心脏闭管，再到高级动物的心脉系统，都是源源不断的能量活动；另一方面，能量供给是神经兴奋（包括副交感神经）必须的条件，不只是条件，更是条件构建。高等动物目标指向很复杂，但并没有和原生动物的神经肽在工作原理上有不同（应激兴奋）。

通常，我们认为神经兴奋左右了心脉输出大小的变化。但是，当我们能够区别行为复杂性和行为活力是两种不同的属性的时候，我们的能量供给体强会对行为产生什么样的影响？我们的能量供给体弱又会对行为有什么样的影响？从而我们会发现能量供给体对神经活动的意义和对行为的意义，而这有悖于我们西化的意识认知。

人活着为什么？

你的脑在动，有10的n次方的变化。人的需求和愿望千变万化，但神经兴奋的工作方式都是一样的，所以，也需要遵循一定的规律。那么，是什么样的规律？

能量驱动和制约（抱阳负阴）。

而这也不存在于中医的认知范畴。

虽然人脑很发达，但是，包括幻觉和错觉，都越不过生物实际的界限。

人生最可悲的莫过于最伟大的脑被别人动掉了。

而最善长做这件事的，莫过于祭司，特别是著名的祭司。

犹太思维很有意思，当然，这种思维并不一定存在于犹太人，其他人一样也会有，只是犹太人比较典型。

爱因斯坦以相对论而著称，但是，相对论相对了时间、空间，却绝对了光速。所以，名为相对论，实际却是绝对光速的理论。

西方人感兴趣的也许是另外三个问题：

我是谁？
从哪来？
到哪去？

从生物学等自然科学的角度意味着人类无尽的探索和发现。

从哲学角度来说，这三个问题很容易回答，三个问题只有一个答案，这个答案就是："意识强加。"

儒释分类

非常正确的错误、非常错误的正确都是存在的，正确与否通常都是意识认定，而在非意识范围则被称之为效用。

认为宗教是不好的，它有好的一面；认为宗教是好的，它有不好的一面；认为宗教是暴力的，它有和平的一面；认为宗教是福音，它也致战祸。理性基本上说不过它，因为，物理、道理都在神理之下，言行一致性是比较奇特的。

宗教和宗教是不一样的，大致分两类。

佛教和道教分一类；儒家和犹太教分一类。

在《摩西与一神教》中弗洛伊德得出了惊人的结论：摩西本人

是一个埃及人，他传给犹太人的宗教是从埃及带去的。弗洛伊德接受了摩西是在荒野里被谋杀的假说，但是他认为，摩西存留在以色列人民心中，摩西的宗教教义最终取得了胜利。弗洛伊德发展了他的关于一神教的理论，对犹太教和基督教的发展提出了新的解释。

一神教除了亚拉伯罕诸教以外，还有短暂的、早已消失的埃及阿顿教和至今仍在的印度锡克教。

第一类　佛教和道教

佛教和道教很接近，用一个字来说："空"和"无"。

"空"和"无"都意味着身体能量的提升。相对来说佛教更彻底一些，不容易犯错；而道教有很多神神鬼鬼的东西，反而不够专心。但是，方向是一致的。至于效用，根据不同人的体质，结果并不一定是谁强，只是谁更适合。

佛、道的核心都不在于磕头，而在于感觉的反馈。

信则灵，不信则无，**信是一种感觉，信仰是感受的积累。**

信仰，特别是至高无上的，无论对个人还是对群体来说，都能提升力量。但是，因为虚拟和现实的错位，目标与结果的难以一致会造成千姿百态。有两个特别的现象，一是同样的话因前提不同而含义不同；二是手段因重新命名而有恃无恐。

在对外关系上，或者宣传发展上说，佛教最讲善，佛的善，人的善，特别是后世的善报，现世主要是功德，大庙高像，大宗教在经济上都有非常好的状态。而道教差得很远，各路神仙搞得和地上的官僚机构一样，这也一定程度上说明了道教发展的一个主要因素，道教中有一部分是对当官欲求的转化，是失败的儒家群体的作品，甚至把道家的经典都转化成了刻板的条框。

社会上的人，特别是儒家都认为庄子是道家，问题是道家阴阳，而庄子只有阴，没有阳。

实际上，空和无都是非常主观的，所以，破除我执、空执以及练虚合道都是非常困难的。相对来说，西医的微循环倒是一个非常客观的概念，止就是停止意识操控，观就是开着通道，从而让能量自然流动和积累。

《菜根谭》："真空不空，执相非真，破相亦非真，问世尊如何发付？在世出世，徇欲是苦，绝欲亦是苦，听吾侪善自修持！"

真空非空，妙有非有，都只是意相。相是客体，比如金钱、神、圣人、臆想、妄念的自己等，执相肯定，破相否定。主体是自己的心智，指向加工、处理、发展，其中，到了发展这步与客体会有明显的区别。信主体是改变，信客体是被改变，信主体是有选择的，信客体经常有人设计好了，基本一条路。

信主体，自己和别人是一样的，任何人和自己也是一样的（特指心智体）；信客体，客体比自己高，自己比不信的高，比信的高明。

徇欲不是苦，绝欲也不是，否则就不会有这么多人追捧。苦的是支出和收获的失衡，甜的也是。

佛教和佛学的区别在于下面这两个问题的回答：

释迦牟尼三十几岁在菩提树下见启明星而顿悟菩提本心后，除了说了很多话（佛经），还做过什么？

他的弟子（包括十大弟子）除了把经传来转去，还做过什么？

佛学和道家的区别不同于佛教与道教，是"非空非有"（即空即有、空有一体）和"有无相生"的区别。非空非有的境界似乎很高，但几乎所有的事都落在"非"上，"非"意味着没有，所以，纵观历史，什么事也没有，也不想有，反正都在来世。佛教几千年来几乎没有任何成就，当然，他们也看不上所谓的世俗成就。而对道家来说，只说无的和只说有的，都不是道家，"无"孤阴，"有"独阳。

第二类　儒家和犹太教

《旧约》不像佛经那样直接明了，而是多向，看的时候经常是几头雾水。

当时反对基督徒的人也不少，但是他们没有组织成一个团体，所以，也就没有什么影响。基督徒有了自己的组织，在今天看来是司空见惯的事情，但在当时却是首创。组织让他们形成一个集团，从而获得了更大的优势和利益。

不幸的是，获得优势和利益之后的基督徒们内部出现了矛盾。[1]

犹太教和儒家不能从个体的角度思考，所以，归为一类。

群体构建的力量，来自统一：统一的思想，统一的行为，统一的习性，统一的区域利害，统一的规则运用。一致对外，可以以弱抗强，也能够产生压倒性的优势，所以，从最初始，一有对抗就兴奋，而且，可以实现价值转移。在敌人之上，年老的大卫日子非常好过，在旧生产力的时期，天堂并不远，这也是建立这种思想制度的目标和促进社会建设及发展的失落。

定义了信徒和非信徒的区别（甚至各种派别的区别），极端和温和之间，程度不同，性质是一样的，总是呈多样性的分布。诚实的暴力并没有多大的力量，可怕的是**谎言为真**在数量里的隐藏、孕育和发展。

信与不信（不知道的肯定不能算是信徒），要么加入这一方，否则都是另一方，没有中间态。因对抗而生，因对抗而有意义，而这个意义就是组合之力。当然，利与弊总是相辅相成的，价值转移而转移，转移结束，腐化的速度和集合的速度一样快，什么都不用做了，整天诵经祈祷就行了。

一旦失去外在对象，没有了价值转移的红利，欲望和强制的力量并不会减弱，腐化和压迫都会增强，可持续发展也就无从谈起，相反还差不多（可持续退化）。要么内耗内战，要么过分顺从，失去了对抗，对自己人也没必要好了，中世纪的事就会上演。特别值得关注的是读写的问题（读写能力是人类进步的阶梯，这个时期不仅社会读写能力退化，就是能读写的也只是限于那几篇）。

---

1 伯特兰·罗素《西方哲学简史》，陕西师范大学出版社，2010年。

儒家同样是群体构建的力量，既不是通常所说的集体，也不是通常所说的组织，用不同的方法却是同样的原理，统一思想规则而群，这是其强大的一面。但其听上去十分美好，做起来百分糟糕，这里有个关于言行的心理学问题。

首先，其创始人是被旧世考功名的读书人所称谓的圣人，还是如墨子转述的那样是操办礼制的高级司仪？

墨子《非儒》："孔某盛容修饰以蛊世，弦歌鼓舞以聚徒，繁登降之礼以示仪，务趋翔之节以观众；博学不可使议世，劳思不可以补民；累寿不能尽其学，当年不能行其礼，积财不能赡其乐。繁饰邪术，以营世君；盛为声乐，以淫遇民。"

上段意为：孔某人盛容修饰以惑乱世人，弦歌鼓舞以召集弟子，纷增登降的礼节以显示礼仪，努力从事趋走、盘旋的礼节让众人观看。学问虽多而不可让他们言论世事，劳苦思虑而对民众没什么好处，几辈子也学不完他们的学问，壮年人也无法行他们繁多的礼节，累积财产也不够花费在音乐上。多方装饰他们的邪说，来迷惑当世的国君；大肆设置音乐，来惑乱愚笨的民众。

先秦儒家在没有固定仕途的情况下，以何为生？

墨子《非儒》："且夫繁饰礼乐以淫人，久丧伪哀以谩亲，立命缓贫而高浩居，倍本弃事而安怠傲，贪于饮食，惰于作务，陷于饥寒，危于冻馁，无以违之。是若人气，鼸鼠藏，而羝羊视，贲彘起。君子笑之，怒曰：'散人焉知良儒！'夫夏乞麦禾，五谷既收，大丧是随，子姓皆从，得厌饮食。毕治数丧，足以至矣。因人之家以为翠，恃人之野以为尊，富人有丧，乃大说喜，曰：'此衣食之端也！'"

墨子是学过儒术后离开的。

据《孟子》记录，孟子有一个学生，对孟子一行几百人吃白食感到不解，彭更问道："跟随的车子几十辆，随从的人员几百个，从这个诸侯国吃到那个诸侯国，不也太过分了吗？”他又说：“不，士无所事事吃人白食是不可以的。”（虽然，孟子成功地用“与尧舜比吃、不比成绩”偷换了这一问题的概念。）

接下来就是儒家典籍里的一些片段，孔子把美好的理念与祭祀活动相联系：

《礼运》：“故礼行于郊，而百神受职焉；礼行于社，而百货可极焉；礼行于祖庙，而孝慈服焉；礼行于五祀，而正法则焉。故自郊社、祖庙、山川、五祀，义之修而礼之藏也。”

《礼运》：“命降于社之谓肴地，降于祖庙之谓仁义，降于山川之谓兴作，降于五祀之谓制度，此圣人所以藏身之固也。”

以及国事与祭祀：

《礼运》：“故先王秉蓍龟，列祭祀，瘗缯，宣祝嘏辞说，设制度，故国有礼，官有御，事有职，礼有序。”

《礼运》：“大夫具官，祭器不假，声乐皆具，非礼也，是谓乱国。”

《中庸》：“明乎郊社之礼、禘尝之义，治国其如示诸掌乎！”

《中庸》：“至诚之道，可以前知。国家将兴，必有祯祥；国家将亡，必有妖孽。见乎蓍龟，动乎四体。祸福将至，善必先知之；不善必先知之。故至诚如神。”

祭祀的特点，就是要把话说得非常动听，否则没人愿意花钱办这事，至于效果么，天知道。

接下来就是祭祀相关人员对实事的态度：

《论语》：曰：“言必信，行必果，硁硁然小人哉！”

《论语》：“樊迟出。子曰：“小人哉，樊须也！上好礼，则民莫敢不敬；上好义，则民莫敢不服；上好信，则民莫敢不用情。夫如是，则四方之民襁负其子而至矣，焉用稼？”

与孔圣人不同，尧舜禹汤重视农业军事。

对祭司来说经济建设不存在，否则，何必祭祀呢？

而与军事家不同，军事家都慎战，并且在战略准备上下功夫，而从孔子堕三都开始，轻率军事成为一种常态，墨子还加了一句挑拨离间引发战争。军事理论没有，下层丘八看不上，也许祭一卦都有了。

话说得好，事办得差，那如何生存？第三条，就是极强的内斗力。

党同伐异。

别人做事，儒说话，把他们说掉。

所以，有两条线，一条是儒家自己说的圣人之路，有实现性吗？儒家说话可信吗？（他们在抬高圣人与实现理论两个方面用了大小完全不同的力气。）

另一条，就是祭祀的路，这种夸大言词而忽略现实的理论和群体，会让做事的大臣很难，做得再好，也没我说得好，而让搬弄事非的大臣很得势，从而造成另一种后果。（做事是以零为基准正负向的开放标准为好，吹牛则以满分为指标向下的封闭标准好听。）

这两条线，经过了两千多年的实践，都不是纯理论问题，而都是有结果的，只是儒家以其特有的说话能力，别的意见不小心都会被淹没。

李白《嘲鲁儒》：“鲁叟谈五经，白发死章句。问以经济策，茫如坠烟雾。”

杜甫《奉赠韦左丞丈二十二韵》：“纨绔不饿死，儒冠多误身。”

白居易《悲哉行》：“悲哉为儒者，力学不知疲。”

辛弃疾《阮郎归·耒阳道中为张处父推官赋》：“如今憔悴赋招魂。儒冠多误身。”

接下来就是相关祭祀儒家的几个特点（后世的儒家经过董仲舒、朱熹等众多人的修改和修饰，少了形式上的祭祀，但保留了内核）：

一、是用圣的名义排斥和打压别人，不相干的思想都敌视。

先秦经济文化科学已有不少成就，然在儒家眼中都是对圣人的威胁，一切皆贬之，以至于儒家除了几个圣人再无其他。这一习惯一直延续至今。当然，实务科学本来就不感兴趣，玄学也许还有点兴趣。

封闭理论系统有两个特点：一是不管过多久都不会发展，只会变形；二是先要人为一个至高的极致，然后，向下封锁压制，而这种极致基本上只能存于臆象。

接下来圣人之门机能性的排他，不圣卑贱的东西都不入眼，**除了背书，就不需要动脑子了，而且除了花招，也无其他可动。**

二、是用圣的名义压制自己人。

仁义礼智信恕忠孝悌都是善，但儒家的仁义礼智信恕忠孝悌却是另一个意思，把善的标准变更成守不守儒家的规矩。如何应对恶，儒家有说吗？如何提高善的效果，儒家有研究吗？规矩守规矩才是儒家的重点，其实，如果善，多几个讲空话的并无意义，如果恶，指望恶来听从儒家的理，是不是太天真了？儒家是抢占善，“代表”善，对付善的。

祭祀类理论话都讲得好听，在乎实现吗？反过来，在行为上，等级顺服在乎吗？

说你行你就行，不行也行；说你不行你就不行，行也不行。不服不行。

信不信是一种形式，听不听话才是内核。

由于内部地位差别，只存在服从和对抗，如果服从了，团结是不必要的；如果是对抗，团结也无从谈起。在意上下关系，不在乎同级关系，无上则散。

上尊下贱，因为贱，所以欺负下人时一点也不手软。同时，同级为了一点上的优势，明争暗斗，因为，争上是唯一的标准。所以，对下层来说礼是遵从和神圣，而对上层来说礼只不过是工具，而这个工具高效地进行了分配偏向，同时也定义了上下的对立，产生一个非常特别的现象，**就是中间管理层不断膨胀至过度，最终，压垮整个机构。**

这种次序是非常初级的集体形式，好处是机构简单，任何一个逆向的个体都会面临一个强大的集体，直接“犯上”是不可行的。因为，你面对的不是一个理论，而是一个集体，所以，上尊下压和阳奉阴违是最有效的工作方式，**而问题是一代不如一代。**

三、双重后果：弱内和惧外。无法和元、金、清、列强等外部实力讲仁义礼智信，被打的时候，就找不到北；被灭掉了，倒是又有做官的机会了。（后金打胜仗多次获得几十万听话的顺民，人数远超侵略者。）

四、在乎谎言吗?

儒家的人才范文程和洪承畴，两句话不止抵百万雄兵：

草檄宣谕：“义兵之来，为尔等复君父仇，非杀百姓也，今所诛者惟闯贼。官来归者复其官，民来归者复其业。师律素严，必不汝害。”其檄皆署范文程的官阶姓氏。

顺治元年（1644 年）清军入关时，洪承畴向多尔衮建议：“我兵之强，流寇可一战而除，今宜先遣官宣布王令，示以此行特期于灭贼，不屠人民，不焚庐舍，不掠财物之意。乃布告各府县，开门归降，官则加升，军民秋毫无犯。若抗拒不服，城下之日，官吏悉诛，百姓乃予安全。有首倡内应者，破格封赏。此要务也。”多尔衮采纳他的建议，于山海关击败李自成的农民军后，向明朝官民发布出师告示，结果大军所过州县及沿边将吏皆开门款附，收到极大的政治效果。

接下来的事我们都知道：“留头不留发，留发不留头”，伪言的特点是在建设性方面几乎没有作用，而在破坏性方面威力巨大，当不在乎实务时，伪言也许会被当成一种高明。

儒家与道家的区别，是人为规则与自然法则的不同。对儒家来说圣人即真理，对圣人的话不可质疑，不必理解，死记硬背就行，背熟了自然会遵从，意识主观自我反馈，陷于“我想评我想，当然是对的”这一圆圈。《道德经》则与儒家的四书五经不同，道并不在《道德经》中，在没有《道德经》的时候，道早就有了，《道德经》只是说明书，在《孙子兵法》《千金养生论》《自然哲学的数学原理》《物种起源》《国富论》甚至瓦特的蒸气机里都有更多的道。道是用，有用则用，没用拉倒，并非几句经文。把《道德经》刻板起来的，多是道外而儒内，同时宣扬儒道的是小聪明和伪共存，大道是不懂的。

道家是讲变化的，儒家是追求不变的。

《易经》是讲变化的（非乱变，也非为变而变）。

“跪拜”过了二千年不变，再过两万年也不想变。

孔子注《易经》，把可变的注成**不变的**。

《易经》讲天高天阳、地低地阴，阳阴并无好坏。

孔子注《易经》冲上来一句：“天尊地卑，乾坤定矣。卑高以陈，贵贱位矣。”

孔子懂不懂《易经》是难说的，套路是很深的。

再来一例：

一阴一阳之谓道，继之者善也，成之者性也。仁者见之谓之仁，知者见之谓之知，百姓日用而不知，故君子之道鲜矣。

之谓不是谓之，“谓”人为的，可以这样解：之所以能称得上道，是因善继性成，也就是没有人为的善继性成称不了道。当然，这不是主流解释，不过，最终，就是人为的君子之道了，问题是儒家的君子跟阴阳并没什么关系。变化至不变，孤立的一阴一阳被偷换掉了，不变的善、性、仁、知、君子占位了。毛主席诗“孔学名高实秕糠”，讲话总有后半句。

中庸是不过不失，说起来没问题，做起来什么是不过不失呢？

《礼记·中庸》：“君臣也，父子也，夫妇也，昆弟也，朋友之交也，五者天下之达道也。”

边关将士、地里劳作，什么道？小人吗？

格物致知，诚意正心，修身齐家，治国平天下，那么什么是平天下？

《礼记·大学》：“所谓平天下在治其国者，上老老而民兴孝，上长长而民兴弟，上恤孤而民不倍，是以君子有 矩之道也。”

在乎守规矩，不在意作贡献，难怪都听话装样不做事。

用看上去正确的话组合出另一个意思，非一般的逻辑。

“格物致知”，几千年来除了王守仁格过竹子外，也不见其他。圣人没说过的皆下品，把科学格成“夷之技”，用儒学排斥一切科学、哲学，包括中国非儒的一切学问，一点经济建设、军事建设、科学建设概念都没有，力气都用在互斗上，“不忠不孝不仁不义”张口就来，善长表演忠孝仁义，夸张形式而无实质，因为真爱不会因为别人讲几句话就有，也不会因为等级秩序顺服就有，而是要源源不断建设积累而来。

好的理论促进人际和谐，差的理论促进人际冲突，但表面上，虚伪的理论更浮夸。务空的理论和务实的理论，对只说不做的人来说是差不多的，听上去也只有细微之差，对言行统一的人来说就天差地别了。

其实儒家也有无为而治，只是与别派不同：

《论语·卫灵公》：“无为而治者，其舜也与？夫何为哉？恭己正南面而已。”

面南呆坐，什么也不用干？

《管子》："夫凡人之情，见利莫能勿就，见害莫能勿避。其商人通贾，倍道兼行，夜以续日，千里而不远者，利在前也。渔人之入海，海深万仞，就彼逆流，乘危百里，宿夜不出者，利在水也。故利之所在，虽千仞之山，无所不上；深渊之下，无所不入焉。故善者势利之在，而民自美安，不推而往，不引而来，不烦不扰，而民自富。如鸟之覆卵，无形无声，而唯见其成。"

管仲的无为而治在于控制孵蛋的温度，用现在的话来说就是平台有好坏。

（不管是因势利导，还是因时制宜，都要注意心理效应的变化，如期望在没有实现的时候变化不大，一旦实现，马上改变。）

治世道，乱世佛，由治到乱是儒家。

历史上，在困难的时期，儒家不会有什么发展，因为儒家轻实业重仕途；而在盛世，儒家就会盛行，因为，**虚伪**的普遍，人脑的误区，当困难远离不需要经常面对的时候，人的辨识能力就会下降（特别是二代们），现实总不如幻想精彩的时候（通俗地说，对假话、大话、空话没有辩识能力），一而再、再而三地跃上舞台。换个角度说，**儒家在价值创造上没什么办法，但在价值转移方面很有一套。**

儒家文化是旧读书人的文化，其主体是读圣贤书考功名的群体，考不上穷，考上达，既不是统治者，也不代表被统治者，除了能编会写并无其他技能。似乎在维护封建统治，实际，无能加私利，连封建统治也坑。

用"说起来有道理"回避"做起来有效果"，抗恶无法，建善无方，做事是约束，说话则美妙，投机聚合，担责推诿，本来就是善说不善做的群体。臆想的理论还有个特点，就是众人拾柴越来越美妙，用人数而不是实效建造论据（读圣贤书而聚合，读圣贤书而自高）。最糟的是群体性自以为大的条条框框实际非常窄，将其他一切定义为不如，结果排斥性超级，潜台词是我圣，别的都低劣，农商兵工皆粗贱，多元化是其没有能力理解的概念。一旦人为的条框标准挤掉了客观标准，意象挤现实，好用恶，恶用好，伪压实，复古压发展。不能辨识虚伪固然幼稚，但虚伪也在这个级别，并没高明多少。问题是教育者和教育机构是培养了辨识，还是培养了灌输。

新读旧书的某些人，贬低现代教育，自说四书五经高于一切学问，问题是就算精通所有的儒学连自行车都生产不出来，不知怎么面对飞机火箭？就算有高明之处也要面对现实，但这些人为几千年前人的理论是否胜过一切辩个不休，却无视历史和现实中儒家群体的绩效。

最糟的是巨量的投机分子的进入，一面煽动不满，一面高喊严打，一面强调遵纪，一面却在算计纪，站在圣人后面指手划脚，知行合一时全不见了。有事拉上释道，转身极贬释道，要知道虚而不实是投机分子最佳助力，而他们在其他务实的诸子百家中很难活动。

“神圣”共同的特点，重新定义汉字。反对它，用汉字与你对，顺从它，用它的定义控制你。儒家的诸多概念与汉字的原义都有似是而非的差别。

儒家文化被反对了几千年倒也不灭，和不务实的读书人数量有关（不是正常的读书人），也和人性的某个特点或者意识的某个特性有关。倾向于固化条框，还是倾向于变化事实，不仅是思维意识朝向的问题，还是一个由知行分离引起的理解力基础的问题。通俗地说莫名其妙的臆固其实就是无理解能力，同样的话在儒家说出来也是两个意思，就如孔子的无为而治。对现在的人来说**超越远重于继承**，而圣神都有反超越的机制。

“我爱柏拉图，但我更爱真实”，与絜矩的区别，是实证和臆证的区别，是探索开放和权威封闭的区别。

规则有两个方向，一个是合，一个是斗，反对规则的异化和反对异化的规则是不同的。这不仅是一个理论问题，还是一个心理学问题。臆的汉语解释是：“主观地，缺乏客观依据的”，而“臆见”综合征就是扭曲的见解强悍到可以忽略现实，言行一定是分离的。

“形而上者谓之‘理’，形而下者谓之‘事’”，上下无道，道在对面。

有人总是说人没有敬畏是可怕的，其实，只是想压制别人，因为敬畏之上有个更重要的东西——约定，尊重自己、尊重别人才会有约定，约定下的敬畏促使人进步，绝对的敬畏是被废掉了。

《旧约》有两种力量，当它处于绝对地位的时候，就是绝对强势。还有一种，当它处于不那么强势，接受和对抗可以同时存在时，可以解释另一种情况。

为什么犹太人聪明？

思辩，以真假论真假。

面对一件复杂的事，会让自己变得复杂，顺还不算太复杂，逆就有点复杂了，顺逆之超越是真复杂。

对有些地区的人来说，相信神就有神，不相信神就无神（另一种说法，有人信则有，没人信则无），但是，对另一些地区的人来说，相信神，不吃兔肉，不相信神，吃兔肉也是个麻烦。

所以，犹太人善长思辩和讲故事，后来，其他人也很会，而且，搞金融的犹太人还特别擅长研究人性的弱点。当然，以色列人不这样。犹太人总处于一个一对多的环境，而以色列人处于一个靠自己的群体。

马丁 · 路德的伟大是无意之中的结果，固然，不用听假借神的名义的谎言，也不用面对集体的强势，自己面对约，解放脑。

约翰 · 塞巴斯蒂安 · 巴赫是世界闻名的德国古典音乐大师，被誉为”音乐之父”的他亦是西方音乐史上最伟大的宗教音乐家，其一生的音乐创作绝大部分以教会音乐为主。巴赫作为虔诚的路德宗基督教徒，他的音乐作品和他的信仰一样——虔诚、崇高、纯洁和神圣，而他的品德也如他的信仰以及他的作品那般善良、崇高与圣洁。自幼在路德宗信仰背景的家庭环境和教会环境下成长并受过神学培训的巴赫，把自己对上帝的信仰表达深切地融入他的音乐创作中，这便是巴赫音乐充满生命且经久不衰的最终缘由。

巴赫、亨德尔、贝多芬、勃拉姆斯很多都是新教徒，以致有人会问：为什么德国的新教音乐家群星璀璨？大脑中的至高无上本来就是至高无上的。

但是，完全的个体没有力量，加尔文去教会推行长老会换皮发展一定程度就是这个矛盾的体现。只是塞尔维特被烧死了，这也不是个人行为。至于马丁·路德回信："不要叫我爸爸，魔鬼才是你的爸爸。"是否为真，在伪的世界是无法求证的。

儒家文化的传统认为好日子是**别人带来的**，或者，是**上面赐与的**，很多宗教也类似（还包括非宗教类的迷信，总之靠别人），只有路德以后的教才需要一定程度的自己面对，理论上没有权势在你和神之间说三道四，全部要靠自己了。

宗教的本质不在于意识，而在于能量的积聚。宗教总是要有追随者，没有追随者就没有能量的积聚，只是一些积而不聚，一些聚而不积。

关于宗教言论还有很多，但多是单面之词。

不是神创造了人，而是人创造了神，上帝是人们按照自己的本质幻想出来的；人对上帝的崇拜，实际上是对人的本质的崇拜。——费尔巴哈

宗教是科学的死敌。——费尔巴哈

如果我们只有一个宗教，政府将变得专横；如果只有两种宗教，人民就会互相割断对方的喉咙；但是，当有大量的宗教时，大家都能幸福地生活、和睦相处。——伏尔泰

大多数宗教都具有反理智主义的思路（当然是和别的思路在一起）。一些偏爱信仰、信条和虔诚而不爱知识的民族，或者认为某些知识形态弄起来太危险，最好是禁止，或者认为应保留给少数几个特殊人物。——马斯洛

宗教如萤火虫，为了发亮，非要有黑暗不可。——叔本华

换言之犹太人不放弃犹太教的“特权”，就应该甘于忍受基督徒们的特权。——布鲁诺·鲍威尔

宗教，就是为了要塞满天国的财库，而让人们松开他们的钱袋口，或是使口袋变成空无一物的东西。——莫泊桑

科学是宗教迷信最有效的解毒剂。——亚当·斯密

一切艺术、宗教都不过是自然的附属物。——亚里士多德

宗派主义，使人完全忘记了人就是人这个简单明白的真理。——泰戈尔

是女子不好，烦大巫姬为入报河伯，得更求好女，后日送之。——西门豹

任何宗教，即使是自称为博爱的宗教，对于那些不属于它的人们，也一定是冷酷无情的。——弗洛伊德

宗教是被压迫生灵的叹息，是无情世界的感情，正像它是没有精神的制度的精神一样。宗教是人民的鸦片。——马克思

这些话问题很多，比如上面亚当·斯密的话，物理和神理是说不到一起的，彼此都不可能相互理解，怎么可能解毒？所以，少了两个字。如果没有实际对比，义和拳在颅内的“力量”并不会比Su–34小。一方面，理性很难理解不理性在生物学产生的所需和理性是一样的；另一方面，理性也不知道积少成多在生物能聚方面是那么有效、那么强大、那么的科学。（开渠开始迅速扩大，易化形

成后费力少了变化也小了，筑坝积累无限。）

知道而不明白不仅对个人成长是个问题，对社会成长也是个问题。

宗教的两面或者全面一点的描述是什么，一句真伪难辨的话是最好的释义。

凡是《经》上没有的，都是不应当保留的；凡是《经》上已有的，都是不必要保留的。

所有宗教都是这样说的，凡是经上有的，都是重要的；凡是经上没有的，都是不重要的。经很重要，所以，脑占位，而且，**占了一个很特殊的位置（高能区被锁）**，或者说一切归向，**其他，不重要也没法重要。**

第 2 节　形而下者谓之事

看不见的手有两只，一只是亚当·斯密那只，还有另外一只。

政治和金钱都意味着权力，它们都只是意识共识；没有意识共识的建构，政治和金钱都不能产生作用，而它们还共同存在着一个问题——成本。

政治权力可以掠夺利益或者保护利益，金钱可以促进经济或者拖垮经济。

官僚主义

君主的目标很明确，获取自己利益和保护自己的利益，但是，必须凝聚和集合别人的力量，所以，就有了一个统治集团。

自霍布斯、洛克、卢梭的社会契约论的展开，政治至少从理论上变成大众获取利益和保护大众的利益（实际上，权力通常只保护有力量的地方，大众是否有力、是否好糊弄这是另一个问题），当然，同样需要一个组织结构来完成这件事。

霍布斯的“自然状态”可以简单地概括为由于自然资源匮乏而导致人与人之间的一种战争状态。在此前提下，霍布斯提出的“社会契约”就可以很好理解了，即霍布斯将自然状态描述得过于糟糕与霍布斯对于秩序的渴望有关，可以简单概括为个人放弃管理自己的权利，赋予某一拥有强人力量者(即利维坦)，并承认他的一切行为。由此可见，霍布斯的“社会契约”还没有脱离神学影响，而且具有专制的特点。但是不可否认，霍布斯的社会契约论已经提供了西方主权文明的基本逻辑线索，即“自然状态—社会契约—主权文明”。

英国思想家洛克，在其《政府论》中，认为一切人生来就是自由、平等和独立的，每个人和其他人一样有权享受充分的自由，不受限制地享受自然法则所赋予的一切权力和优势，具有自然赋予的权利保障自己的所有，包括生命、自由和财产不受他人的侵害。政府的功能是保障人权，如果政府起不到这种作用，人民就有权改变政府。这种论点成为英美等资本主义国家的法律基础。

法国思想家卢梭，在《社会的契约论》一文中，对民主共和政府作出了清晰定义。每个人都生活在社会中，处在社会的制约内，即使他生来自由。在社会中，每个人其实都不知不觉与社会达成了一份契约，它意味着每个人都将自己包括自己所有的权利完全交给了社会，与其他人一样享受同等的共同的平等，并借此利用全体的力量来捍卫或保护自己的自身和财产。每个人既是个人又是社会一成员。每个人都有自己的特定的意志，个别意志必须服从社会的整体意志，即公意。公意是谋求大众的利益的最高的力量。它是为所有成员谋利益的，不是单为某个人或某个的组织谋利益的。

但是理论上契约的合理，并不等同于现实。两个重要的因素，一个是品德，一个是力量制约。

民主是多数法则，争取不到多数就什么也做不了。当 51% 对 49% 胜利时，49% 的人会怎么样？不满意率达到 49% 问题是不是很严重了？

独裁则是方向的较量，文臣武将集团还是群众路线，对抗还是合作？很难解决的是传承以及寄生虫的问题。

最终是集权的民主和民主的集权，或反之。换种角度说，既是不同种类的精英路线，也是不同种类的群众路线。对抗还是配合，方向问题；增值还是负值，技术问题。

政治成本是建立在经济基础之上的。

大政治小经济是内忧外患，大经济小政治是外患内忧（反过来说也是可以的，大小定义不同），而政治机构有一个现象就是陈冗不断加大，新朝代开始事很多，机构却小；到了后期事少了，机构却大，开始很忙的位置到了后面无事可做，而且这些人只会做这个，然后，新的需求再增加新的位置。

最后，成为经济的负担而不是保护，因为权力在上。

亚当·斯密："虽则能够在最高的程序上有利于一个伟大的社会，但却具有这一性质，即对任何个人或少数人来说，利润不足以补偿耗费。"

官僚的目标是次序，没有次序就没有效率，但自身的成本却有可能超越效率的收获。

官僚主义的各种表现（周恩来）

官僚主义有各种表现，我现在把它分开来说。

第一种，高高在上，孤陋寡闻，不了解下情，不调查研究，不抓具体政策，不做政治思想工作，脱离群众，脱离实际，一旦发号施令，必将误国误民。这是脱离领导、脱离群众的官僚主义。

党的路线、政策再好，如果执行的业务部门给阻塞住了，那就是把党和群众隔开了。所以我把这种官僚主义列为第一种。这种官僚主义是领导者尤其是高级领导者必须时时警惕的。

第二种，狂妄自大，骄傲自满；主观片面，粗枝大叶；不抓业务，空谈政治；不听人言，蛮横专断；不顾实际，胡乱指挥。这是强迫命令式的官僚主义。

一个人站在领导地位，不虚心，不平易近人，自以为了不起、什么都懂，只要有这种思想并且在作风中表现出来，就危险了。这种人大概总是不去抓业务，觉得我是领导政治的，人家的话听不进去，觉得琐碎，也不研究人家讲话的内容，结果就蛮横专断，瞎乱指挥。

第三种，从早到晚，忙忙碌碌，一年到头，辛辛苦苦；对事情没有调查，对人员没有考察；发言无准备，工作无计划；既不研究政策，又不依靠群众，盲目单干，不辨方向。这是无头脑的、迷失方向的、事务主义的官僚主义。

常有人说：“我做个辛辛苦苦的官僚主义。”好像这种官僚主义还能容许似的。我看，这种官僚主义也要批判。如果是个普通干部，忙忙碌碌，有时方向不大清楚，那还可以谅解。如果是个领导干部，怎么能容许他是个事务主义者呢？

第四种，官气熏天，不可向迩；唯我独尊，使人望而生畏；颐指气使，不以平等待人；作风粗暴，动辄破口骂人。这是老爷式的官僚主义。

第五种，不学无术，耻于下问；浮夸谎报，瞒哄中央；弄虚作假，文过饰非；功则归已，过则归人。这是不老实的官僚主义。

第六种，遇事推诿，怕负责任；承担任务，讨价还价；办事拖拉，长期不决；麻木不仁，失掉警惕。这是不负责任的官僚主义。

第七种，遇事敷衍，与人无争；老于世故，巧于应付；上捧下拉，面面俱圆。这是做官混饭吃的官僚主义。

第八种，学政治不成，钻业务不进；语言无味，领导无方；尸位素餐，滥竽充数。这是颟顸无能的官僚主义。

第九种，糊糊涂涂，混混沌沌，人云亦云，得过且过，饱食终日，无所用心；一问三不知，一曝十日寒。这是糊涂无用的官僚主义。

第十种，文件要人代读，边听边睡，不看就批，错了怪人；对事情心中无数，又不愿跟人商量，推来推去，不了了之；对上则支支吾吾，唯唯诺诺，对下则不懂装懂，指手画脚，对同级则貌合神离，同床异梦。这是懒汉式的官僚主义。

第十一种，机构庞杂，人浮于事，重床叠屋，团团转转，人多事乱，不务正业，浪费资财，破坏制度。这是机关式的官僚主义。

凡是机关大而人多的地方，必定要出官僚主义，这几乎成为规律了。那里的领导人即使精明强干，也会有官僚主义。因为那个机关本来不需要那么大，机构搞得那么臃肿，一定会有很多人不办事情，吵吵嚷嚷，很多事情在那里兜圈子，办不出去。把机关搞小，有事情一商量就解决了。

第十二种，指示多，不看；报告多，不批；表报多，不用；会议多，不传；来往多，不谈。这是文牍主义和形式主义的官僚主义。

第十三种，图享受，怕艰苦；好伸手，走后门；一人做“官”，全家享福；一人得道，鸡犬升天；请客送礼，置装添私；苦乐不均，内外不一。这是特殊化的官僚主义。

我们国家的干部是人民的公仆，应该和群众同甘苦，共命运。如果图享受，怕艰苦，甚至走后门，特殊化，那是会引起群众公愤的。

第十四种，“官”越做越大，脾气越来越坏，生活要求越来越高，房子越大越好，装饰越贵越好，供应越多越好；领导干部这样，必定引起周围的人铺张浪费，左右的人上下其手。这是摆官架子的官僚主义。

第十五种，假公济私，移私作公；监守自盗，执法犯法；多吃多占，不退不还。这是自私自利的官僚主义。

第十六种，伸手向党要名誉，要地位，不给还不满意；对工作挑肥拣瘦，对待遇斤斤计较；对同事拉拉扯扯，对群众漠不关心。这是争名夺利的官僚主义。

第十七种，多头领导，互不团结；政出多门，工作散乱；互相排挤，上下隔阂；既不集中，也无民主。这是闹不团结的官僚主义。

第十八种，目无组织，任用私人，结党营私，互相包庇；封建关系，派别利益；个人超越一切，小公损害大公。这是宗派性的官僚主义。

第十九种，革命意志衰退，政治生活蜕化；靠老资格，摆官架子；大吃大喝，好逸恶劳，游山玩水，走马观花；既不用脑，也不动手，不注意国家利益，不关心群众生活。这是蜕化变质的官僚主义。

官僚主义发展到这个程度，就严重得很了。一个干部、一个共产党员的最基本的要求，就是要有革命的热情，要有朝气、有干劲。革命热情一衰退，政治上就要蜕化了。

第二十种，助长歪风邪气，纵容坏人坏事；打击报复，违法乱纪，压制民主，欺凌群众；直至敌我不分，互相勾结，作奸犯科，害党害国。这是走上非常危险道路的官僚主义。

官僚主义对最上层领导来说，意味着低效率和负效率；对群众来说那是不可逾越的团体对个人的障碍（官僚主义很多是个人行为，但是这个个人行为不借助团体的势是不成立的），所以，只有对中间层，是个低投入高产出的工作方法，进可借势而为，退可明哲保身。

官僚主义的程序性原因通常有两个：

第一个反馈的异化，做好事没反应，做坏事也没反应，不论是因为群体复杂性造成的，还是延时造成的，都会影响本来就有异化因素的个体。

第二个是上下一致性的分离，上面的目标方向和下面的目标方向虽然不相反，但也不一样，阳奉阴违，这个在团队中少见，在团伙中是必不可少的工作方式。

官僚主义对上面来说意味着听话和无威胁，对机会主义来说就是有机可乘，当耗费远大于作用，又不得不依赖，还找不出什么错，官僚就到位了。

实质上，官僚机构最大的特点就是限制行为的能力远强于自身行为和促进行为的能力，所以，建立官僚机构的行为反馈是非常困难的。

官僚机构不等于官僚主义，每一种组织结构的产生都针对当时组织人群的特征，在一个不自觉的人群上没有有效的管理，是机会主义的机会；在一个自觉的人群上建立一个庞大的官僚机构，还是机会主义的胜利。

东方人通常以明君清官来期盼，西方人通常认为人靠不住，神又太远，所以，还是契约比较靠谱（当然，契约必须有契约资格，西方殖民者不会和印加人、阿兹特克人签定真契约，而后者也并不理解）。但上下顺从、对抗、齐心、合力，中间层的作用不容忽视（狗仗人势，很多时候可怕的是狗，特别是一群，狗会咬人，人不会，人会讲理，狗不会），这是整个社会精神的问题（社会精神通常用词是文化，但是，文化却指向了娱乐生活，企业文化本指企业精神，但企业文化建设通常都是做游戏）。

相对差异是促进，过度差异是抑制，最显著的是贫富。

一切都计划好了，动力会有问题，计划外吸引力反而大，一切都没计划，希望也许在，但希望的条件不一定在，如同虾米生活在鱼群中。大鱼吃小鱼，而有些大鱼主要是增加金钱成本，任何其他的经济折腾都在其收钱口袋之下。

贫富差距不是问题，问题是贫富差距的因由，因为，这个因由意味着以后。

亚当·斯密的手

看不见的手有两只，一只是亚当·斯密那只，还有另一只。

“看不见的手”是一个隐喻，亚当·斯密（Adam Smith）用来描述这样一种原理：于个人行为的非故意的结果，一种能产生善果的社会秩序出现了。虽然斯密在他的著作中从这种意义使用“看不见的手”这个词只有三次——一次是在《道德情操论》中，一次是他谈到早期宗教思想时，他幽默地写到希腊神话中朱庇特“这只看不见的手”。一次是在《国富论》中，但是这个隐喻所表达的思想是渗透在他的全部社会和道德理论之中的。

230 年以来，无数人渴望从书中挖掘有用的东西，最终发现了一句话“看不见的手”。用亚当·斯密的话来说：“每个人都试图用他的资本，来使其生产品得到最大的价值。一般来说，他并不企图增进公共福利，也不清楚增进的公共福利有多少，他所追求的仅仅是他个人的安乐，个人的利益，但当他这样做的时候，就会有一双看不见的手引导他去达到另一个目标，而这个目标绝不是他所追求的东西。由于追逐他个人的利益，他经常促进了社会利益，其效果比他真正想促进社会效益时所得到的效果为大。”

各自的目的基于价值制造时，会出现整体的提高，而各自的目的基于价值转移的时候，无论是手段升级，还是力量升级，都会出现整体的下降。

亚当·斯密的无形之手基于价值制造，而另一只则基于价值转移。

凯恩斯和哈耶克基于亚当·斯密之手起争执的时候，却无视另一只手，经济平衡很难实现。

凯恩斯全面地论述了其经济理论和政策主张，认为“萨伊定律”并不成立，供给不能自动创造需求，资本主义经济也不能自动地达到均衡。因为，在边际消费倾向一般比较稳定的情况下，人们总是把所增加收入的大部分用于储蓄，而不是消费，这使得有效需求经常地表现为不足，社会总供给和社会总需求难以自动实现均衡。所以，为了解决有效需求不足的问题，凯恩斯主张放弃经济自由主义，代之以国家干预的方针和政策。国家干预的最直接的表现，就是实现赤字财政政策，增加政府支出，以公共投资的增量来弥补私人投资的不足。增加公共投资和公共消费支出，实现扩张性的财政政策，这是国家干预经济的有效方法。由此而产生的财政赤字不仅无害，而且有助于把经济运行中的“漏出”或“呆滞”的财富重新用于生产和消费，从而可以实现供求关系的平衡，促进经济增长。

经济不平衡依赖输血，问题是能一直输下去吗？

经济被控制了，不相关的努力还有用吗？

哈耶克早期以研究货币和经济周期理论成名，提出货币投资过度理论。他认为经济周期的根源在于信贷变动引起的投资变动。银行信贷的扩大刺激了投资，一旦银行停止信贷扩张，经济就会由于缺乏资本而爆发危机。他相信资本主义经济本身有一种自行趋于稳定的机能，反对国家对于经济生活的干预。他把20世纪70年代资本主义滞胀的出现归罪于凯恩斯主义的理论和政策。哈耶克一直反对社会主义，反对计划经济，认为社会目标是个人目标的总和，社会目标不能抑制个人目标。而社会主义贬低人的个人目标，而遵从于社会的目标，限制了利己的动力。

鱼说的自由，其实和虾米说的不是一个意思。消除对掠夺的干扰，才是自由。

群斗自由秩序（自发秩序）的结果经常是大鳄。

投机资本和实体经济谁更有竞争力？

回答如下："为什么会有经济危机？实体经济输了。"

其实，没有经济危机，实体经济也是输面居多。

钱赚钱，赚得越多说明金钱成本越高。

消灭做事的动力还是消灭做事的基础？

无视这两种理论的片面或者没有应对的措施，马上就会看见不同种类的机会主义者的笑脸。

控制、自由、宏观调控、微观调控各不相同。

金钱能量巨大，在初期市场，大家都没钱，只要把钱聚起来，人力、设备、资源的规模能够更有效率地制造价值来钱赚钱。而后期市场，大家都不怎么缺钱，把钱聚起来，并没有什么特别的制造价值的优势，这时候钱会做另一件更容易的事——价值转移（这个时候金钱力量的位置，转移价值更容易）。不过，当用钱赚钱很好赚的时候，一定会有做事赚钱变得非常艰难的跟进，再接下来就是钱在四处游荡，事未起就掠灭了，钱赚钱也不好赚了。

和谐社会是人人有事做，金钱和权力都能集合人的力量提高效率。但是，它们却有可能产生一个副作用，就是使一些人低于能做事的门槛，而另一些人用不着做事了，并把这个转移成了人们努力的目标。事要少，钱和权要多。

商可促进流通，也可卡死渠道，金融的目标是增强实体的流通和效率，但是，因为其本身强大的力量，结果却有可能毁了实体。金融杠杆是非常厉害的，杠杆压倒性的优势正是金钱凝聚的力量，是凝聚，钱比人更容易。但钱并不能单独起作用，所以，实质还是散众与紧密群体之间的互动。在房价的决定因素中涨跌方力量并不对等。有意思的是，离开民众的“支持”就不会有权贵，但权贵也分以价值转移为主的和以价值制造为主的两种。

聚起来的钱，可以促进更多的事发生，也可以抑制很多事无法进行。

经济平衡的基本问题。

你的收入可以储蓄，而你的生产是否也可以储蓄？

我们的产品周转得越快越好，好的企业零库存；我们的储蓄越多越好，这是很矛盾的。

通常，我们用金融盘活储蓄，但是金融的作用增长应多于消耗，否则是亏本，理论上并不能解决消耗的问题（这中间有个账面和实际的问题）。

100 产品≠ 70 消费＋ 30 储蓄

100 产品＝ 70 消费（这样也行不通）

结果是 100 产品＝ 70 消费＋ 30 别人消费

再结果就是 100 产品＝（70 消费＋ 30 取款＋ 30 别人消费）× 经济系数

股市涨跌，赢亏来了，通胀和紧缩的效果更大，不管和不和金融相关，都会受影响。十年前的 100 元，存银行是一二百多元，不存银行就是 100 元，不过，不管一二百多还是一百，都管不了十年前的用。

这个别人消费是价值转移，也是金钱成本之一。

最后，最有制造力的人都去做了别人，例如英国由工业大国变成金融大国。

大英帝国既然已经拥有了广大的海外殖民地和廉价的劳动力，可以从全世界获得廉价的农产品，传统的工业和农业已经不像工业革命时期那么重要。投资开始流向贸易和放贷，而不是投入工业制造业。进行贸易和金融贷款的金融资产者（而不是国内农业主）的利益自然成为头等大事。

1846年《玉米法》废除，帝国的金融商业急剧发展。然而大英帝国赖以崛起的工业技术却因投资的转向，在短短数十年间迅速衰退。一个新的工业后起之秀却在此时挟科技和工业之利迅速崛起，这就是采纳了弗里德里希·李斯特经济学理论的德国。

在俾斯麦领导下，德国开始建立庞大的铁路网，给国内的工农业发展施加关税保护。从1850年到1913年，德国国内生产总值增加了5倍，人均国民收入增加了250%。与英国依赖贸易不同，德国的迅速发展建立在工业技术进步和教育、职业培训基础上。在产煤量、钢铁产量这些过去英国引以为自豪的指数上，德国迅速超越英国。而德国的化工、电力及工业设备制造领域则让英国汗颜。

然而英国人崇尚的自由贸易并不是如詹姆斯·威尔逊宣称的那样，反对在国与国之间制造“交流壁垒、猜疑、仇恨和妒忌”。

日不落帝国的自由贸易基础既然是庞大的殖民地，以及银行、航运、工业和政治军事一体化的庞大网络系统，那么英国的外交必须且只能维护垄断者的地位——所谓“霸权”。这让英国外交政策的核心永远不是合作，而是制衡。[2]

如果没有别人的消费，储蓄是个问题；如果有别人的消费，储蓄还是个问题。

储蓄是个问题，没有储蓄也是个问题。

接下来，热爱储蓄的群体、不爱炒股的地区、创造力惊人的实体、借贷高明的鳄群。

经济理论无关群体意识及群体无意识力量是形而上学。

---

2 蔡伟《永不和解》，《三联生活周刊》2011年3月14日。

科技

政治、经济是强大的力量，权力意味着秩序，金钱意味着工资，意味着现在社会大多数人的重复，社会精神（包括非意识之精和意识之神，文化和意识形态都存在范围偏离的语境）则是其内在的驱动，它们都是平行循环的范围。科学、技术是否能救国救民，在于普遍，重复才能进阶循环，而它依赖于前三者。通常企业家的收入远大于科学家，而且人数也多；企业家是重复的，而科学家追求不重复。

最终，普遍意味着群体主行为的不同和改变。

选择题：史上最大的帝国是（　　）。

A 罗马；B 倭马亚；C 蒙古；D 英国

在地理轴上，分配是主要的因素，而在时间轴上，科技（包括人文科学）是主要的因素。

换一个角度看，大大的世界只是小小的行星。

第 3 节　阴阳之道

有无相生。

阴阳本是道，悟道难，运道更难。臆道是自坑，谓道仅是个像，用像替道是伪。

一心二用是困难的，意识在即刻只有一个方向，神经是命令和反馈，循环是动脉和静脉，行为是意识和情绪，世界是物质和能量。物质中蕴含能量结构，我们称之为静态信息；能量作用在物质上，我们称之为规律信息。

单一的意识是表面的，我们能够传递意识信息；符号是一样的，内容却可越出语言的边界，语义之外是沟通的最大问题。

慧能《六祖坛经》：“师示众云。善知识。我此法门。以定慧为本。大众。勿迷。言定慧别。定慧一体。不是二。定是慧体。慧是定用。即慧之时定在慧。即定之时慧在定。若识此义。即是定慧等学。诸学道人。莫言先定发慧．先慧发定各别。作此见者。法有二相。口说善语。心中不善。空有定慧。定慧不等。若心口俱善。内外一如。定慧即等。自悟修行。不在于诤。若诤先后。即同迷人。不断胜负。却增我法。不离四相。善知识。定慧犹如何等。犹如灯光。有灯即光。无灯即暗。灯是光之体。光是灯之用。名虽有二。体本同一。此定慧法。亦复如是。”

定意味着积累，慧意味着变化，一体的是什么？

定固无慧，定活而慧，慧活而定，慧僵生伪。

虑而得是想的结果，甚至是离开实际的想当然，无智无得是断想，常是回归本然。

儒家会建议顺其自然，如孟子的浩然之气。

佛家不会建议顺其自然，它说妄念不起，一切本自然。

道家也不会建议顺其自然，它会让你认知到顺其自然和倒行逆施有什么区别。

这个世界不缺乏道理，缺乏的是成长过程中辨识的追加。强制和被强制，认知在表；正能量可负作用，负能量（**在物理学上解释是指低于真空零点能的能量**）碰正效果，认知在内。《道德经》："道常无为，而无不为"（道无不为，把"道常无为而无不为"截成"无为而无不为"失道，失常），重复之于自发。

不破不立，但破不等于立；即立即破，立优于破。

任何一种思想体系，从下往上看，局限于内部，只能对；局限于外部，只能错，都只能是片面。从上往下看，亦是迷局，只有平视，才会正反两面而超越，只是这个高度并不容易获得。不是否定，不是肯定，不是折中，不是不可知，而是比较、对比，大音希声、大象无形，在于阴之阳、阳之阴。

第一是重复，第二是变化，重复积累不出不同，变化产生不了重复，都是无力的。追求相同，是因为不同，追求不同，是因为相同，消灭区别是因为有区别，创造区别是因为没区别，要注意方向，消灭负区别，创造正区别。重复和变化，既可是因，也可是果，故重复之变化，变化之重复。

老子《道德经》："三十幅共一毂，当其无，有车之用。埏埴以为器，当其无，有器之用。凿户牖以为室，当其无，有室之用。故有之以为利，无之以为用。"

这里的"无"是"有"的共同和相对，而不是完全的无。

慧能《六祖坛经》："若恶用即众生用。善用即佛用。用由何等。由自性有。对法外境。无情五对。天与地对。日与月对。明与暗对。阴与阳对。水与火对。此是五对也。法相语言十二对。语与法对。有与无对。有色与无色对。有相与无相对。有漏与无漏对。色与空对。动与静对。清与浊对。凡与圣对。僧与俗对。老与少对。大与小对。此是十二对也。自性起用十九对。长与短对。邪与正对。痴与慧对。愚与智对。乱与定对。慈与毒对。戒与非对。直与曲对。实与虚对。险与平对。烦恼与菩提对。常与无常对。悲与害对。喜与嗔对。舍与悭对。进与退对。生与灭对。法身与色身对。化身与报身对。此是十九对也。师言。此三十六对法。若解用。即道。"

有不是，无也不是，对也不是。

差是（大小之差、方向之差、时间上的差意味着变化）：

有无相差、相合、相异、相辅、相对、相长……

老子《道德经》："故有无相生，难易相成，长短相形，高下相倾，音声相和，前后相随。"

……阴阳相长、动静相宜、虚实相间、**分合相群**、有无相生。

后记

多则惑，少则得。更因本人善长 PPT 而非写文章，且非先有理论后有书，成文并不规整。

不过，引入思考过程和参照资料也有好处，多种不同的观点呈现，意味着差别，而差别是最有效的。对有对的意义，错是错的价值。不同的观点更能激发思考。

音乐家常重复一小节乐章向前辈致敬，因此，我有了众多的致敬。首先感谢给予我启迪和借鉴的古今中外哲人、学者，我所有的思考及现有理论都建立在前辈的基础之上。其次，书中所引文字多数源自网上，感谢网友和科技，特别是百度、网易公开课，像一个社科实验室，令包括我在内的众多学人受益。引用如有遗漏或不明出处，请著作权所有者原宥，并与出版社联系，以备后版注明、更正。

本书提出的问题比答案多。我认为，“问”意味着不同的答案和不同人的答案。愿不同引起更多的争议，因争议是探索最好的助力。

宇中

2015 年 6 月初稿

2019 年 11 月定稿

图书在版编目（CIP）数据

行为的原理 / 宇中著．-- 上海 ：同济大学出版社，2019.11

ISBN 978-7-5608-8813-2

Ⅰ．①行… Ⅱ．①宇… Ⅲ．①行为科学－研究 Ⅳ．①C

中国版本图书馆 CIP 数据核字 (2019) 第 255943 号

行为的原理

关于行为的动力、方向及重复的深度思考

宇中 著

出 版 人 华春荣

责任编辑 张 翠 责任校对 徐春莲 装帧设计 李 丽

出版发行 同济大学出版社 www.tongjipress.com.cn

地 址 上海市四平路 1239 号 邮编 200092 电话 021-65985622

经 销 全国新华书店

印 刷 常熟市华顺印刷有限公司

开 本 710mm×960 mm 1/16

印 张 21.25

字 数 425 000

版 次 2019 年 11 月第 1 版 2019 年 11 月第 1 次印刷

书 号 ISBN 978-7-5608-8813-2

定 价 78.00 元